古代歷史文化研究輯刊

四編

王明蓀 主編

第14冊

唐代江西地區開發研究

黃玫茵 著

國家圖書館出版品預行編目資料

唐代江西地區開發研究／黃玫茵 著 — 初版 — 台北縣永和市：
花木蘭文化出版社，2010〔民 99〕
目 2+172 面；19×26 公分
（古代歷史文化研究輯刊 四編；第 14 冊）
ISBN：978-986-254-234-7（精裝）
1. 經濟史　2. 唐代
552.294　　　　　　　　　　　　　　　　　　99012977

ISBN - 978-986-254-234-7

9 789862 542347

古代歷史文化研究輯刊
四 編 第十四冊　　　　　　　ISBN：978-986-254-234-7

唐代江西地區開發研究

作　者　黃玫茵
主　編　王明蓀
總 編 輯　杜潔祥
印　刷　普羅文化出版廣告事業
出　版　花木蘭文化出版社
發 行 所　花木蘭文化出版社
發 行 人　高小娟
聯絡地址　台北縣永和市中正路五九五號七樓之三
　　　　　電話：02-2923-1455／傳眞：02-2923-1452
電子信箱　sut81518@ms59.hinet.net
初　版　2010 年 9 月
定　價　四編 35 冊（精裝）新台幣 55,000 元

唐代江西地區開發研究

黃玫茵　著

作者簡介

黃玫茵，國立台灣大學歷史學研究所博士。現任職私立元智大學通識教育中心、私立華梵大學人文教育中心。研究領域：隋唐五代社會史、中國法制史。

提 要

　　本書從交通、州郡戶口、經濟、人文等面向考察唐代江西地區的開發。

　　江西地區在其發展歷史中，一直以地理位置、交通路線受重視。隋唐時代政治中心在北，在唐代前期只重視江西通嶺南的交通重要性；唐代後期，中央財賦倚重東南八道，才開始重視江西地區的經濟發展，進而使農業、商業更形發達。

　　唐代後期江西人文發展，乃以經濟發展為基礎。更多人因此得以脫離經濟生產而投入讀書應舉行列。進士的大量出現，除了得力於經濟基礎外，書院教育的發達，南來的著名士子文人與南下官員亦帶來文化刺激。文風昌盛，士子習業應舉遂成風尚。

　　唐末五代的江西地方領袖以辟召幕僚、薦舉士子吸收外地人才，為宋代儲備更多人才，成為宋代江西高度人文發展的基礎。宋代江西文士在政治界、文學界、史學界、思想界等領域展表現傑出，並有科舉世家。

目次

緒論：問題所在

　　拙稿所以取唐代江西一地作爲研究主題，是基於以下幾點思考：首先，在唐代後期的南方開發過程中，江西在戶口、經濟、人文等方面均呈現高度的發展，其開發速度明顯地勝於其他地區。當時的江西並未如南朝時受到中央重視，在唐朝前期僅在州縣戶口方面有發展，何以在唐朝後期突然能有快速、多方面的發展？其次，唐代江西的人文發展，在各方面的發展中是最特出的。唐代之前，江西的人文基礎相當薄弱，出身該處的人才很少；唐代後期該地不但進士數居全國第三，並有狀元二人，大量進士在唐代後期登場的原因何在？再次，唐代江西的發展成果對宋代江西地區有何影響？藉此說明宋代江西人文高度成就的由來。拙稿即擬以此三主題爲中心，討論唐代江西地區的開發。

　　拙稿所討論的江西地區並非唐代的江南西道，而是現今江西省的範圍，這個區域在唐憲宗元和時期正是江西觀察使的轄地，共轄八州三十八縣。唐代江南西道包括甚廣，含有今江西省、湖南省、安徽省的唐代宣州地區及湖北省的唐代鄂州地區；江西與湖南極相似，各有其向心狀水系、環省山嶺、T字形交通幹道及通五嶺要道，二者地形各自獨立，無法劃爲同一地理區；安徽之宣州地區，屬於軍事要地，時爲兵家所爭，所以在地理形勢與歷史發展上都與江西大不相同。基於此故，拙稿乃取江西一地作爲探討對象。江西地區的行政區劃，秦代設有艾（今修水等地）、番（今鄱陽、餘干等地）、南野（今大庾、南康等地）三縣，漢代設豫章郡，下轄十八縣，東漢加置三縣，三國吳時分屬荊、揚二州，西晉設江州統轄江西全境七郡，南朝區劃大增，混亂不可考，隋代設豫章、潯陽、鄱陽、臨川、南康、廬陵、宜春七郡，而

奠下今日江西地區的雛型，只不含玉山、婺源二縣。唐代江西地區設洪、江、饒、撫、信、袁、吉、虔八州。宋代雖將江、饒、信三州劃爲江南東道，但仍以餘下五州爲主體，置江南西道，保有江西地區的基本規模。歷代對江西的開發，以鄱陽湖至贛江之南北交通線爲主軸，依交通線（主要是水系）向淺山丘陵地帶開發。若比較歷代開發方位，唐代以前，北部湖區平原的開發程度高於南部山區；至於東西周圍山地，雖在地理形勢上屬江西地區，但進行大規模、大面積的開發，大約要等到明清時期。

　　爲了涵蓋經濟開發、人才崛起二種現象，本文使用「開發」一詞，意爲以某集團（國家）爲中心，有系統地進行規畫拓展。固然在江西地區的發展上，不全是由國家政府出面主導，但不可否認的是國家在這個過程中扮演相當有影響力的角色。除了權力核心、官僚體系可培養吸收人才外，國家在交通整備、勞力運用、貨品專賣制度以及軍事擴展行動等多方面也是深具影響力的主體。縱使江西遠離兩京的權力核心，但是中央權力對江西而言，不只是政治主體，同時也是經濟主體。唐朝後期，江西的地方官對江西地區的建設頗有建樹，尤其興築水利，直接造成糧食增產，間接促成文人士子增加。唐玄宗開元四年（716），張九齡於大庾嶺開闢通往嶺南的新道路，使江西地區重要性大增。江西原有舊路通往嶺南，因狹窄難行，多爲軍事需要才使用。其他南北經濟運輸，需借重湖南郴州之路，但郴州水陸交通不便，風險頗高。長江中游本來就是東西交通樞紐，自從此一通往五嶺的新路出現，南北運輸可改由大運河連上新路，江西地區遂發展成爲東西南北四方交通彙集所在，與其他地區的聯繫也因此加強。

　　唐代中葉以後，東南半壁江山的重要性大增。據《唐會要》卷八十四〈雜錄〉記載元和二年（807）十二月，史官李吉甫等撰上《元和國計簿》十卷，可知江西已是賦稅重要來源之一，其曰：

> 總計天下方鎮，凡四十八道，管州府二百九十三，縣一千四百五十三，見定戶二百四十四萬二百五十四。每歲縣賦入倚辦，止于浙西、浙東、宣歙、淮南、江西、鄂岳、福建、湖南等道，合四十州，一百四十四萬戶。比量天寶供稅之戶，四分有一。

東南八道東西以長江爲幹道，南北倚重嶺南－贛水－鄱陽湖－長江－大運河連成的南北交通大動脈。江西地區爲四方交通樞紐（見附圖四：唐代藩鎮圖），形成經濟文化上的重要特點。愚意以爲由區域經濟、地方文化的角度來考查

江西開發歷史，較能突顯其特點。

江西一地，自唐代中期至五代，發展的速度極快，其他地區難以匹敵。若以鄱陽湖區平原與贛江水系兩岸為範圍，由唐末到五代，此範圍內耕地面積擴大，糧食產量增加，進而造成農產品商品化、經濟作物栽植大增的現象。由此，引出製茶、造紙、麻織、製糖、釀酒等加工手工業的發展；傳統工業如礦冶、鑄錢、陶瓷、竹木等也隨之發達。農業商品化、手工業多樣化的日趨成熟，導致商品交換頻繁、市場擴大、墟市、草市增加及新的商業性城市出現。在這些基礎支持下，文化事業日漸發達，尤其教育事業發達，知名文士、貢舉及第人數增加。整體的表現就是江西地區的地域性優勢。因此，拙稿希望從江西地區開發過程中，理解中央與地方的互動方式，以及江西地區在該過程中所呈現的特色。

對於上述課題，目前學界的研究成果，或著重江南全域，或偏重宋代江西地區，對唐代江西地區似較少著墨。對於江西地區已作特定問題之探討者，大致有如下三方面：

一、聚落與交通發展

聚落、交通與人口三者有密切關係，戶口增加導致舊市鎮擴大、新市鎮出現、新交通線形成，同時，交通線所到之處又帶來人群，幫助聚落發展。學界對此三主題各有探討。

戶口方面，唐代江西地區戶口數的增加是學界承認的事實，從唐朝後期至宋初全國戶口普遍減少，江西地區反而上升。學界多認為戶口激增的原因是北人大量南遷的影響〔註1〕，但牟發松主張移民只是短期性促成人口增加，江西地區自身人口發展條件成熟才是主因，故其增加趨勢能一直持續到宋代。就戶口增加所產生的影響而言，凍國棟、蕭高洪、周兆望等人均指出戶口增加直接影響到州縣升級、縣邑增置〔註2〕；韓國磐、牟發松、蕭高洪等

〔註1〕 參看許懷林《江西史稿》（南昌：江西高校出版社，1993年5月），頁120～122。牟發松《唐代長江中游的經濟與社會》（武漢：武漢大學出版社，1989年1月），頁267～272。杜文玉氏〈唐五代時期江西地區社會經濟的發展〉，頁103～104。蕭高洪〈唐五代北人遷贛及其社會效果〉（《江西社會科學》1992年第六期），頁125～127。凍國棟《唐代人口問題研究》（武漢：武漢大學出版社，1993年2月），頁304～305。

〔註2〕 參看周兆望〈六朝隋唐時期鄱陽湖──贛江流域的經濟開發與持續發展〉，頁28。蕭高洪〈前引文〉，頁127～128。凍國棟《前引書》，頁127～128。韓國

人認爲戶口增加是經濟發展的基礎；佐竹靖彥以陳氏義門移居南方後在地方擴展勢力的過程，說明唐宋變革期土地所有型態的轉變〔註3〕，頗值得參考。百姓大量移居江西，除因戰亂逼迫而外，其與當地生活條件改善應有一定關聯。牟發松重視江西自身的有利因素，予人啓發良多，此事有待更進一步研究。

聚落與城市方面，江西地區州縣升級、縣邑增設的現象相當明顯，其因一般認爲人口增加是主要原因〔註4〕。但對使職的升級，伊藤宏明氏認爲只是爲了平亂，並非重要性增加，所以亂平即降回觀察使；許懷林認爲江西觀察使升爲鎮南軍節度使時，其控制範圍已擴及江南〔註5〕。對非正式政區的草市，牟發松、傅宗文兩位認爲另有成因，主要來自商業經濟發展、坊市中邸店有限、貨物過多而形成草市；凍國棟則認爲交通也有相當程度關聯〔註6〕。市鎮分布方面，牟發松、鄭學檬、曾維才等人指出江西地區新縣傾向分布於新開發山區和濱水地帶，尤其淺山丘陵地帶最多，意味著開發方向朝山區深入〔註7〕。移民之事，造成舊市鎮擴大、新市鎮出現，除代表開發程度提高外，中央勢力是否隨之深入、抑或以社會力爲開發主力，值得再深入。

交通方面，江西地區是四方交通彙集所在，開通大庾嶺新路確立其重要性。對於大庾嶺路的據點、路線延伸、連結區域，學界有詳細分析〔註8〕。江

磬〈唐代江西道的經濟和人文活動一瞥〉，頁79～81。

〔註3〕參看韓國磬〈前引文〉，頁81。蕭高洪〈前引文〉，頁128。佐竹靖彥〈唐宋變革期における江南東西路の土地所有と土地政策〉（《唐宋變革の地域的研究》，京都：同朋舍，1990年2月），頁336～339、344～345。

〔註4〕參看許懷林《前引書》，頁115～117。牟發松《前引書》，頁293～296、300。凍國棟《前引書》，頁296～300。杜文玉〈前引文〉，頁103～104。

〔註5〕參看伊藤宏明〈唐末五代期における江西地域の在地勢力について〉（《中國貴族制社會の研究》，川勝義雄、礪波護編，京都：京都大學人文科學研究所，1987年），頁280。許懷林氏《前引書》，頁117～120。

〔註6〕參看牟發松《前引書》，頁185～192、202～204。傅宗文《宋代草市鎮研究》（福州：福建人民出版社，1989年9月），頁12～15。凍國棟〈唐代長江下游地區的開發與市場的擴展〉（收入《古代長江下游的經濟開發》，西安：三秦出版社，1989年8月），頁236～237。

〔註7〕參看牟發松《前引書》，頁296。鄭學檬〈論唐五代長江中游經濟發展的動向〉，頁114～116、117。曾維才〈試論贛江流域在客家民系形成中的地位〉（《江西社會科學》1992年第二期），頁94～95。

〔註8〕參看曾一民《唐代廣州之內陸交通》（台中：國彰出版社，民國76年），頁3～65。蔡良軍〈唐宋嶺南聯繫內陸地區交通路線的變遷與該地區經濟重心的轉移〉（《中國社會經濟史研究》1992年第三期），頁36～38。胡水風〈繁華

西地區除鄱陽湖——贛水——大庾嶺——嶺南一交通主線外，其他河川也是
重要交通線。沈興敬、許懷林等人指出憑水路加上部份陸路，江西地區可直
接通達閩、浙、皖、湘、粵五區，各河川皆有其作用，如昌江運茶、樂安江
運銀〔註9〕。唐代江西地區交通線發展的原因，车發松認爲唐代增設橋樑、津
渡、驛站有助於交通線連結，但交通以軍政作用爲主，只是連帶促進商業發
展；青山定雄、許懷林、沈興敬等人認爲早期江西地區航運以軍事目的爲主，
但隋唐時江西地區航運與貿易的發展才是交通運輸性加強的主因〔註10〕。在
整個江南交通體系中，江西與湖南爲中央樞紐，江西對南聯絡還較湖南便利，
該地區交通的特色在其聯繫性強。其交通狀況不只因自身發展而改善，也與
四方聯繫的需要密切相關，後者的影響力絕不遜於前者。在整個大環境中，
江西地區交通的特色仍有待探討。

二、經濟發展

學界對江西地區的經濟，咸認爲較前代有明顯進步。大致以水利建設及
農工商業二主題爲探討主題。

水利建設方面的探討，認爲江西一地的水利建設，在唐代後期數量大增。
其型式分爲堤堰、陂塘二型，前者以防洪擋水爲目的，後者以蓄水溉田爲目
標，亦兼有調節水量的作用〔註11〕。對於水利建設大增的現象，车發松以爲
出於農業集約化的壓力，也與地方財源豐富有關；許懷林則認爲與汲水工具
的運用相關，目的在使高於河岸的地帶能得到灌漑〔註12〕。水利建設分布的
地區，王根泉、魏佐國認爲江西全區都需要水利，平原及低窪地區用以防洪，

的大庾嶺古商道〉（《江西師範大學學報》1992年第四期），頁60～61。车發
松氏《前引書》，頁212～213。青山定雄〈唐代の陸路〉（《唐宋時代の交通と
地誌地圖の研究》，東京：吉川弘文館，1969年8月），頁8～11。

〔註9〕 參看沈興敬〈隋唐宋元時江西航運的全面發展〉（《江西內河航運史》，北京：
人民交通出版社，1991年8月），頁29～30、36～38。許懷林〈舟船之盛，
盡於江西——歷史上的江西航運業〉（《江西師範大學學報》1986年第三期），
頁16～17。

〔註10〕 參看车發松《前引書》，頁218～219。沈興敬〈前引文〉，頁26、36～41。許
懷林〈宋元以前鄱陽湖地區經濟發展優勢的探討〉（《江西師範大學學報》1986
年第三期），頁6～7。

〔註11〕 參看车發松《前引書》，頁75～91。許懷林《前引書》，頁122～105。曹爾琴
〈唐代經濟重心的轉移〉（《歷史地理》第二期，1982年），頁152。杜文玉〈前
引文〉，頁104。

〔註12〕 參看车發松《前引書》，頁78～83、許懷林《前引書》，頁125～126。

丘陵山地藉以灌溉；許懷林、车發松以分布表顯示水利工程集中於贛北與州
治所在，分布並不平均；許懷林指出，可能是因贛南森林多，水土保持佳，
水害不嚴重〔註13〕。而建設水利者，韓國磐、车發松、施由民認爲大多數水
利工程在官方（地方官）指導下完成；詳細方式是全由官方進行或官雇民進
行，王根泉、魏佐國則認爲限於史料不能確定〔註14〕。水利建設的影響，韓
國磐、车發松認爲能夠促進農業經濟發達，施由民認爲間接有助於文化教育
推廣〔註15〕。對於水利建設的現象，學界的整理相當完善，唯對於「人」在
水利建設一事中所扮演的角色，仍有不明之處。

　　農工商業方面，學者多注意到江西地區大量的物產資料，例如農作物除
米、麥外，也包括麻葛、水果、茶葉等，手工業有紡織、礦冶、陶瓷、製茶、
造船等多項，商業以茶商、木材商爲最大宗〔註16〕。稻作的增產與新品種傳
入、牛耕的運用、鐵製耕作工具的應用及稻麥複種制的採用相關〔註17〕。許
懷林、鄭學檬、车發松另提出水利造成田畝增加也是一因素〔註18〕。對於農
業變化的影響，车發松認爲糧食產量升高使農民有餘糧外銷，有餘田改作經
濟作物，追求更高的利潤，其中以茶爲最大宗。茶葉已成外銷商品，有專業
茶商出現，專門到江西地區買茶〔註19〕。對農業商品化的現象，车發松認爲
在唐代只算是有此傾向，並未提升到全面商品化；凍國棟認爲商品已達普遍

〔註13〕　參看王根泉、魏佐國〈江西古代農田水利芻議〉（《農業考古》1992年第三期），
　　　　頁176。許懷林《前引書》，頁125。车發松《前引書》，頁85～91。

〔註14〕　參看韓國磐〈前引文〉，頁81。车發松《前引書》，頁89～90。施由民〈自唐
　　　　至清南昌地區的水利〉（《農業考古》1992年第三期）。王根泉、魏佐國〈前引
　　　　文〉，頁176～180。

〔註15〕　參看韓國磐〈前引文〉，頁81。车發松《前引書》，頁83、90～91。施由民〈前
　　　　引文〉，頁187。

〔註16〕　參看车發松《前引書》，頁98～104、129～134、146～180。許懷林《前引書》，
　　　　頁130、132～145、149。韓國磐〈前引文〉，頁81～84。杜文玉〈前引文〉，
　　　　頁104～107。鄭學檬〈前引文〉，頁119～122。凍國棟〈前引文〉，頁228～
　　　　230、232～233。周兆望〈前引文〉，頁26～29。

〔註17〕　參看杜文玉〈前引文〉，頁104～105。车發松《前引書》，頁93～97。文士丹
　　　　〈東吳──南宋時期江西的農業科學技術〉（《農業考古》1992年第三期），頁
　　　　112～113。林立平〈唐代主糧主產的輪作複種制〉（《暨南學報》1984年第一
　　　　期），頁45～47。

〔註18〕　參看許懷林《前引書》，頁124～125。车發松《前引書》，頁83。鄭學檬〈前
　　　　引文〉，頁118。

〔註19〕　參看鄭學檬〈前引文〉，頁120～121。车發松《前引書》，頁131～134、136
　　　　～139。許懷林《前引書》，頁132～135。

化，集市不足以銷貨而採直接運銷方式，將商品圈擴大到江西地區以外的地區；鄭學檬認爲江西地區商業發達，除輸出本身農工產品外，因爲江南全區可互爲市場，所以江西地區的交通樞紐地位可帶來大量轉運貨物〔註 20〕。學界承認江西地區的經濟發展頗快，但對於農業發達、商業興盛造成當地有何變化，似少著墨。中央與該地社會力在經濟發展過程中的影響，似可再作探討。

三、人文發展

文化一詞涵義相當廣，若將文化狹義地限定爲精英人才的展現，學界的研究可分由書院、文士科舉、地方領袖三主題來說明。

書院方面，宋代江西書院聞名全國，其前身基礎奠定於唐末五代。唐代書院由私人藏書之所變爲學者講學、士子求師之處，性質由圖書館變爲學校。許懷林、李才棟等人均指江西書院是因應科舉考試而出現，科舉重文學輕經學，書院可符合其需要。李才棟氏並且認爲在經濟發達下，出現可以不必投入經濟活動而致力求學的人；同時雕版印刷較前代普及，不需師承口授；蕭高洪則認爲北方文人南遷創學，也是書院出現的原因〔註 21〕。江西地區的書院，根據嚴耕望、許懷林、李才棟等人的考察，可知有多處，最著名的是在廬山，其他也多在縣邑等交通發達的地方〔註 22〕。關於書院的作用，佐竹靖彥、許懷林、李才棟等人指出書院多私人創設，其目的在爲本族子弟創造讀書條件，爲應試出仕、進入官界做準備，是以家族子弟俊秀者才可就讀，並有學田供給書院開銷〔註 23〕。蕭高洪氏認爲江西的書院塑造出江西的學風，宋代江西多科舉世家，泰半是唐五代移民後裔。〔註 24〕

文士科舉方面，宋代江西文士輩出，皆一時之選，在唐代已可略見端倪。牟發松、劉珈珈兩位以爲中唐是江西文化地位改觀的時期，江西地區漸有名

〔註 20〕 參看牟發松《前引書》，頁 114～115。凍國棟〈前引文〉，頁 234、236～237。鄭學檬〈前引文〉，頁 119～122。

〔註 21〕 參看許懷林《前引書》，頁 160。李才棟《江西古代書院研究》（南昌：江西教育出版社，1993 年 10 月），頁 5～6。蕭高洪〈前引文〉，頁 128～129。

〔註 22〕 參看嚴耕望〈唐人習業山林寺院之風尚〉（《嚴耕望史學論文選集》，臺北：聯經出版公司，民國 80 年 5 月），頁 288～294。許懷林《前引書》，頁 60～162。李才棟《前引書》，頁 13～28。

〔註 23〕 參看佐竹靖彥〈前引文〉，頁 318～319。許懷林《前引書》，頁 160～162。李才棟《前引書》，頁 15、24～25。

〔註 24〕 參看蕭高洪〈前引文〉，頁 129。

士，雖未見於正史，但由其他文學總集可得知〔註 25〕；晚唐江西地區文化水準急速提升，咸通十哲居其二〔註 26〕，並有袁州詩人群出現，科舉進士人數且升高為前期九倍。造成文化快速發展的原因，牟發松、丁俊屏等人認為與北方文士南仕南遷、良吏崇儒建學有關〔註 27〕；牟發松指出科舉制度有利平民也是一因；許懷林、丁俊屏等人則強調經濟因素，對此，牟發松認為只是誘因而非成因，如饒、撫二州雖富，科舉成績卻不如袁州〔註 28〕。江西的人才在唐後期大量出現，教育與科舉是二因素，然而此二因素皆屬普遍因素，促成江西一地人才特多的其他內部成因，有待進一步分析。

地方領袖方面，唐代末期，中央控制力已不能抵達江南，黃巢之亂使江西地區與中央的聯繫斷絕，為了抵抗黃巢亂事，地方出現鍾傳、危全諷、彭玕、譚全播與盧光稠四股勢力。學界討論重點主要在這些地方領袖的社會地位，佐竹靖彥認為這四者是地方土豪，既非科舉落第者，也非日後出仕南唐的文官；中川學也認為這些鄉村土豪是鄉村土戶的代表，擁有地方經濟的支配權；伊藤宏明則主張除土豪外還包括下級官吏和商人；共同看法是這些地方領袖居於唐朝支配體系的末端，不滿中央，對地方有控制力，藉唐末地方危機而獲得統御權力〔註 29〕。在地方勢力中，少數民族的重要性是另一重點，日野開三郎主張鍾傳、彭玕皆是蠻酋；岡田宏二位主張只有彭玕才是蠻酋；佐竹靖彥、伊藤宏明對鍾傳的身份存疑，但一樣承認少數民族居鍾、彭勢力

〔註 25〕 參看牟發松《前引書》，頁 310～316、318～319。劉珈珈〈江西文壇在唐代崛起〉（《江西教育學院學報》1991 年第三期），頁 28～31。劉珈珈〈唐宋時代的江西文壇〉（《江西文化》第四章，瀋陽：遼寧教育出版社，1993 年 6 月），頁 60～68。

〔註 26〕 咸通十哲，指鄭谷、許棠、任濤、張蠙、李栖遠、張喬、喻坦之、周繇、溫憲、李昌符十人，又號「芳林十哲」。其中江西人為鄭谷、任濤。

〔註 27〕 參看牟發松《前引書》，頁 321～324。丁俊屏、曉偉〈略論唐代中後期江西文化的發展〉（《江西社會科學》1992 年第四期），頁 95～98。凍國棟《前引書》，頁 330～331。

〔註 28〕 參看許懷林《前引書》，頁 159。牟發松《前引書》，頁 327～330。丁俊屏、曉偉〈前引文〉，頁 98～99。

〔註 29〕 參看佐竹靖彥〈宋代贛州事情素描〉（《唐宋變革の地域的研究》，京都：同朋舍，1990 年 2 月），頁 364～366。中川學〈唐末梁初華南の客戶と客家盧氏〉（《社會經濟史學》三十三卷第五期，1967 年 12 月），頁 6～15。伊藤宏明〈唐末五代期における江西地域の在地勢力について〉（《中國貴族制社會の研究》，川勝義雄、礪波護編，京都：京都大學人文科學研究所，1987 年），頁 301～303。

的核心〔註 30〕。伊藤宏明強調江西地區地方領袖的權力來自眾人授予，基於互信而結合，並非藩鎮的家父長式隸屬關係〔註 31〕。此外，這些地方勢力極重視文人，是另一被學界注意現象。鍾傳的統治以士人為中心，以文人官僚為統治基礎，形成日後的社會規範。江西地區地方領袖都重視學校教育，招撫流民，力求民生安定，優禮士人，與宋代江西地區經濟文化發展有密切關係〔註 32〕。相較於宋代江西文人才子輩出，唐末五代可說是宋代的人才儲備時期。唐朝中央無法掌控江西地區後，社會領袖代之而起，扮演文化發展的主導角色。其培養、吸收、運用人才，對江西一地文化水準的提升發揮何種程度的作用，有待進一步探討。

此外，江西地區的宗教方面，謝蒼霖、許懷林二位均曾撰文討論〔註 33〕。二位偏重於介紹唐代江西一地的佛道人物與寺觀，與佛道發展史較有關聯。其論述頗詳，唯並未說明與江西一地發展之關聯。

根據以上所述，歷來學界的研究，不是偏重於開發現象的敘述，就是側重個別現象的分析，至於各現象間的交互作用，並沒有作進一步的討論分析。再者，江西地區的開發研究，究竟是由國家主導？或者授權進行？或者被地方勢力滲入而取代，凡此問題，都有待進一步研究。其次，江西一地在開發過程中呈現的特殊性為何，拙稿對這些問題擬作進一步的探討。

為追隨學界前輩學者驥尾，拙稿擬分由下列四方面探討唐代江西地區的開發：（一）地理環境；（二）州郡戶口；（三）經濟發展；（四）人文發展，敬祈博雅君子、方家學者教正。

〔註 30〕 參看日野開三郎《唐末五代初自衛義軍考》（福岡：著者自刊，1984 年），頁333～338。岡田宏二〈唐末五代宋初湖南地域の民族問題——とくに彭氏系譜と土家族との關係を中心として〉（《東洋研究》第七十二期）。佐竹靖彥〈唐宋變革期における江南東西路の土地所有と土地政策——義門の成長を手がかりに〉（《唐宋變革の地域的研究》，京都：同朋舍，1990 年 2 月），頁 364～366。伊藤宏明〈前引文〉，頁 285～286、292～293。
〔註 31〕 參看伊藤宏明〈前引文〉，頁 301～302。
〔註 32〕 參看伊藤宏明〈前引文〉，頁 287～288、290～301。佐竹靖彥〈前引文〉，頁366～367。
〔註 33〕 參看謝蒼霖〈江西宗教及其遺迹〉（《江西文化》，瀋陽：遼寧教育出版社，1993年 6 月），頁 25～45。許懷林《前引書》，頁 167～199。

第一章　地理環境

　　拙稿所討論的唐代江西地區，以現今江西省地區為範圍，位於長江中游的南岸。唐代的江西地區，東與東南接江南東道（今浙江福建省），南隔五嶺接嶺南道（今廣東省），西鄰今湖南省區，同屬江南西道，地理形勢另成一區，西北亦界江南西道，今屬湖北省，北臨淮南道（今安徽地區），其主要河川贛水自南而北貫穿全區。江西地區在唐五代時期，包括洪、江、饒、信、撫、袁、吉、虔八州，只有信州的部分地區略為超出今江西省界，擴及福建，其餘七州均在現今江西地區省界之內。該地區位居東經 113°34'36" 至 118°28'58"、北緯 24°29'143" 至 30°04'41" 之間，屬副熱帶季風氣候，冬冷夏熱，四季分明，雨量充沛，日照充足。由於氣候適合農作物生長，區內糧食、茶葉、木材、紙〔註1〕等農業產品，在唐代已可自足並外銷，早在初唐已有「物華天寶」「人傑地靈」〔註2〕之稱。唐代中後期是江西地區發展史上第一個重要高峰期，宋代江西地區以唐代的發展為前提，才得以成為文化先進地區。

第一節　水系地形

　　地理環境包含甚廣，舉凡地形、氣候、土壤、礦藏等可屬之。拙稿僅就與地區開發最直接相關的水系、地形略作敘述。江西地區位於長江中游南岸，

〔註1〕 李肇《唐國史補》卷下（頁60）：「紙則有……臨川之滑薄。」
〔註2〕 王勃〈滕王閣詩序〉（《王子安集》卷五）：「物華天寶，龍光射牛斗之墟；人傑地靈，徐孺下陳蕃之榻。」

地處北緯二十四度至三十一度之間的低緯區。在唐代行政地理上，劃歸江南西道，尚未自成一單位。安史亂後設置江西觀察使，基本上奠定了江西地區的版圖。在自然地理形勢方面，江西地區地理環境自成一區，東、南、西三面環山圍繞，中部為丘陵，丘陵區之北為鄱陽湖平原，最北以長江為界，構成一個朝北開口的不閉合盆地，屬於半封閉的自然地理形勢。

江西地區的地形以丘陵和山地為主：海拔五百公尺以上的山地，面積共計六萬餘平方公里，占全區總面積 36%；海拔一百至五百公尺的丘陵，面積共計七萬餘平方公里，占全區總面積 42%；海拔一百公尺以下的低丘、平原和河湖，面積共計三萬六千餘平方公里，占全區總面積 22%〔註3〕。總計不易開發的山地和丘陵，占全區總面積的 75% 以上。相形之下，區內河川交流於山谷丘陵間，所形成的各個大小交會點、沖積盆地與山間盆地，大都土地肥沃，人口容易匯聚，是以成為開發行動的起始據點。《白居易集》卷三十八〈授裴堪江西觀察使制〉稱：

江西七郡，列邑數十，土沃人庶，今之奧區。

江西地區最重要的平原首推北部湖區平原，亦稱豫章平原或鄱陽平原。該平原由長江、贛水、盱水（今撫河）、餘水（今信江）、鄱水（今饒河）共同沖積，加上彭蠡湖（今鄱陽湖）淤積而成，是一沖積、湖積平原，屬於長江中下游平原的一部分，面積約二萬平方公里。其範圍北起九江、都昌，南至新淦、臨川，東達貴溪，西抵新喻、上高。整個平原河渠交匯，水網密布，地勢平坦，土壤肥沃，既易於開發，又適宜農耕。在江西地區的發展史上，湖區平原一直是行政中心所在，與南部由嶺南交通線形成的都市群並為南北二大重心。在此需要說明的是整個江西地區為一完整體，並無確切的南北區分方式，只是由開發程度觀察的話有南北二重心區域。東面山地，自北向南依次為黃山餘脈、懷玉山、武夷山，大致呈東北——西南走向，懷玉山蜿蜒於東北，是鄱陽湖水系和錢塘江水系的分水嶺。武夷山沿江西福建邊界延伸，分隔二區，長五百公里，為本區與江南東道之福建地區二水系分水嶺。東北角山地海拔高度約五百至一千公尺左右，山勢向西南下沈，逐漸融入鄱陽湖平原。南部山地屬南嶺山系，主要為九連山、大庾嶺，向來是中原通嶺南要區。其中大庾嶺為五嶺最東界，溯贛水至河源後，越過該處可接湞水、南下廣州，是通嶺南要道。西部山地由北而南依次有幕阜山、九嶺山、羅霄山等

<hr>

〔註3〕據許懷林《江西史稿》（南昌：江西高校出版社，1993年5月），頁3。

山，形成鄱陽、洞庭兩大湖區盆地的分水嶺。幕阜山位於洪州西北，沿洪州、鄂州邊界綿延，向西伸入湖南地區，是江西地區西北部的屏障。歷來對江西的軍事行動多由長江入江州南下，除彭蠡湖、贛水易長驅直入外，幕阜山阻隔於西北是部分原因。幕阜山東部餘脈突起為廬山，是江西地區最重要的文化勝地。再南為九嶺山，約與幕阜山平行，呈東北——西南走向，由洪州境內延伸到袁州、潭州邊界。袁州位於其其山勢末端，地形較低平。湘水支流瀟水上游在袁州西境，是唐代江西地區通湖南地的唯一自然通道。更南為羅霄山，包括萬洋山、武功山、諸廣山三部分。吉州、虔州與湖南地區以之為界。江西地區山地多東北——西南或北——南走向，加上水系呈向心狀，聯外河川少，造成通湖南地區不易，通嶺南、福建地區較易的情況。因贛水之便，與嶺南的關係向來最密切。

　　江西地區的河流均發源於本區東、南、西三面山地，隨山勢向中北部平原匯集，注入彭蠡湖，之後往北流入長江。區內水系大致可分為贛水、盱水（今撫河）、餘水（信江）、鄱水（今饒河）四大河以及中央的彭蠡湖。贛水為江西水系主幹，總長七百五十一公里，是江西第一大河，長江第二大支流。其流域相當於全江西地區面積的一半。贛水發源於贛南山區，上游貢水、章水由東西向虔州會合〔註4〕，後折向北流，經虔、吉、袁、洪四州，入彭蠡湖。其上游位於山區，河道狹窄，水急灘多，自贛縣至今萬安縣的贛水河道，兩岸重山綿延，河中險灘遍布，孟浩然稱之為「贛石三百里，沿洄千嶂間」〔註5〕。該段河道以十八灘最為險要，或礁峰暗伏，或崖岸緊束，或石磯突立，加以河道彎曲，據《水經注》卷三十九〈贛水〉記載「（贛水）逕南野縣北，贛川石阻，水急行難，傾波委注六十餘里。」是贛水通航的一大障礙。中游流進丘陵區和吉州的吉泰盆地，河面漸寬，水流較緩，沿河城市漸增。下游進入湖區沖積平原，經洪州州治所在後，注入彭蠡湖。贛水流經四州，加上彭蠡湖可通江州，使江西八州中有五州可藉贛水溝通，故成為江西

〔註4〕贛縣之名，是依其以下為贛水命名贛縣？還是章水、貢水匯合而命名贛？《水經注》卷三十九〈贛水〉記載：「雷次宗云：似因此水為其地名。雖十川均流，而此源最遠，故獨受名焉。劉澄之曰：縣東南有章水，西有貢水，縣治二水之間，二水合贛字，因以名縣焉。是為謬也。劉氏專以字說水，而不知遠失其實矣。」愚意以為劉氏合字之說應解釋贛水之名，贛縣之名則如雷次宗云為因水命名。
〔註5〕《孟浩然集》卷二〈下灨石〉：「贛石三百里，沿洄千嶂間，沸聲常浩浩，洊勢亦潺潺。」

地區南北幹道、西半部主要交通線。

其次爲盱水（今撫河），爲江西第二大河，與贛水大致平行，是江西東半部，尤其撫州的重要交通線。發源於撫州南部山區，上游爲山區、丘陵，到撫州（臨川）所在處始爲平原。盱水是江西地區、福建地區往來通道，越過武夷山可抵福州。其河面寬廣，雖利於航運，但河道本身水淺沙多，不利行舟。入冬以後，水淺到僅能行竹筏，對撫州發展不甚有利。盱水上游與贛水支流庱化水相距不遠，但由於有山嶺阻隔，主要交通往來地區仍在湖區平原。

餘水發源於懷玉山南麓，是信州對外主要水路交通線。沿河地形，自玉山至貴溪縣的河段多山地和丘陵，貴溪縣以下則爲沖積平原，最後注入彭蠡湖。餘水爲江西地區通往福建地區、浙江地區的重要水路，是古代"閩越入京道"的一段。信州未設立之前，餘水在饒州境內和昌江南北並進，同爲開發主線，饒州主要城市都分布於其沿岸。江西地區東北部與安徽地區、浙江地區與福建地區往來密切，與河川位置有相當關係。

餘水之外的另一重要河川爲鄱水（今饒河）。鄱水主流爲樂安江，發源於皖贛邊境的婺源縣北部〔註6〕，在鄱陽與餘水相匯，往北與昌江匯合後，注入彭蠡湖。其上中游亦位於山區和丘陵地帶，下游始流入平原和湖濱。鄱水另一重要支流昌江，是饒州通東北外地主線。昌江發源於安徽地區祁門縣附近，流經祁門縣和新昌（包含景德鎮），在鄱陽會合樂安江，合爲鄱水。昌江沿岸地形，自河源至景德鎮河段爲高山，新昌（景德鎮）以下爲丘陵與平原。昌江水運與景德鎮瓷器生產運銷有密切關係。

河川之外，江西地區水文尚有一大重心，即彭蠡湖。該湖位於江西地區北部江、饒、洪三州交界處，匯集贛水、盱水、餘水、鄱水四河，調節蓄水後向北延伸流入長江。彭蠡湖形狀北狹南寬，湖區平原南部地勢開闊，爲四河沖積平原，是江西地區精華地帶，有三州州治分布〔註7〕；北部山丘夾繞，狹化爲入江水道，江州州治在其西。水域寬廣，水流平緩，航行便利，可循四河上溯至江西全區，並外達四境；出湖可與長江相連，進而與沿江各大城市相通，構成一完整的航運系統。江西地區水系的構造極有利於水運發展，這使彭蠡湖很早就成爲江西和唐代東南一帶的水運樞鈕。

〔註6〕今江西省包括婺源縣，但唐代婺源縣屬江南東道。
〔註7〕東爲饒州州治鄱陽，西爲洪州州治豫章，南爲撫州州治臨川。

第二節　建置沿革

　　過去論江西地區歷史時，大都始於西漢初年設立豫章郡。對西漢以前之的文化發展，往往一筆帶過，甚至一度認為古代江西地區屬蠻荒地未開之地，不加深究。隨著考古工作進行，七〇年代全面展開江西考古行動，大量考古成果出現，推翻了這種看法。

　　早在舊石器時代，江西地區就已有人類文化存在。目前發現有舊石器時代遺址二處，時代距今約四、五萬年，一處為 1962 年發現的樂平縣涌山岩遺址〔註8〕，另一處則是 1988 年在安義縣龍津鎮鎮郊發現的遺址群〔註9〕。二處遺址均有打製石器出土，經鑑定，屬舊石器時代晚期。由於前者只發現帶有人工打擊痕跡的石片，在發掘當時數量不足、型式不夠典型，未受重視，後者才引起學界重視討論江西地區的舊石器時代文化。安義縣龍津鎮遺址群包括樟靈崗、鳳凰山、上徐村村北等九處，共發現三十七件石製品，包括砍砸器、刮削器、尖狀器及石核、石片，由潦河的紅色黏土層出土。根據考查，其地質年代為更新世晚期。此一考古發現填補了江西地區史前史的一大段空白，使江西地區的古代文化史上推到五萬年前。該處出土石器的特徵，與南方各地舊石器時代晚期的文化遺存相似，反映一種採集與狩獵並重的經濟形態。當地人類主要仍依賴自然供給維生，還未具備獨有的文化特徵。

　　江西地區發現新石器時代遺址數十處，多分布在河湖台地，便於漁獵採集，甚至農耕行動。新石器時代最早的文化遺址為新石器時代早期的萬年縣仙人洞遺址〔註10〕。該遺址分上下兩層，下層距今約九千年，屬新石器時代早期；上層屬新石器時代中期，距今約七千五百年。上層挖掘出的石器兼有打製、磨製，以打製居多數，只打出刃部即使用，很少加工。磨製粗糙、尚未成為石器主流，正是新舊石器時代交替的表現。石器之外，有大量骨器、角器、蚌器出土。由其文化堆積觀察，出土的動物骨骼皆屬野生動物，尚未飼養家畜，仍以漁獵採集為主要生產方式。此外，下層有夾粗砂紅罐殘片出

〔註 8〕　黃萬波、計宏祥〈江西樂平"大熊貓——劍齒象"化石及其洞穴堆積〉，《古脊椎動物與古人類》1963 年第六期，轉引自王敬〈從考古發現談江西古代文化淵源〉，《南方文物》1992 年第三期，頁 66。

〔註 9〕　徐長青〈江西發現舊石器時代遺存〉，《江西文物》1989 年第一期、李超榮〈江西安義縣舊石器的研究〉，《江西文物》1991 年第三期。

〔註 10〕〈江西萬年大源仙人洞洞穴遺址試掘〉，《考古學報》1963 年第一期。〈江西萬年大源仙人洞洞穴遺址第二次發掘報告〉，《文物》1976 年第十二期。

土，上層除夾雜砂紅陶外，還有泥質紅陶。關於仙人洞遺址是否已有原始農業，學界尙無定論〔註11〕，贊成的一派以陶器用以炊煮貯積食物、穿孔石器爲掘土農具爲依據；反對的一派認爲穿孔石器是輔助狩獵的石槌，並且當時發展不足以到達農業生產階段。萬年仙人洞遺址，是華南地區新石器時代早期洞穴類型遺型的代表，沿襲著舊石器時代以來的狩獵採集經濟型態，也沿襲舊石器時代晚期的文化。此型新石器前期洞穴文化遺址，以打製、磨製石器和夾粗砂繩紋陶爲特徵，在華南地區廣泛分布，在廣東陽春獨石仔、翁源青塘、廣西桂林甑皮岩、柳州白蓮洞均有類似遺址。〔註12〕

新石器時代晚期，江西地區已形成許多聚落，文化遺址多達六十餘處，遍及於江西地區全區，包括樟樹、萬年、修水、九江、南昌、進賢、鄱陽、武寧、萬載、雩都、宜豐、高安、奉新、臨川、景德鎮、萍鄉、永豐等地。其分布多在河湖台地，相對集中於北部湖區平原。江西地區新石器時代遺址中較具代表性者有二大區：一爲修水縣山背文化〔註13〕，二爲築衛城——樊城堆文化〔註14〕。山背文化遺址分布於修水縣山背地區的跑馬嶺、楊家坪等三十餘處，時代距今約五千年，以有段石錛和紅砂陶爲主要文物特徵。出土文物中石鏃數量僅次於石錛，漁獵活動仍佔重要比例。陶器除尖砂紅陶外，也有黑陶、灰陶。仍以手製居多，上有印紋。跑馬嶺房屋基址內屬有碎稻稈和稻穀殼，加上生產工具與陶器也反映出以栽培水稻的農業爲主要經濟狀態。山背文化與江漢平原的屈家嶺文化、東方大汶口文化略相似，整體而言，仍具有濃厚的地方色彩，是鄱陽湖以西與贛江下游地帶的地方性原始文化。

〔註11〕彭適凡〈江西先秦農業考古概述〉，《農業考古》1985年第二期。王敬〈從考古發現談江西古代文化淵源〉，《南方文物》1992年第三期，頁66。

〔註12〕邱立誠等〈廣東陽春獨石仔新石器時代洞穴遺址發掘〉，《考古》1982年第五期。廣東省博物館〈廣東翁源縣青塘新石器時代遺址〉，《考古》1961年第十一期。廣西壯族自治區文物工作隊〈廣西桂林甑皮岩洞穴遺址的試掘〉，《考古》1976年第三期。柳州白蓮洞洞穴科博館等〈廣西柳州白蓮洞新石器時代洞穴遺址發掘報告〉，《南方民族考古》第一輯，1987年。

〔註13〕江西省文物管理委員會〈江西修水山背地區考古調查與試掘〉，《考古》1962年第七期。

〔註14〕〈江西清江營盤里遺址發掘報告〉，《考古》1962年第四期。〈江西清江的新石器時代遺址〉，《考古學報》1956年第二期。〈清江築衛城遺址發掘簡報〉，《考古》1976年第六期。〈江西清江築衛城遺址第二次試掘〉，《考古》1982年第二期。〈江西清樊城堆遺址試掘〉，《考古學集刊》第一期，1981年。〈江西清江樊城堆遺址發掘簡報〉，《江西歷史文物》1985年第二期，轉引自彭適凡《江西先秦考古》（南昌：江西高校出版社，1992年4月），頁37。

在南昌蓮塘奉新山下層與上西山下層、青雲譜磚瓦窯遺址和鄱陽王家嘴下層〔註15〕也有發現。

　　築衛城——樊城堆文化，時代距今約四千五百至五千年，主要分布於贛江中游地區，以築衛城下層遺址和樊城堆遺址下層爲代表，清江縣樟樹市爲其集中地，當地已發掘的遺址有營盤里、築衛城和樊城堆等處。出土生產工具以石器爲多，器形種類顯示稻作農業經濟已發達，生活用具以夾砂紅陶、灰陶較多，亦有黑陶，大部分是素面，也有幾何印紋陶，反映社會生產力提高。永豐縣尹家坪、新餘市拾年山、靖安縣鄭家坳、九江縣神墩遺址下層都屬此型文化〔註16〕。樊城堆、永豐縣尹家坪均有稻穀、稻稈、稻草拌泥發現，證明水稻生產已普遍。樊城堆文化具有地方特色，與周圍同時期的各類原始文化並不相同，在其形成過程中雖受到周圍文化影響，並不影響其土著文化特性。築衛城遺址下層和山背遺址下層同屬新石器時晚期文化遺存，以有段石錛和紅陶爲主要特徵。二者在同中有異，器物器形、裝飾工藝均有差異，如山背遺址的陶器多爲手製，築衛城遺址出現較多輪製和模製。以現有資料分析，二者同屬一文化系統，其文化的特徵差異，或因所處地域不同，或因時代先後不同所致。

　　近幾十年來，江西地區已有多處史前時代文化遺址出土，證明江西地區絕非蠻荒未開之地。再者，由大量的考古成果可知江西地區開發甚早，南北分布尚稱均勻。大致歸納起來，史前文化遺址集中於鄱陽湖區與贛江流域，若與日後的發展加以對比，可以看出在人類能克服自然障礙前，沿平原向丘陵延伸一直是開發行動的大勢。

　　進入歷史時期，對江西地區的開發行動並未停頓。自新石器時代晚期之後，江西地區繼續發展，速度加快，開發區擴大，聚集點增多，全區共有四

〔註15〕　〈南昌蓮塘新石器遺址〉，《考古》1963 年第一期。〈南昌青雲譜遺址調查〉，《考古》1961 年第十期。〈江西鄱陽王家嘴遺址調查簡報〉，《考古》1962 年第四期。

〔註16〕　江西省文化工作隊〈江西永豐縣尹家坪遺址試掘簡報〉，《考古與文物》1990 年第三期。江西省文物考古研究所、廈大人類學系、新餘市博物館〈江西新餘市拾年山遺址發掘簡報〉，《考古學報》1991 年第三期。劉詩中、李家和〈鄭家坳墓地陶器分析〉，《考古》1962 年第七期。〈九江神墩遺址試掘〉，《江西歷史文物》1985 年第一期，轉引自彭適凡《前引書》，頁 159。〈九江神墩遺址發掘簡報〉，《江西歷史文物》1987 年第二期，轉引自彭適凡《前引書》，頁 119。

十多個縣市發現文化遺址。

商周時代的政治中心在華北地區，文字史料少與江南相關，但這種文字史料的不足並不意謂江西地區停止發展。商周時代文化遺址總計約二百處，過去以蠻荒之地看待江西地區，根據考古結果已證明錯誤。由於此時期的史料集中於考古材料，史書材料稀少片斷，對江西地區在殷商西周時代的發展必須藉助考古資料說明。江西境內發現的商代遺址，在我國青銅文化中佔有重要地位。七〇年代以來，江西地區陸續發現多處商周時代遺址，不但有大批青銅器出土，並且發現了銅礦遺址，在青銅文化中佔著重要的一席。

江西地區的商周考古遺址中，最重要、最具代表性的是清江吳城遺址、瑞昌銅礦遺址、新淦大洋洲商墓以及鷹潭角山窯址。清江吳城遺址為吳城文化代表〔註 17〕，位於清江縣樟樹市西南的吳城村，面積近四平方公里，共分三層，分別是商代中期、殷墟早期及商末周初。該遺址是當時當地的經濟文化的中心，已有專業分工，包括專門從事鑄造者、農業生產者。其出土文物豐富，代表性高，包括石器、陶器、銅器、玉器和牙雕。石器仍是主要的農耕工具。陶器為生活用具，包括炊煮器、食器、酒器，上有拍印紋飾，屬印紋硬陶〔註 18〕。另有原始瓷器出現，證明江西的製瓷傳統開始極早。青銅器是商周時代最具特色的器物，吳城遺址出土的青銅器包括工具、武器、酒器，並有鑄造模，其鑄造水準頗高。其中不少青銅器具有商代中期特色，亦有部分與殷墟青銅器類似，其文化與中原商文化有某種程度關連，但該遺址出土文物所具有的獨特器形、紋飾也帶有濃厚的地方特色。對於吳城文化是土著文化還是商文化的旁支，學界尚無定論，以贊成前者居多。〔註 19〕

〔註 17〕 〈江西清江吳城商代遺址發掘簡報〉，《文物》1975 年第七期。〈江西清江吳城商代遺址第四次發掘的主要收獲〉，《文物資料叢刊》1979 年第二期，轉引自彭適凡《江西先秦考古》（南昌：江西高校出版社，1992 年 4 月），頁 117。〈江西清江吳城商代遺址第六次發掘的主要收獲〉，《江西歷史文物》1987 年第二期，轉引自彭適凡《前引書》，頁 118。

〔註 18〕 印紋硬陶始於新石器時代晚期，盛行於商周，戰國後衰落。江西地區的印紋硬陶極多，遺址達二百多處，遍及全省。

〔註 19〕 李伯謙〈試論吳城文化〉，《文物集刊》第三輯，1981 年，轉引自彭適凡《前引書》，頁 118。彭適凡〈吳城文化族屬考辨〉，收入《江西先秦考古》，頁 82～97。王敬〈從考古發現談江西古代文化淵源〉，《南方文物》1992 年第三期，頁 65～66。大致認為吳城文化包含二大因素，一為地方特色，二為商文化特色，但與商文化又不同，主要決定性因素仍在於土著文化。某些器物雖與中原相似，更多器物具有土著文化特色。

　　瑞昌銅礦遺址和新淦大洋洲商墓也屬於吳城文化系統。瑞昌銅嶺遺址的時代，由商代持續到周代，是目前發現最古老的銅礦遺址〔註20〕。包括採礦區與冶鍊區，兼有地下、露天採礦遺址。出土遺物極多，技術頗進步。該銅礦遺址證明江西地區的土著居民已有能力在當地鑄銅器，是吳城文化非外地傳入、爲當地文化的佐證。以其精緻的青銅文化，可以與中原商文化相提並論，並且與江南地區其他文化相互影響。

　　新淦大洋洲商墓〔註21〕，時代約在商代中期至晚期，出土大量青銅器、陶器、玉器。其青銅器數量高達四百八十件，包括禮器、樂器、兵器、農具和生活用具。器物大者雄偉，小者精緻。青銅農具和手工工具數量之多，是新淦大洋洲商墓的一大特色。在此處，商代銅犂首次出土。大洋洲商墓出土文物有部分與殷商文物相近似，但大多數器物紋飾具有獨特地方色彩。在南方文明史上，大洋洲商墓佔有重要地位。其墓葬規模之龐大，出土文物之眾多，墓主的社會地位絕非泛泛之輩；該社會能累積如此多財富，也必定經過相當程度的發展，才能到達此階段。

　　鷹潭角山窰址位在江西東北鷹潭市童家鄉大潭村的角山〔註22〕，規模極大，廢棄陶器面積達四十平方公尺，在全國屬少見。廢棄陶器外，有大量陶器器皿與製陶工具出土，多數爲灰色硬陶。角山遺址特點在於發現了大量刻劃符號，其中部分被認爲是文字，合計一千四百多字，初步可分類成二百四十餘種，內容多爲計數、記名符號，少數爲成型文字。該批符號文字的形成，可能因輸出陶器，需要計數而產生。角山窰址與吳城文化有同有異，學界有部份學者將屬萬年類型，但尚未定論。〔註23〕

〔註20〕貢同〈江西瑞昌發現商周時期采銅遺址〉，《江西文物》1989年第一期，頁33～34。江西省文物考古研究所銅嶺遺址發掘隊〈江西瑞昌銅嶺商周礦冶遺址第一期發掘簡報〉，《江西文物》1990年第三期，頁1～12。彭適凡、劉詩中〈關於瑞昌商周銅礦遺存與古揚越人〉，《江西文物》1990年第三期，頁25～31。彭適凡等〈"吳頭楚尾"地帶古銅礦年代及其族屬考〉，《百越史研究》第十二期，江西人民出版社，1990年，轉引自彭適凡《前引書》，頁210。

〔註21〕《中國文物報》四十四期，1990年11月15日第一版（轉引自：許懷林《江西史稿》，頁13）。

〔註22〕〈鷹潭角山商代窰址試掘簡報〉、〈角山刻劃符號初步研討〉、〈角山商代記數符號分組研究〉，《江西歷史文物》1987年第二期，轉引自許懷林《前引書》，頁12。

〔註23〕彭適凡〈江西古代文明史概述〉，《江西文物》1989年第二期，頁14。

　　目前發現的西周時代文化遺址遍布江西全境，包括南昌市青山湖台山嘴、九江縣神墩與磨盤墩、湖口縣下石鍾山、清江縣築衛城與樊城堆上層、新淦縣牛頭城、萬年縣雷壇、鉛山曹家墩、萍鄉市彭高、赤山與宣鳳河下、靖安縣高湖與蔡家山、高安縣清水洞、定南縣歷市鎮北山、進賢寨子峽等等〔註 24〕。由西周遺址出土文物觀察，中原的文化制度已經影響到江西地區的贛江流域。新淦縣出土西周時代的銅鼎，其鑄造方式、外形、花紋、排列次序受宗周列鼎制度的影響〔註 25〕。近年來學界對餘干黃金埠出土的「應監甗」、「艾監」有新意見，認爲二處地方政權已受命於中原的周王朝，但仍保有不少土著文化因素〔註 26〕。綜合江西其他地區遺址的出土文物分析，青銅器的中原式器形所佔比例逐漸提高，技術由石範轉爲陶範，由分部熔鑄轉爲

〔註 24〕 李家和等〈南昌、永修、寧都發現的三處商周遺址〉，《江西歷史文物》1981年第四期，轉引自彭適凡《前引書》，頁 180。〈江西青山湖、台山嘴遺址調查〉，《考古》1985 年第八期。〈九江神墩遺址試掘〉，《江西歷史文物》1985年第一期，轉引自彭適凡《前引書》，頁 159。〈九江神墩遺址發掘簡報〉，《江西歷史文物》1987 年第二期，轉引自彭適凡《前引書》，頁 119。〈九江縣沙河街遺址發掘簡報〉，《考古集刊》二，中國社會科學院出版，1982 年。〈江西湖口下石鍾山發現商周遺址〉，《考古》1987 年第十二期，頁 1136。〈湖口縣下石鍾山遺址調查記〉，《江西歷史文物》1985 年第一期，轉引自彭適凡《前引書》，頁 159。〈清江築衛城遺址發掘簡報〉，《考古》1976 年第六期。〈江西清江築衛城遺址第二次試掘〉，《考古》1982 年第二期。〈江西清江樊城堆遺址試掘〉，《考古學集刊》第一期，1981 年。〈江西清江樊城堆遺址發掘簡報〉，《江西歷史文物》1985 年第二期，轉引自彭適凡《前引書》，頁 210。〈江西新淦縣湖西、牛城遺址試掘與複查〉《江西文物》1991 年第三期。〈江西萬年縣古文化遺址調查記〉，《考古》1960 年第十期。劉林〈萬年縣雷壇遺址調查〉，《江西歷史文物》1980 年第二期，轉引自彭適凡《前引書》，頁 240。〈贛縣白鷺官村商周遺址調查〉，《江西歷史文物》1982 年第一期，轉引自彭適凡《前引書》，頁 180。〈上高發現九處古文化遺址〉，《江西歷史文物》1982 年第四期，轉引自彭適凡《前引書》，頁 180。江西省文物工作隊、德安縣博物館〈江西德安石灰山商代遺址試掘〉，《東南文化》第三期，1989 年 4 月。〈江西進賢縣寨子峽遺址〉，《考古》1986 年第二期。何國維〈江西定南發現新石器〉，《考古》1955 年第四期。任華漢等〈定南大敦場發現新石器時遺址〉，《江西文物》1989 年第三期，頁 114。
〔註 25〕 夏萍〈江西新淦發現大型商墓〉，《江西文物》1990 年第三期，頁 1～2。詹關遊、楊日新〈試論江西新淦大洋洲商代遺存的性質〉，《江西文物》1991 年第三期，頁 9～14。彭適凡〈江西古代文明史概述〉，《江西文物》1989 年第二期，頁 14。
〔註 26〕 李學勤〈應監甗新解〉，《江西歷史文物》1987 年第一期，轉引自彭適凡《前引書》，頁 159、247。

整體渾鑄。陶器紋飾的印紋陶減少，中原式繩紋、間斷繩紋和田字型井田式
幾何花紋逐漸增多，顯示中原文化比例加重，各地差異性減少，漸趨一致。
這種現象不只出現在江西地區，也發生在長江下游江蘇、浙江、安徽地區，
是西周中晚期長江流域古文化的融合。

　　考古之外的文獻所記載的江西地區並不十分確切。依古史傳說，夏禹之
前，江西地區屬三苗族的活動範圍。當時共有華夏、東夷、三苗三大集團，
三苗主要在南方活動，亦稱有苗、苗民或黎苗。《戰國策》卷二十二〈魏策〉
引吳起之言：「昔者三苗之居，左彭蠡之波，右有洞庭之水，文山在其南，而
衡山在其北。」《史記》卷一〈五帝本紀〉稱：「三苗在江淮荊州數爲亂。」
其活動範圍在今湖北、湖南、安徽部分地區及江西的鄱陽湖——贛江一帶。
堯時征漢水流域的三苗〔註27〕，戰於丹水之浦，可能使其敗者遷往洞庭湖、
鄱陽湖之間。舜時繼續南征，據《說苑》卷一〈君道〉：「當舜之時，有苗氏
不服，大山在其南，殿山在其北，左洞庭之波，右彭蠡之川，因此險也。」
舜採分化策略削弱江西、湖南地區的三苗勢力，《尚書》卷一〈舜典〉記載：
「三載考績，三考，黜陟幽明；庶績咸熙。分北三苗。」禹時進而大力征伐
三苗，《尚書》卷二〈大禹謨〉：「帝（舜）曰恣禹惟時有苗弗率汝徂征。」《墨
子》卷五〈非攻下〉：「昔者三苗大亂，天命殛之。……撝矢有苗之祥，苗師
大亂，後乃遂幾。」

　　禹征三苗後，越民族興起，據《逸周書》記載，至遲商代已有越族存在
〔註28〕。《竹書紀年》卷下〈穆王〉：「（周穆王）三十七年……伐楚，大起九
師，東至於九江。」〔註29〕東周時代，江西地區屬《禹貢》揚州之境，此時
江西地區大部分都是越族的活動地帶，在行政上分屬吳、越、楚三國管轄。
從春秋中期到魯定公六年（504 B.C.），大致上鄱陽湖與贛江以西屬楚，以東
屬吳越，故有吳頭楚尾之稱。魯定公六年（504 B.C.），吳伐楚，取得番〔註30〕，
贛江下游地區漸爲吳越所據。春秋時代晚期，吳北上爭霸，時吳公子慶忌曾

〔註27〕見《史記》卷一〈五帝本紀〉。

〔註28〕《逸周書》五十九〈王會解〉：「伊尹……爲四方令曰：……越漚，……請魚
　　　　之鞞……爲獻。」

〔註29〕此處之九江未必是今日九江市，但已包含今江西地區。

〔註30〕據《史記》卷四十〈楚世家〉：「（楚昭王）十二年（504 B.C.），吳復伐楚，取
　　　　番。楚恐，去郢，北徙都郢。」《史記》卷三十一〈吳太伯世家〉：「（吳王闔
　　　　閭）十一年（504 B.C.）吳王使太子夫差伐楚，楚恐而去郢徙都。」

諫吳，不成而出居於艾〔註 31〕。據杜預注，艾縣在豫章郡〔註 32〕，是吳國國土包含江西西北部的證明。

戰國時代初期，江西地區尚未全境屬楚。按《史記》卷四十一〈越王句踐世家〉張守節正義：「戰國時，……江、洪、饒並是東南境，屬楚也。袁、吉、虔、撫、歙、宣並越西境，屬越也。」的記載，越、楚各據江西地區南北。到戰國時代中期，楚國國勢日強，於周顯王三十五年（334 B.C.）出兵滅越，越亡於楚，楚盡取吳越故地，江西全境才納入楚國界〔註 33〕。直到秦滅楚，未再發生變動。越國故地的越族部份降楚、部份東逃，成為日後的東越、閩越。江西地區全境歸屬楚，加強了江西地區與楚都的往來，沿江部份地區因而得以成為物資集散地，如新淦界埠的戰國糧倉遺址〔註 34〕，位於贛水中游西岸，或因備戰儲糧，或因貿易而設。餘水（今信江）支流、今瀘溪河一帶並有大批崖墓，以貴溪仙水岩崖墓為代表〔註 35〕。貴溪仙水岩發現的東周崖墓，按其器型、紋飾，與江浙東周墓同屬百越文化。其他江西境內的東周時代文化遺址分布在餘江、橫峰、廣豐、上饒、餘干、鉛山、弋陽、南豐、南城、黎川、樂安、崇仁和安遠等十幾個縣市。戰國時代初期的遺址墓葬已發現鐵銅器出土，但數量不多，僅見於九江磨盤墩上層、大王嶺遺址、武寧縣畢家坪墓葬。戰國時代中晚期，出土的鐵器數量大增，分布地區更廣，包括上高縣塔下村、臨川縣瑩門里、清江觀上戰國墓、新建縣赤岸山戰國遺址多處。

〔註 31〕 《左傳》哀公二十年（475 B.C.）：「吳公子慶忌驟諫吳子，曰：『不改，必亡。』弗聽。出居于艾。」

〔註 32〕 春秋時代史籍所記之豫章，並非漢代之豫章郡。《左傳》昭公六年（536 B.C.）、十三年（531 B.C.）、二十四年（518 B.C.）、三十一年（511 B.C.）、定公二年（504 B.C.）四年（506 B.C.）六次記事所提及之豫章，按杜預注：「此皆當在江北，淮水南。」唐孔穎達疏：「漢書地理志豫章，郡名，在江南，此則在北者。」

〔註 33〕 《史記》卷四十一〈越王句踐世家〉：「（越）王無疆時，……伐楚。楚威王興兵而伐之，大敗越，殺王無疆，……而越以此散，……服朝於楚。」

〔註 34〕 陳文華、胡義慈〈新淦縣發現戰國糧倉遺址〉，《文物工作資料》1976 年第二期，轉引自李放〈江西古代水利史概略〉，《江西文物》1990 年第四期，頁 43。

〔註 35〕 江西省歷史博物館〈江西貴溪崖墓發掘簡報〉，《文物》1980 年第十一期。陶渝生、楊長錫〈貴溪崖墓族屬考證〉，《江西文物》1991 年第一期，頁 31～35。彭適凡、楊鳳光、程應林〈江西懸棺葬的分布及貴溪崖墓的有關問題〉，《江西文物》1991 年第一期，頁 15～22。

　　秦代統一六國，設三十六郡，江西地區屬九江郡。秦立番縣、艾縣於江西，可能還有餘干、南野（南壄）、廬陵、安平、新淦〔註36〕。秦代文物目前只發現遂川縣藻林鄉出土的青銅兵器〔註37〕，據其上刻銘文，爲始皇二十二年（225 B.C.）鑄造。秦代與江西地區開發最密切的行動是始皇二十六年（221 B.C.）征伐嶺南的軍事行動。爲加強對嶺南控制，秦經由贛江水道用兵嶺南，並開通了大庾嶺路以朝南進軍。據《淮南子》卷十八〈人間訓〉所記，尉屠睢兵分五路，其中「一軍守南野（今南康、大庾一帶）之界，一軍結餘干（今餘干）之水。」後者通武夷山，並控制江西境內水道；前者守大庾嶺，將糧餉物資由贛水、章水運至湞水，運抵廣東的南雄縣地區。

　　漢代改九江郡爲淮南國，江西境立豫章郡〔註38〕，郡治爲南昌：領縣十八，唯今之玉山、鉛山及婺源不在管轄範圍內。新莽時，一度改豫章郡爲九江郡。東漢復稱豫章郡，領縣二十一，新增了石陽（今新淦、廬陵間）、臨汝（今南城西北）、建昌（今海昏西南）〔註39〕。根據雷次宗《豫章記》、《宋書》卷三十六〈州郡志〉所記，靈帝時另設了上蔡（今上高）、新吳（今奉新）、永修、漢平（今清江）四縣。總計據《漢書》、《後漢書》所記，由西漢元始二年（2）至東漢永和五年（140），戶數、口數各增加了 6.02 倍、4.74 倍〔註40〕。同一時期，全國總人口數減少，豫章郡反而增加極多，是江西地區

〔註36〕餘汗、南壄，見《淮南子》卷十八〈人間訓〉：「秦皇……乃使尉屠睢發卒五十萬爲五軍……一軍守南野之界，一軍結餘干之水。」所稱南野、餘干是漢縣名，還是秦縣名不能確定。廬陵、安平、新淦，根據《大明一統志》卷四十九〈江西布政使司〉記爲「始皇二十四年（223 B.C.），王翦滅楚，俘負芻。明年（222 B.C.），置廬陵、安平、新淦三縣，屬九江郡。」但未註明出處。

〔註37〕〈論江西遂川出土的幾件秦代銅兵器〉，《考古》1978 年第一期。

〔註38〕關於建豫章郡者，《史記》記有灌嬰、陳嬰二人。《史記》卷九十五〈灌嬰傳〉記：「嬰以御史大夫受詔，將車騎別追項籍至東城，破之。……渡江，破吳郡長吳下，得吳守。遂定吳、豫章、會稽郡。還定淮北，凡五十二縣。」但其他史料並未記灌嬰定豫章之功。《史記》卷十八〈高祖功臣侯者年表〉中記潁陰灌嬰侯功：「以中涓從起碭，至霸上，爲昌文君。入漢，定三秦，食邑。以車騎將軍屬淮陰，定齊、淮南及下邑，殺項籍。侯，五千戶。」並無建豫章郡之功。同樣〈高祖功臣侯者年表〉記載乃堂邑侯陳嬰有定豫章之功：「以自定東陽，爲將，屬項梁，爲楚柱國。四歲，」以陳嬰之功附會於灌嬰之下，或因二人同名，加以灌嬰名望高，在諸侯中名列第九，陳嬰少爲人知，只名列功侯第八十六，以致將陳嬰之功附於灌嬰之下。

〔註39〕見《後漢書志》卷二十二〈郡國志〉。

〔註40〕見《漢書》卷二十八〈地理志〉、《後漢書》卷三十二〈郡國志〉。

內部已發展的訊號。另外，兩漢時代出土墓葬數目也相應增加，連以往少有發現的贛南也有發現。墓葬遺物中普遍發現了鐵製農具、手工具、生活用具，是經濟發展的憑證。

　　三國時代，江西地區屬東吳轄地。由於藉增設新郡縣、增加據點來滿足官職的需求，東吳時代江西地區行政區鉅增，共分六郡五十七縣：

　　　豫章郡，治南昌，轄十六縣。

　　　廬陵郡，治西昌（今泰和），建安四年（199）建〔註41〕，轄十縣。

　　　鄱陽郡，治鄱陽，建安十五年（210）孫權建，轄九縣。

　　　臨川郡，治臨汝，太平二年（257）孫亮立〔註42〕，轄十縣。

　　　安成郡，治平都，寶鼎二年（267）孫皓立，轄六縣。

　　　廬陵南部都尉，治雩都。嘉禾五年（236）孫權立，轄六縣。西晉武
　　　帝太康三年（282）後改稱南康郡。

三國時代開始，豫章郡不再管轄全江西地區，改成爲諸郡之一，位於江西地區西北，不過仍是江西地區首要重心，郡治所在南昌是東吳時的重要商港。東吳所設六郡，初步定下江西地區行政區劃的基本格局，區內六個政治、經濟、文化中心已漸成形。

　　東吳之後，西晉短暫統一。武帝太康元年（280），將安成郡歸屬荊州。惠帝元康元年（291），劃揚州之豫章、鄱陽、廬陵、臨川、南康、晉安、建安，荊州之武昌、桂陽、安成，合十郡置江州。十郡之中，建安、晉安位於福建地區，武昌在湖北地區，桂陽在湖南地區，主要以江西地區六郡爲核心。惠帝永興元年（304），新增尋陽郡一郡，轄柴桑、彭澤二縣。江州州治初設於豫章，後來移往武昌〔註43〕。東晉偏安江南，延續了三國時代數政權並立、南北對峙的局勢，廣建郡縣的需要再度出現。東晉仍設七郡，轄五十八縣，江州州治移至尋陽〔註44〕。南朝與東晉相似，共計宋有七郡五十三縣〔註45〕，齊同樣設七郡五十三縣〔註46〕，梁設九郡（增豫寧、巴山二郡）六十一縣〔註47〕，陳減爲九郡五十九縣〔註48〕。梁末將江州州治再遷回豫章，

〔註41〕據《三國志》卷四十六〈孫破虜討逆傳〉記爲建安四年（199）建廬陵郡。
〔註42〕據《宋書》卷三十六〈州縣志〉。
〔註43〕見《晉書》卷十五〈地理志〉。
〔註44〕見《晉書》卷十五〈地理志〉。
〔註45〕見《宋書》卷三十六〈州縣志〉。
〔註46〕見《南齊書》卷十四〈州郡志〉。
〔註47〕見許懷林《江西史稿》，頁59，所據史料出處不明。

從此不再更動，成為江西地區地方行政單位最高所在處。東晉在江西地區亦設有僑郡，名為西陽郡、安豐郡、松滋郡、弘農郡、太原郡等。南朝時行政區劃一度鉅增，州郡分布混亂或旋置旋廢，或境域未擴而等級升，或一州只轄一縣，甚至僅有空名，無官員赴任，興廢無常，今已難確考。

隋代統一，結束了南北分治局面。文帝時，河南道行台兵部尚書楊尚希就針對南朝濫設郡縣，造成民少官多的怪象，上書要求加以裁併：

> 竊見當今郡縣，倍多於古，或地無百里，數縣並置；或戶不滿千，二郡分領。具僚以眾，資費日多，吏率人倍，租調歲減。……所謂民少官多，十羊九牧。……今存要去閒，併小為大，國家則不虧粟帛，選舉則易得賢才。〔註49〕

隋文帝遂於開皇三年（583）十一月，罷天下諸郡〔註50〕，調整行政區，將東漢以來的州郡縣三級制除去「郡」級，改行州縣二級制。開皇九年（589），文帝平陳，正式統一。州縣二級制實行到江南地區。煬帝大業二年（606），遣十使併省州縣〔註51〕，將地方行政系統更精簡化。大業三年（607）四月，改州為郡，行郡縣二級制。江西地區共有豫章、潯陽、鄱陽、臨川、南康、盧陵、宜春七郡，轄二十四縣。與南朝相比，減少二郡三十至四十縣。這種裁併乃是針對南朝濫置而發，意在消除人口不足、經濟貧困的現象，使各郡縣有適當相應的經濟基礎可以穩定發展。此七郡維持著東吳以來的基本架構，顯示江西地區的地方中心已逐漸成熟，並不因政治變動而遭到影響。

由江西地區的建置沿革，可以觀察到該地域內的幾個地方中心逐漸成型。隋代之前，江西地區並未獨立成一行政區，常與其他州縣共屬某一行政單位。這種現象在地區發展中是很普遍的。地域的界定不僅是憑政治力來主導，內部發展程度才是該地域能否成型的決定因素，行政區的成立只能算是發展過程的最後一步。江西地區的上古文化，自吳城文化開始，具有自身特色，同時在商代時期受到外界文化的影響。戰國時代中期以後，江西地區逐漸融入楚文化中，成為楚文化的一部分，不再如以往獨立發展。自秦至漢，江西境內陸續設置郡縣，以豫章郡為名，涵蓋全區。當時的縣治分布以北部鄱陽平原區居多，郡治南昌附近戶口尤為密集。東吳南朝時代政治中心在江

〔註48〕見許懷林《江西史稿》，頁59，所據史料出處不明。
〔註49〕見《隋書》卷四十六〈楊尚希傳〉。
〔註50〕見《隋書》卷二十九〈地理志〉。
〔註51〕見《隋書》卷二〈煬帝本紀〉。

南，對江西地區有相當影響，其廣設郡縣，固然與開發程度提高相關，但並非人口密集到需增設爲五、六十餘縣。縣治數目在六朝時代鉅增，乃是當時政治需要所造成，與實際發展不盡符合。隋代廢去二十餘縣，亦並非意謂當地轉爲蕭條。隋代所設之州縣，在唐代均保留，到了唐代，江西地區的行政區終於呈現只增不刪，穩定成長的局面。

第三節　交通路線的發展

　　交通是決定區域發展的重要條件，唐代江西地區的交通路線以水路爲主，由於唐代尚無力改造自然，交通路線有相當高的比例必須順應自然環境，尤其是河川地形。江西地區的水路交通線雖然受到河川走向、航運條件限制，但考量各種交通條件，水運都是最快速、運量最大、成本也最低的運輸形式。唐代水運費用之低廉，可由《唐六典》卷三〈尚書戶部・度支郎中員外郎〉看出大概：

> 凡陸行之程：馬日七十里，步及驢五十里，車三十里。水行之程：舟之重者，泝河日三十里，江四十里，餘水四十五里；空舟泝河四十里，江五十里，餘水六十里。……凡天下舟車水陸載運皆具爲腳直。……（注：每馱一百斤，一百里一百文，……車載一千斤九百文，黃河及洛水河，……上水十六文，下，六文。餘水，上，十五文；下，五文）

每日所行路程，水運雖不及馬運來得長，但較車運長了半倍至一倍。在費用方面，水運更是較陸運低廉甚多。在這種經濟考量合算的情況下，加上本區自然環境河渠密布，遍達全區，水路交通線自古就是最主要的幹道。「舟船之盛，盡於江西」、「洪鄂之水居頗多，與邑殆相半」〔註52〕很足以說明江西地區的交通狀況。

　　李肇《唐國史補》稱唐代東南地帶爲「環東南郡邑無不通水」〔註53〕，是稍微誇大一些，不過江西地區交通的確以彭蠡湖水系爲主要架構：贛水呈南北流向，由南至北貫通西部虔、吉、洪三州，注入彭蠡湖。贛水中游支流禾水通吉州西部，渝水西通袁州；下游在洪州境內有修水、馮水、濁水聯絡

〔註52〕見李肇《唐國史補》卷下，頁62。
〔註53〕見李肇《唐國史補》卷下，頁62。

洪州全境；另一支流盱水東入撫州，在撫州連通南北。東北部信州以餘水溝通東西後，注入彭蠡湖。饒州以鄱水兩支流昌江、樂安江南北並進，合為鄱水後，亦注入彭蠡湖。彭蠡湖匯合諸水後，在江州北界連接長江。經由長江，可上連巴蜀，下通吳越；向南輻射可通嶺南，接廣州。

江西地區主要的交通路線，以彭蠡湖為中心，向外放射，分為如下六線：

（一）長江雖僅於江州北界流過，對全區發展影響重大，是江西地區連通外地的天然幹道。江西地區各州入彭蠡湖後，至江州便可藉長江西上四川，東下揚州，有蜀麻吳鹽相通的古諺。

（二）由彭蠡湖藉贛水與其支流通洪州，往南以盱水通撫州州治臨川與南豐縣，是他州入撫州的主要途徑。

（三）繼續南行，由贛水另一支流渝水西入袁州。該水是袁州東西交通憑藉，州治宜春、新喻縣均藉助渝水進入贛水水系，通達南北。

（四）繼續南行，經吉州境內支流廬水通西部安福縣、禾水通永新縣。過吉州即抵虔州，州內贛水支流為主要交通路線，貢水居東，其支流桃水南通信豐，其上游虔化水、安遠水各通虔化、安遠，伸入贛南山地；章水居西，經南康、大庾，由大庾嶺陸路越大庾嶺入嶺南，接湞昌，順北江上游湞水，南抵廣州。

（五）由彭蠡湖，入饒州，可藉餘水通信州貴溪、弋陽、上饒、玉山四縣，繼續東行經衢州、睦州、杭州連運河，進而通蘇州、常州，至潤州渡長江，達揚州。由上饒南行，另有陸路通福建地區。〔註54〕

（六）由彭蠡湖至饒州州治鄱陽，溯鄱水上游昌江，東北行，經浮梁，至歙州祁門。昌江為江西地區少數發源於江西境外的河川，可以聯通江西地區與浙江地區。

基本上，除東北方的饒州、信州，南方的虔州西南角可通外界，江西多數地區仍以彭蠡湖區為中心，交通線呈向心狀聚攏，是封閉性較高的交通系統，外界進入江西地區唯有由東北二州、北方江州、西南角虔州四處。

江西地區在全國交通網中有相當重要性，因其具備通嶺南地區的最便捷

〔註54〕據《太平寰宇記》卷一○七〈江南西道・信州・上饒縣〉：「唐永豐故城，本饒州弋陽縣……乾元元年（758）止，與州同時置永豐縣，故路通閩州，越客擔荷靡至。元和六年（811）廢縣，併入上饒。」

路線。大庾嶺路是兵家必爭之地，也是商賈南北往來的交通孔道。而據張九齡〈開鑿大庾嶺路序〉：「越裳白雉之時，尉佗翠鳥之獻。」〔註 55〕可能也是諸夷北上朝貢的路線。《光緒江西通志》卷五十五〈山川略·大庾嶺〉注文引明代桑悅〈重修嶺路記〉記載明代諸夷朝貢、商賈往來仍利用大庾嶺路：

> 庾嶺，兩廣往來襟喉，諸夷朝貢亦於焉。取道商賈如雲，貨物如
> 雨。

自秦代以來，江西就是南進的重要據點。秦始皇開拓南疆，加強嶺南的控制時，江西的贛水和大庾嶺首度受到重視。秦進兵南越，利用到贛水，並且開鑿大庾嶺南的山路。《淮南子》卷十八〈人間訓〉：

> （秦始皇二十六年（221 B.C.）），使尉屠睢發卒五十萬爲五軍，一軍
> 塞鐔城（今湖南靖縣）之領，一軍守九疑（今湖南江華縣境）之塞，
> 一軍處番禺（今廣州）之都，一軍守南野（今江西南康縣）之界，
> 一軍結餘干（今江西餘干縣境）之水。三年不解甲弛弩。……而越
> 人皆入叢薄中，與禽獸處，莫肯爲秦虜。相置桀駿以爲將，而夜攻
> 秦人，大破之。殺尉屠睢，伏屍流血數十萬。乃發適戍以備之。

秦此五軍中，餘干的秦軍可防範閩越爲亂，並維持江西境內水道通暢；南康的秦軍駐防，一在鎮戍當地防亂，二在運輸糧餉，通番禺以供戍卒。開通贛水——大庾嶺路——廣州的道路後，由於越人不服，由秦到漢都繼續派兵戍守。《元和郡縣圖志》卷二十八〈江南道·虔州·大庾縣〉：

> 《南康記》云：前漢南越不賓，遣監軍庾姓者討之，築城於此，因
> 之爲名。

《通典》卷一八二〈州郡典·南康郡·虔州·大庾縣〉：

> 有大庾嶺，一名塞上嶺，即五嶺之一。漢時呂嘉反，漢軍伐之。監
> 軍姓庾，城於此，故謂之大庾嶺。

秦代並未於江西如湖南般開靈渠以運糧餉，是以運往番禺的糧餉，經贛水運抵此處後，必須屯積於此，以陸路轉運過大庾嶺。日後之大庾縣即本於此。大庾嶺路在大庾嶺上有橫浦關，形勢最險要，即唐宋之梅關。《讀史方輿紀要》卷一○二〈廣東·南雄府·保昌縣〉：

> 梅關，在大庾嶺上。兩崖壁立，道出其中，最爲高險。或以爲即秦
> 之橫浦關也。……橫浦關，秦所置也。唐宋以來，謂之梅關。

〔註 55〕見《曲江張先生文集》卷十七。

漢代南越第二度叛時，武帝派兵進討，再度利用到大庾嶺路，見《史記》卷
一一三〈南越列傳〉：

> （武帝）元鼎五年（112 B.C.）秋，衛尉路博德爲伏波將軍，出桂陽、
> 下匯水，主爵都尉楊僕爲樓船將軍，出豫章，下橫浦；故歸義越侯
> 二人爲戈船、下屬將軍，出零陵，或下離水，或抵蒼梧；使馳義侯
> 因巴蜀罪人，發夜郎兵，下牂柯江：咸會番禺。

漢平南越亂事，進一步加強了對嶺南的統治，也使得豫章至大庾的贛水——
大庾嶺路更加通暢。

　　東晉盧循之亂，再度利用到江西地區的交通路線。盧循在孫恩死後退往
番禺，據廣州，東晉以徐道覆爲始興郡（今韶關）太守，意在防守大庾嶺路。
義熙五年（409），趁劉裕北伐，盧循率衆越大庾嶺入江西，沿贛水北上，攻
下南康、盧陵、豫章各郡〔註 56〕，殺江州刺史後，繼續沿長江東下，推進到
淮口，屯兵長江南岸。劉裕南返，敗盧循，盧退至尋陽。劉裕隨即兵分三路
進攻〔註 57〕：庾悅自東陽（今金華）攻豫章，孫季高自海道襲番禺〔註 58〕，
劉裕自溯江西攻。盧循再敗，退嶺南死〔註 59〕。在盧循之亂中，可以看出江
西地區的交通線已約略發展成型，除南通廣州、北連長江二處傳統路線外，
浙江地區已可由唐之信州一帶入江西地區，通抵豫章。梁陳之際，陳霸先興
起的經過亦能點明江西地區的交通地位。陳霸先遣將兵屯於大庾嶺，大寶元
年（550）越大庾嶺北上。時廣州刺史蕭勃聯絡南康郡守將蔡路養圖謀阻擋，
蔡路養置軍於南野，原已得勝，陳得地方豪酋之助反敗爲勝，並順利沿贛水
北上，取西昌、盧陵、新淦諸縣。其後陳霸先沿贛水出湓口，扼守長江，貯
積軍糧，於梁武陵王天正元年（552）自豫章出發，順江東下，攻奪建康，滅
侯景〔註 60〕。陳霸先與盧循同樣由廣州北越大庾嶺，循贛水北上，再沿長江
東進，攻首都建康，不同處在於陳霸先取得江西後即東下直取建康，盧循則
屯於淮口、未一鼓作氣，遭劉裕趁勢反攻而敗亡。由此可知江西一地據長江
中游，對制約荊揚、攻奪建康極爲重要。而由嶺南北上江西，除大庾嶺關口
外，南康是另一關，蔡路養本據此已成功地阻止陳霸先北進，因當地豪酋助

〔註 56〕見《晉書》卷一〇〇〈盧循傳〉。
〔註 57〕見《資治通鑑》卷一一五〈晉紀〉安帝義熙六年（410）六月條。
〔註 58〕見《資治通鑑》卷一一五〈晉紀〉安帝義熙六年（410）八月條。
〔註 59〕見《晉書》卷一〇〇〈盧循傳〉。
〔註 60〕見《陳書》卷一〈高祖紀上〉。

陳霸先才失敗。

　　唐代爲改善江西地區的交通線而作的交通建設，最重要的首推開大庾嶺新路。按《元和郡縣圖志》卷三十四〈嶺南道‧廣州〉記載，唐代嶺南地區通華北的路線，若以廣州爲中心，共計有三：

> 西北至上都取郴州路四千二百一十里；取虔州大庾嶺路五千二百一十里。西北至東都取桂州路五千八十五里。

共有郴州路、大庾嶺路和桂州路三種路線，主要沿襲秦漢以來內地通嶺南的進軍路線。唐代三者中，桂州路以路途過長最少用，餘二者，郴州路的利用率較大庾嶺路爲高。此種現象與秦嶺南部的商山路驛道有關，商山路驛道以長安爲起點，經商州、鄧州南下，達襄州〔註61〕，在襄州或順長江東下可抵達揚州，或沿湘水南行可入廣州。然而郴州路有其缺：郴州路中段的必經路段武水一帶多險灘、多峽谷，不利行旅舟楫，有遇險翻覆之憂；若棄武水改舟行連水，則水道不夠長，必須穿越摺嶺隘口，此段陸路山嶺險阻，商旅行動不便。而大庾嶺路雖在唐代以前已開通，但山勢崎嶇險峻，往來曠日耗時，「嶺東廢路，人苦峻極，行逕寅緣，數里重林之表；飛梁篾巇，千丈層崖之半，顛躋用惕，斬絕其元。故以載則曾不容軌，以運則負之以背。」〔註62〕其路窄狹，不能容車通行，貨物唯憑人力負運，不利商旅往來。不過隨著廣州日漸發達，諸國胡商彙聚，長安與廣州的交通聯繫需求也日漸加強，在郴州路的缺失無法改善之下，於是有開元四年（716）張九齡奉命開大庾嶺路之舉。

　　據張九齡《曲江張先生文集》卷十七〈開鑿大庾嶺路序〉所記始末，大庾嶺舊路之地勢似極不利往來，地形崎嶇險峻，故寧可另開新路：

> 初，嶺東廢路，人苦峻極，行逕寅緣，數里重林之表，飛梁篾巇，千丈層崖之半，……以載則曾不容軌，以運則負之以背。而海外諸國，日以通商，齒革羽毛之殷，魚鹽蜃蛤之利，上足以備府庫之用，下足以贍江淮之求。……開元四（716）載冬十又一月，俾使臣左拾遺內供奉張九齡飲冰載懷，執藝是度。緣磴道，披灌叢，相其山谷之宜，革其坂險之故。歲已農隙，人斯子來，役匪逾時，成者不日，

〔註61〕參見嚴耕望氏《唐代交通圖考》第三卷〈秦嶺仇池區‧藍田武關驛道〉，頁637～660。
〔註62〕見張九齡《曲江張先生文集》卷十七〈開鑿大庾嶺路序〉。

則已坦坦而方五軌，闐闐而走四通，轉輸以之化勞，高深爲之失險。
於是乎鑱耳貫胸之類，珠琛絕賣之人，有宿有息，如京如坻，寧與
夫越裳白雉之時，尉佗翠鳥之獻。語重九譯，數上千雙，若斯而已
哉！凡趣徒役者，聚而議曰：慮始者功百而變常，樂成者利十而易
業，一隅何幸，二者盡就。況啓而未通，通而未有，斯事之盛，皆
我國家玄澤浸遠，絕垠胥泊，古所不載，寧可默而無述也。

新路開通後，「坦坦而方五軌，闐闐而走四通，轉輸以之化勞，高深爲之失險」，
可通五軌之車，交通條件大爲改善，既克服了舊路的缺失，也避開了郴州路
的不足。唐代後期江淮地區經濟日益發達，大庾嶺路在軍事功能外，文化經
濟功能日漸增加，因大庾嶺路具有二優點：一是配合唐代後期以東南爲經濟
重心與廣州的外商貿易需要；二是利用便利迅捷的江西內河水道。除大庾至
湞昌有九十里陸路外，皆以水運減輕負擔，且此段陸路多山間曠谷，較諸郴
州路山嶺險阻便捷許多。贛水交通線唯有一不足處，即虔州州治至吉州今吉
安一帶的險灘。據《水經注》卷三十九〈贛水〉記載：「贛川石阻，水急行難，
傾波委注六十餘里。」此段航道險灘礁石密佈，水流迴旋湍急，兩岸重山縣
延，行旅向視爲畏途。往來船隻均需雇請水工拉縴前行，稍有不愼即檣倒楫
傾，貨毀人亡。該段險灘存在已久〔註63〕，唐代對此曾進行疏鑿，據《新唐
書》卷一三八〈路嗣恭傳〉所記：

　　（路嗣恭子）應……（德宗）貞元初，出爲虔州刺史，……鑿贛石
　　梗險以通舟道。

贛水已因其重要性受整治。

　　江西地區"贛水——大庾嶺幹道"以外的交通路線，尙有昌江祁門路線
與上饒通福建、玉山通浙江的陸路。昌江發源於歙州祁門縣附近，流入饒州
後匯入鄱水，注入彭蠡湖。唐代江西地區盛產茶葉，昌江水運因茶葉貿易興
盛而大爲繁忙，如《全唐文》八○二張途〈祁門縣新修閶門溪記〉即記其可通
鄱陽與長江：

　　溪名閶門，……水自疊嶂積石而下，通於鄱陽，合於大江。

饒州物產除經彭蠡湖外銷外，昌江水運亦是另一管道，可藉之銷往安徽宣歙
地區。據《太平寰宇記》所記，信州上饒經廢永豐縣有陸路可通閩地福州：

―――――――――――――

〔註63〕梁末陳霸先由嶺南舉兵時，亦曾經此處，當時「水暴起數丈，三百里間巨石
　　　皆沒。」才順利通過。詳見《陳書》卷一〈高祖紀上〉。

福建地區大量商旅即由此進入江西地區。後雖將永豐縣併入上饒縣，陸路交通線維持不變〔註64〕。信州另一交通路線即玉山嶺陸道，據李翱〈來南錄〉記載〔註65〕自常山至玉山陸路共長八十里，入玉山縣後即轉爲水路，沿餘水順流南下，經饒州進入彭蠡湖，可連上贛水交通網，是浙江地區進江西地區的主要路線。浙江地區可經過彭蠡湖——贛水通嶺南廣州，亦可由彭蠡湖進入長江中游，減少由長江下游溯流而上的時間。唐人韋莊《浣花集》卷七〈信州西三十里，山名僊人，城下有月巖山，其狀秀拔，中有山門如滿月之狀，余因行役過其下，聊賦是詩〉：

> 驅車過閩越，路出饒陽西。

江西西部地區幾全以贛水爲交通線，袁州萍鄉與潭州醴陵雖相鄰，因一山之隔，來往並不便利，通常是軍事行動時二地才藉陸路進攻，《新唐書》卷一九〇〈鍾傳傳〉：

> （昭宗時）傳以匡時爲袁州刺史，擊（馬）殷。〔註66〕

《九國志》卷十一〈呂師周傳〉：

> （哀帝）天祐初，副指揮使綦毋章以所部兵屯上高，與湘南爲敵
> 境，累戰殺傷者萬餘人。

其陸路交通之不便，可由懿宗咸通中開新江不成得知，《讀史方輿紀要》卷八十七〈江西·袁州府·萍鄉縣·新江〉記載：

> 唐咸通中，郡守顏暇福奏開，以通湖南。纔十餘里而輟，故跡猶
> 存。

開新江是爲了通湖南，但只進行十餘里即中止，後人認爲因開江時誤殺白龜而致使工程無法完工〔註67〕。今日看來，或與當時經濟無法支持、技術不足、或路線規畫不當相關。總之，唐代江西地區與湖南地區往來借重的是長江水道，而非貫穿二區的水陸路線。江西地區與安徽的宣州區地區則借重長江航

〔註64〕《讀史方輿紀要》卷八十五〈江西·廣信府，永豐縣〉：「東南至福建浦城縣百八十里。」浦城在唐代名爲唐興。

〔註65〕李翱《李文公集》卷十八〈來南錄〉記載：「自常山至玉山八十里陸道，謂之玉山嶺。玉山至湖七百又一十里，順流，謂之高溪。」

〔註66〕據《資治通鑑》卷二六二〈唐紀〉昭宗天復元年（901）條所記此爲天復元年（901）事。

〔註67〕《光緒江西通志》卷五十八〈山川略·川·袁州府〉：「新江在萍鄉縣東三十里，唐咸通中刺史顏邐福奏開以通湖南，纔鑿十餘里而輟。今俗稱其地爲新江。相傳開江時誤殺白龜，功遂不就。」

道溝通，其間似無陸路大道可往來。〔註68〕

　　江西地區交通條件的改善，還表現在津渡驛站與水利建設方面。官設津渡，據《唐六典》卷七〈尚書工部・水部郎中〉：

　　　其大津無梁，皆給船人，量其大小難易，以定其差等（注：蘄州江津渡、荊州洪亭松滋渡、江州馬頰檀頭渡船各一艘，船別六人；越州、杭州浙江渡、洪州城下渡、九江渡船各三艘，船別四人，渡子並須近江白丁便水者充，分為五番，年別一替）。

江西地區共有江州馬頰檀頭渡、洪州城下渡、九江渡三處官設津渡，屬水路交通據點，驛站則為陸路交通據點。就拙稿所得史料，江西驛站共有四處，分布於江、洪、吉、虔四州，均位於南北縱貫要道沿線。江州蒲塘驛位於潯陽縣南，《通典》卷一八二〈州郡典・古揚州下・潯陽郡〉：

　　　潯陽（注：……蒲塘驛，即漢歷陵縣也。王莽改為蒲亭。今驛前有敷淺原，原有博陽山）。

宋之問有〈寒食江州滿（蒲）塘驛〉詩〔註69〕、韋應物有〈自蒲塘驛迴駕經歷山水〉詩〔註70〕，均是與蒲塘驛相關。其廢置沿革，據《讀史方輿紀要》

〔註68〕宣、饒二州是否有陸路大道直接相通？愚意以為似無，拙稿收集得有三條史料中，其一為永泰時宣、饒二賊方清、陳莊相結為亂（見《舊唐書》卷一四七〈李芃傳〉），唐採「扼襟要，使不得合從」之法，設池州（當時秋浦之青陽、饒州之至德）將之消滅。首先由二賊會於秋浦來看，秋浦臨長江，設池州正好阻斷饒州、宣州的二州的長江水道，是饒宣二州以長江（加上江州、彭蠡湖）相通之證。二賊似非以昌江通衢州相聯絡，否則置池州對歙州交通並未具備阻斷功能。

其二為嗣曹王皋運糧通關中，經宣、饒、荊、襄等州至武關（見《資治通鑑》卷二二九〈唐紀〉德宗建中四年（783）十一月條）。此史料只記錄重要城市，省略了其他經過的州名。以饒州至荊州為例，絕無可能直接相通，勢必經江州入長江溯流而上才有可能，而該史料並未記載江州。宣州至饒州或亦是同理，省略經過了江州或歙州的文字。

其三為黃巢攻下江西的虔、吉、饒、信四州後轉攻宣州（見《新唐書》卷二二五〈逆臣傳〉、《資治通鑑》卷二五三〈唐紀〉僖宗乾符五年（878）八月條）。該史料省略州與州之間、經過但未攻的其他州名。試看江西地區地圖，饒、信二州相鄰，吉、虔二州也相鄰，但無論從饒州或信州通吉州，都勢必經過洪州（依當時交通主要路線）或撫州，並非饒、信二州與吉州直通。由此觀黃巢之攻宣，恐亦未能作為饒、宣二州有大路直通的佐證。以其史料記述法，黃巢可能經江州東下，如永泰初方清、陳莊二賊各據宣、饒，以長江相合為亂之況。

〔註69〕見《宋之問集》卷上。

〔註70〕見《韋江州集》卷六。

卷八十五〈江西・九江府・德安縣・歷陵城〉條記載：

> 春秋楚東鄙曰蒲塘。漢置縣，王莽改曰蒲亭，後漢復故。東晉初廢。
> 唐武德八年（625）置蒲塘驛，貞元中，改場，尋廢。咸通五年（864），
> 復爲場。五代時楊吳升置今縣。

該處驛站可說是江州交通中心所在，南北行商旅者至此可稍作停息，隨後北入長江、進入全國交通網，亦或南下贛水、朝嶺南前進。洪州驛站名爲石頭驛，《水經注》卷三十九〈贛水〉記載：

> 贛水又經郡（豫章郡）北，爲津步，……水之西岸有盤石，謂之石頭，津步之處。

石頭驛與蒲塘驛相似，前代曾於該處設縣，唐代改置驛。《讀史方輿紀要》卷八十四〈江西・南昌府・新建縣〉：

> 在章江門外十里，有石頭渚。……陳永定中，嘗置南昌縣於此，隋廢，唐初復置，旋廢縣，因置石頭驛。

韓愈有〈次石頭驛寄江西王十中丞閣老〉詩〔註71〕，另外，崔國輔〈題豫章館〉詩〔註72〕中言及「津亭暫臨憩，驛前蒼石沒。」之驛即石頭驛。張九齡亦有〈候使石頭驛樓〉詩〔註73〕。沿贛水南行，至吉州太和，有白下驛。《索引本嘉慶重修一統志》卷三二八〈吉安府・關隘〉記載：「白下驛，在泰和縣〔註74〕東門外，唐置，後皆因之。」《讀史方輿紀要》卷八十七〈吉安府・泰和縣・白石城〉條云：

> 白石城又謂之白下，今城東門外有白下驛，自隋唐至今不改。

王勃即有詩〈白下驛餞唐少府〉〔註75〕由吉州入虔州，主要的陸路交通線通往嶺南，虔州驛站即在大庾嶺上，名之爲大庾驛，唐人蔣吉有〈大庾驛有懷〉詩〔註76〕。大庾嶺處虔州、韶州交界，爲交通重要關卡，南行至韶州湞昌另有大庾嶺北驛，宋之問即有〈題大庾嶺北驛〉詩〔註77〕。此四處驛站均分布

〔註71〕見《朱文公校昌黎先生集》卷十。
〔註72〕見《全唐詩》卷一一九。
〔註73〕見《曲江張先生文集》卷三。
〔註74〕唐之太和縣在隋開皇十一年（591）稱泰和縣，唐武德八年（625）改稱太和縣，至明初復曰泰和縣，見《讀史與輿紀要》卷八十七〈江西・吉安府・泰和縣〉。
〔註75〕見《王子安集》卷三。
〔註76〕見《全唐詩》卷七七一。
〔註77〕見《宋之問集》卷下。

於江西最重要的交通幹道上，並非一種巧合。驛站出於官設，是經過政府考量後的安排，能設站處必然是交通繁忙，經濟效益極高，亦或戰略地位優越處。江西地區這條南北幹道不只是江西本身的交通主線，也是唐朝北地通嶺南最便捷的要道，以故設立四處驛站並不嫌多。由驛站的分布也可看出江西地區的重要性主要是因其交通地位。

江西地區的水利建設，如袁州宜春李渠「引仰山水入城，……使可通舟」〔註78〕，撫州千金陂與新渠，亦「奔流貫激，通舟楫之利」〔註79〕，江州刺史李渤築南陂堤「通四鄉之路」〔註80〕。人工開鑿的水道較天然的更便於航行，一因其必定位於人煙密集處，二因人工建設過程中會盡力設法調整水量、清理水道，不會有天然河川的急流險灘問題。這些津渡驛站、水利建設多是由官方政府主持，交通建設亦然，因為唐代交通運輸的功用以政治軍事為主。這些因軍事政治需要而開鑿的河道陸路，附帶也提供商旅經濟活動的路線。

唐代人對江西地區交通路線的運用，計有官吏赴任、軍事征戰和一般活動三種。由官吏活動可以看出江西地區如何與全國交通網連繫，宋之問於中宗神龍元年（705）坐與張易之交通之罪，貶於嶺南瀧州，其路線：由長安南下，經商州、鄧州至襄州，過安州、黃州抵蘄州黃梅縣臨江驛，此即襄州至江州之隨蘄路線。由蘄州渡江，入江州，宋氏有〈寒食江州滿（蒲）塘驛〉詩云：「去年上巳洛橋邊，今年寒食廬山曲。」〔註81〕據《通典》記載，蒲塘驛在江州潯陽南方〔註82〕。宋之問入江州後，經洪州贛水南行，有〈自洪府舟行直書其事〉詩為證：

> 仲春辭國門，畏途橫萬里。越淮乘楚嶂，造江泛吳氾。嚴程無休隙，
> 日夜涉風水。……問余何奇剝，遷竄極炎鄙。……悠悠南溟遠，採
> 掇長已矣。

沿贛水南下後，越大庾嶺即可轉赴瀧州，有〈早發大庾嶺〉、〈度大庾嶺〉、〈題

〔註78〕見《讀史方輿紀要》卷八十七〈江西・袁州府・宜春縣・李渠〉。
〔註79〕見《全唐文》卷八○五柏虔冉〈新創千金陂記〉。
〔註80〕見《李文公集》卷十七〈江州南湖堤銘〉。
〔註81〕見《宋之問集》卷上。
〔註82〕《通典》卷一八二〈州郡典・古揚州下・潯陽郡〉：「潯陽（注：今縣南楚城驛，即舊柴桑縣也。又有蒲塘驛，即漢歷陵縣也。王莽改為蒲亭。今驛前有敷淺原，原西數十里有博陽山。……）」

大庾嶺北驛〉三詩〔註83〕記其行，其三〈題大庾嶺北驛〉時已進入嶺南地區，
此即湞昌縣凌江驛，由詩名可知其路線乃越過大庾嶺南下。韓愈於憲宗元和
十五年（820）以袁州刺史召返京拜國子祭酒，曾以同樣路線北返。由袁州北
上，經洪州，有〈次石頭驛寄江西王十中丞閣老〉詩〔註84〕。次過廬山西林
寺，有〈遊西林寺題蕭二郎中舊堂〉詩〔註85〕。抵達江州潯陽縣，又有〈寄
鄂岳大夫程詩〉〔註86〕。由江州九江渡江後，經蘄州黃梅縣、黃州，抵安州
治安陸；再經隨州至棗陽縣，抵襄州；然後經鄧州、商州，入京兆府藍田縣
至京師。由襄州至江州有二種途徑，一為隨蘄路，即宋之問、韓愈所行路線，
以陸路為主，此即由襄州－隨州－安州－黃州－蘄州，渡江至江州；二為郢
鄂路，以水路為主，由襄州經漢水南下，途經郢州，繼續沿河南下至鄂州，
入長江，順江東行至江州；或由郢州以下取陸路，經復州、沔州至鄂州。隨
蘄路總長 1290 里，郢鄂路總長 1670 里〔註87〕。《唐會要》卷六十八〈刺史上〉
記載文宗大和五年（831）御史臺奏：

> 應諸州刺史謝官後，限發赴任日。准敕例，刺史謝官後，不計近遠，
> 皆限十日內發。……受命之後，固宜速行，……今請量其遠近，次
> 第限日。應去京一千里內者，限十日；二千里內者，限十五日；三
> 千里內，限二十日；三千里以外者，限二十五日。

地方官赴任各有期限，是以宋之問、韓愈二人都取道路程較短的隨蘄路。唐
宣宗大中三年（849），潤州司馬許渾轉任監察御史亦取道江西南下廣州巡察，
其《丁卯集》卷上〈留別趙端公并序〉云：「余行次鍾陵〔註88〕，府中諸公宴
餞趙端公，曉赴郡齋，宿約余來，且整權，因留別。」為其南下廣州途經洪
州未及赴宴，留別趙端公而做。該詩記：「孤帆已過滕王閣，高楊留眠謝守
窗。」滕王閣在洪州南昌。許氏由洪州下吉州，有〈舟行早發廬陵郡郭寄滕

〔註83〕見《宋之問集》卷上、下、下。

〔註84〕見《朱文公校昌黎先生集》卷十。王十中丞即王仲舒，當時為江南西道觀察
使。

〔註85〕見《朱文公校昌黎先生集》卷十。蕭二郎中即蕭存，因惡裴延齡為人，棄官
歸廬山。

〔註86〕見《全唐詩》卷三四一。鄂岳大夫程即李程。

〔註87〕隨蘄路、郢鄂路計算法參看曾一民《唐代廣州之內陸交通》（台中：國彰出版
社，民國 76 年 4 月），頁 33～36。

〔註88〕鍾陵，見《太平寰宇記》卷一○六〈江南道・洪州・南昌縣〉：「唐（肅宗）
寶應元年（762）六月，改為鍾陵縣，因山為名。貞元中，又改為南昌縣。」

郎中〉詩〔註89〕，滕郎中即當時吉州太守滕邁〔註90〕，廬陵郡即吉州。在吉州，許渾巧遇其表兄軍倅，其《丁卯集》卷上〈別表兄軍倅〉詩并序記其始末：「余祗命南海，至廬陵，逢表兄軍倅奉使淮海，別後卻寄詩。」依其記載「祗命南海」即赴廣州巡察一事。許渾巡察事畢後仍循原路返京口，有詩〈韶州韶陽樓夜讌〉〔註91〕記其由廣州北上，停於韶州，其後北上，過大庾嶺，有〈南海府罷歸京口經大庾嶺贈張明府〉詩〔註92〕爲證。其〈南海府罷南康阻淺行侶稍稍登陸主人燕餞至頻暮宿東溪〉詩：〔註93〕

> 晴灘水落漲虛沙，灘去秦吳萬里賒。馬上折殘江北柳，舟中開盡嶺南花。離歌不斷如留客，歸夢初驚似到家。山鳥一聲人未起，半床春月在天涯。

此爲許渾再度經虔州北返的紀錄。官員赴任依規定是不能拖延，同時必須注意交通路線的安全可靠度，在兼顧便利安全的條件下，江西地區南下廣州的交通路線在唐代後期利用率顯然已提高。

前已述及由信州玉山嶺陸道可通浙江地區，此一路線由信州經衢州到杭州後，經運河擴大範圍可抵達東都洛陽。憲宗元和三年（808）十月，李翱應嶺南節度使楊於陵之辟爲幕府，元和四年（809）正月，李翱由洛陽出發，即沿此路線南下赴廣州就任。據《李文公集》卷十八〈來南錄〉所記：

> （憲宗）元和三年（808）十月，翱既受嶺南尚書公（即楊於陵）之命。四年（809）正月己丑，自旌善第以妻子上船於漕。乙未，去東都，……明日及故洛東弔孟東野。……庚子出洛下河，止汴梁口，遂泛汴流，通河於淮。……乙巳，次汴州，……二月……乙酉，次宋州，……丙辰，次泗州，……壬戌，至楚州。丁卯，至揚州。……辛未，濟大江（長江）至潤州。戊辰（寅），至常州。壬午，至蘇州。……戊子，至杭州。……癸巳，駕濤江（錢塘江）逆波至富春。丙申，七里灘至睦州。……辛丑，至衢州。……三月丁未朔，翱在衢州，甲子，女某生。四月丙子朔，翱在衢州，與候高宿石橋。丙戌，去衢州。戊子，自常山上嶺，至玉山。庚寅，至信州。甲午，望君陽

〔註89〕見許渾《丁卯集》卷上。
〔註90〕《全唐詩》卷四七一〈滕邁傳〉記載：「滕邁，元和登進士第，官吉州太守。」
〔註91〕見許渾《丁卯集》卷上。
〔註92〕見許渾《丁卯集》卷上。
〔註93〕見許渾《丁卯集》卷上。

山怪峰直聳似華山。丙申，上干越亭。乙亥，直渡擔石湖，辛丑，
至洪州，遇嶺南使，游徐孺亭，看荷花。五月壬子，至吉州。壬戌，
至虔州，己丑，與韓泰安平渡江，遊靈應山居。辛未，上大庾嶺，
明日至湞昌。癸酉，上靈屯西嶺，見韶石。甲戌，宿靈鷲山居。六
月乙亥朔，至韶州。……戊寅……過湞陽峽。己卯，宿清遠峽山。
癸未，至廣州。

其路線爲東都洛陽－洛水－黃河－汴渠－淮河－楚州－漕渠－（南下）揚州
－（渡長江）潤州－官河－杭州－（浙江）常山縣－（陸道）玉山縣－信州
－洪州－吉州－虔州－韶州。由杭州溯浙江而上，經支流抵常山，由常山以
陸道接玉山，即前述之玉山嶺道。入玉山即入江西信州，可接上江西交通
網。李翱同卷所記常山以下的路途：

　　自常山至玉山八十里，陸道，謂之玉山嶺。自玉山至湖七百有一十
　　里，順流，謂之高溪。自湖至洪州，一百有一十八里，逆流。自洪
　　州至大庾嶺一千有八百里，逆流，謂之漳江。自大庾嶺至湞昌一百
　　有一十里，陸道，謂之大庾嶺。自湞昌至廣州九百有四十里，順
　　流，謂之湞江。出韶州謂之韶江。

同樣由信州藉餘水（李翱稱爲高溪）入饒州，經干越亭、擔石湖〔註 94〕至洪
州，逆贛水（李翱稱爲漳水），南進至大庾嶺。之後，越大庾嶺，至湞昌，沿
湞水順流下至廣州。全程以洛水、汴渠、黃河、淮河、漕渠、官河、浙江、
餘水、贛水及韶江等水道爲主，其中唯玉山嶺與大庾嶺二段爲陸路，由「自
大庾嶺至湞昌一百有一十里」、「辛未，上大庾嶺，明日至湞昌」之記錄，可
知一百一十里路只花了兩天，與平地的道路相較並未耗日費時（見前引《唐
六典・尚書戶部・度支郎中》），可見由東都至嶺南取道江西之便捷。天寶七
（748）載，鑑眞和尙第五度東渡日本，因颱風遭船難，漂至廣州，其後（天
寶八載，749）由廣州北返揚州，同樣利用到江西地區的交通路線，據《唐大

〔註 94〕干越亭，據《太平寰宇記》卷一〇七〈江南西道・饒州・餘干縣〉所記：「干
　　越亭，越絕書云餘大越故界，即謂干越也。在縣東南三十步，屹然孤挺，古
　　之遊者多留題章句焉。」位於饒州餘干縣內。而擔石湖，亦據《太平寰宇記》
　　卷一〇六〈江南西道・洪州・南昌縣〉記載：「擔石湖，在州東北水路，屈曲
　　二百六十里。其湖水中有兩石，山有孔，如人寄擔狀，故老云：壯士擔此兩
　　石置湖中，因以爲名。」李翱特記其入擔石湖，未言其入彭蠡湖，或因僅穿
　　越小區彭蠡湖而未記。其至干越亭，亭在饒州，亦未記赴饒州。

和上東征傳》：

> 大和上住此（指廣州）一春，發向韶州。……至韶州禪居寺，留住
> 三日。……至湞昌縣（今南雄縣），過大庾嶺，至虔州開元寺，……
> 次至吉州，……從此向江州，至廬山東林寺，……和上留連此地，
> 已經三日，即向潯陽龍泉寺。……從此陸行至江州城。太守……來
> 迎，請停三日供養。太守親從潯陽縣至九江驛，和上乘舟與太守別
> 去。從此七日至潤州江寧縣（今南京），……歸揚府。

其路線為廣州－韶州－（過大庾嶺）－虔州－吉州－江州（停廬山、潯陽二
處）－長江（東下）－潤州－揚州。此路線與李翱南下路線頗相似，在彭蠡
湖至廣州部分完全相同，不同處在於李翱由浙江地區入江西地區，鑑眞則由
北部長江東下。何以如此，原因在於二人方向不同，李翱爲南下西行，鑑眞
爲北上東行，鑑眞可利用河川順流而下，若李翱採用鑑眞的路線則必須逆長
江流西行，大是不便。李翱所用路線雖也逆浙江而行，水勢不如長江強，較
易行舟。

因戰爭軍事而用到江西的交通路線，多半與嶺南亂事有關。前述秦漢用
兵南越即是先例。隋開皇十年（590）高智慧爲亂、王仲宣反亦是一例。據《隋
書》卷六十七〈裴矩傳〉：

> （開皇十年，590）（裴矩）奉詔巡撫嶺南，未行而高智慧、汪文進
> 等相聚作亂，吳、越道閉，上難遣矩行。矩請速進，上許之。行至
> 南康，得兵數千人。時俚帥王仲宣逼廣州，遣其所部將周師舉圍東
> 衡州。矩與大將軍鹿愿赴之，賊立九柵，屯大庾嶺，共爲聲援。矩
> 進擊破之，賊懼，釋東衡州，據原長嶺。又擊破之，遂斬師舉，進
> 軍自南海援廣州。仲宣懼而潰散。

《資治通鑑》卷一七七〈隋紀〉文帝開皇十年（590）冬十一月條：

> 番禺王仲宣反，……詔給事郎裴矩巡撫嶺南，矩至南康，得兵數千
> 人。仲宣遣別將周師舉圍東衡州，矩與大將軍鹿愿擊斬之，進至南
> 海。

同條又曰：

> 高涼洗夫人……會鹿愿於南海，……仲宣眾潰，廣州獲全。

裴矩原計劃南下巡撫嶺南，以高智慧爲亂、因吳越道封閉而不能行〔註 95〕，

〔註95〕此處吳越顯非指東南浙閩一帶，該處與南下嶺南並無接關係，或解爲長江中
　　　游江西、湖南與嶺南廣州一帶，與下文較符合。

遂探急進方式直攻入江西，至南康已得兵數千。南康為江西地區南進大庾嶺
的重要攻防點，前述陳霸先北進時亦以南康為據點，是以此時雖王仲宣攻進
廣州，其黨周師舉據東衡州，屯於大庾嶺，裴矩仍能由南康南進破賊，並收
復廣州。由此事件可以看出隋代通廣州仍以江西地區的大庾嶺路路線為主。
裴矩速進佔據南康，意在防止賊軍順贛水佔據江西地區，果真如此，嶺南唯
有從湖南地區南進，賊軍也已圍攻東衡州，南下有阻絕的危險。江西一地若
能控尋陽之首與南康大庾之尾即幾可固守，隋末唐初林士弘可為一例。《舊唐
書》卷五十六〈林士弘傳〉：

> 林士弘者，饒州鄱陽人也。大業十二年（616），與其鄉人操師乞起
> 為群盜。師乞……攻陷豫章而據之，以士弘為大將軍。隋遣持書侍
> 御史劉子翊率師討之，……隋師敗績。……大業十三年（617），徙
> 據虔州，自稱皇帝，國號楚，……攻陷臨川、廬陵、南康、宜春等
> 諸郡，北至九江，南洎番禺，悉有其地。其黨張善安保南康郡，懷
> 貳於士弘，以舟師循江而下，擊破豫章。士弘尚有南昌、虔、循、
> 潮數州之地。……武德五年（622），士弘遣其弟鄱陽王藥師率兵二
> 萬攻圍循州，刺史楊略與戰，大破之。士弘懼而遁走。……其年
> （622），洪州總管張善安……發兵討之，會士弘死，部兵潰散。

林士弘據江西達六年（617～622），固然與唐致力掃蕩北方、未全力對付南方
有關，但林能久據江西，不受其他割據勢力侵擾，與江西地區的地理形勢、
交通路線有關。林士弘之起，乃先據虔州、彭蠡湖二大中心，之後向內擴展，
依序攻下臨川、廬陵、南康、宜春數郡，將江西全區納為勢力範圍，「南洎番
禺」是江西、嶺南關係密切的又一例。在其擴張過程中，始終無外界勢力挑
戰，與其控江西地區頭尾二險相關。其後勢力減削乃因其內部叛離，而非外
界攻入。張善安叛後，林士弘仍保有南昌以南至嶺南東部循潮之地。

　　唐代前期江西地區幾無亂事，亦無經江西交通路線征嶺南之事。唐代後
期，有饒州賊陳莊之亂而利用彭蠡湖──長江──宣州的路線。《舊唐書》卷
一三二〈李芃傳〉：

> 時（代宗永泰元年，765）宣、饒二州人方清、陳莊聚眾據山洞，西
> 絕江路，劫商旅以為亂。芃乃請於秋浦置州，扼衿要，守其要地，
> 以破其謀。李勉然其計，以聞，代宗喜之，以宣州之秋浦、青陽、
> 饒州之至德置池州焉。……芃攝行州事，無幾，乃兼侍御史。……

項之，攝江州刺史，州人便之。

《新唐書》卷一三一〈李勉傳〉：

> 除江西觀察使，賊帥陳莊連陷江西州縣，……勉與諸道力戰，悉攻
> 平之。

陳莊在饒州，方清在宣州，二賊會於秋浦縣，聯合劫掠商旅，江西觀察使藉
置池州阻斷二賊聯繫才得勝。宣饒二州以長江相通，據《元和郡縣圖志》卷
二十八〈江南道・宣歙觀察使・池州〉所記，池州「管縣四：秋浦，青陽，
至德，石埭。」秋浦臨長江，至德亦近長江，設池州正好阻隔二區的長江水
道。

　　唐代後期，江西地區的交通路線除用於出兵外，還出現了因江淮受阻、
借道江西、湖南運糧的新狀況。穆宗咸通三年（861），南詔兵亂，四年（862）
攻陷交趾。江西地區先是出兵援救，不成後改爲屯兵嶺南。《資治通鑑》卷二
五○〈唐紀〉懿宗咸通四年（863）正月庚午條：

> 春，正月，庚午，……是日，南詔陷交趾，蔡襲左右皆盡，……幕
> 僚樊綽攜其印浮渡江。荊南、江西、鄂岳、襄州將士四百餘人，走
> 至城東水際，荊南虞候元惟德……還向城，入東羅門；蠻不爲備，
> 惟德等縱兵殺蠻二千餘人，逮夜，蠻將楊思縉始自子城出救之，惟
> 德等皆死。……詔諸道兵赴安南者悉召還，分保嶺南西道。

《資治通鑑》卷二五○〈唐紀〉懿宗咸通四年（863）三月條：

> 南蠻寇左、右江，浸逼邕州。……朝廷召義武節度使康承訓詣闕，
> 欲使之代愚，仍詔選軍校數人、士卒數百人自隨。……康承訓至京
> 師，以爲嶺南西道節度使，發荊、襄、洪、鄂四道兵萬人與之俱。……
> 秋，七月，……時諸道兵援安南者屯聚嶺南。

並由江西、湖南水道運糧，《唐會要》卷八十七〈漕運〉記懿宗通三年（862）
三月時：

> 南蠻陷交趾，徵諸道兵赴嶺南，詔湖南水運自湘江入澪渠，並江西
> 水運，以饋行營諸軍。湘、澪沂運，功役艱難。

其間因運糧不便造成屯軍乏食後，改採海運解決軍餉問題。《唐會要・漕
運》：

> 軍屯廣州乏食，潤州人陳磻石詣闕上書言：「江西、湖南沂流運糧，
> 不濟軍期，臣有奇計，以饋南軍。」帝召見，因奏：「臣弟聽思，昔

> 曾任雷州刺史，家人隨海船至福建往來，大船一隻可致千石，自福
> 建不一月至廣州。得船數十艘，便可致三五萬石。」又引劉裕海路
> 進軍破盧循故事，乃以礄石為鹽鐵巡官，往揚子縣，專督海運，于
> 是軍不闕供。

之後南詔亂事仍延宕未決，咸通六年（865）於是置鎮南軍於洪州，積粟駐
守，接應嶺南。見《資治通鑑》卷二五○〈唐紀〉懿宗咸通六年（865）四月
條：

> 楊收建議，以「蠻寇積年未平，兩河兵戍嶺南冒瘴霧物故者什六七，
> 請於江西積粟，募強弩三萬人，以應接嶺南，道近便，仍建節以重
> 其權。」從之。五月，辛丑，置鎮南軍於洪州。

由南詔亂事可以看出江西地區與嶺南地區因交通而產生的密切關係，無論是
用兵、運糧乃至最後設軍屯駐，二地都往來密切，唇齒相依。這種情況在唐
末盧光稠、劉隱之爭中表現得更為明顯。依《資治通鑑》卷二六三〈唐紀〉
昭宗天復二年（902）條：

> 是歲，虔州刺史盧光稠攻嶺南，陷韶州（胡注：韶、虔二州相去雖
> 六百餘里，特以大庾嶺為阻，而實鄰境也），使其子延昌守之，進圍
> 潮州。清海劉隱發兵擊走之，乘勝進攻韶州。隱弟陟以為延昌有虔
> 州之援，未可遽取；隱不從，遂圍韶州。會江漲，餽運不繼（胡
> 注：自廣州運糧以餽韶州行營，常泝流而上；江漲則水湍急，不可
> 以泝，餽運由此不繼），光稠自虔州引兵救之；……大破隱于城南，
> 隱奔還。

韶州、虔州雖有大庾嶺之隔，實已往來便利，可互相支援。據嶺南廣州者，
對虔州、韶州常須加意防備，即因攻軍常由此南下，觀諸前述南朝陳、隋可
得證。

黃巢之亂波及江西，並用到江西地區通嶺南地區以外的交通路線。王仙
芝敗後，餘黨併入黃巢勢力，全軍由河南南下，經淮水、長江，攻下江西的
饒州、信州、吉州、虔州〔註96〕，其後攻宣州受阻，轉而引兵攻浙東、福建，
此事見《資治通鑑》卷二五三〈唐紀〉僖宗乾符五年（878）八月條：

〔註96〕見《舊唐書》卷一七八〈盧攜傳〉：「（乾符）五年（878），黃巢陷荊南江西外
　　　郭，及虔、吉、饒、信等州。」《新唐書》卷二二五〈逆臣傳〉：「賊收眾踰江
　　　西，破虔、吉、饒、信等州，因刊山開道七百里，直趨建州。」

> 黃巢寇宣州，宣歙觀察使王凝拒之，敗於南陵。巢攻宣州不克，乃
>
> 引兵攻浙東，開山路七百里，攻剽福建諸州。

此處黃巢軍利用到江西東北部的交通路線。由江西通安徽宣州地區的交通路線，一是溯昌江東北行，經道歙州攻宣州，另一是由江州順長江東下，由其民亂性質觀察，較可能是採後者來減少溯流所耗力氣。黃巢敗退後，轉由信州攻入浙東，再由浙東陷福建，南下至嶺南陷廣州。在廣州時，唐中央一度欲用圍堵政策滅黃巢軍，此由《新唐書》卷二二四〈叛臣傳下〉所記可知：

> 賊更推黃巢南陷廣州，駢建遣潾以兵五千屯郴扼賊西路，留後王重
>
> 任以兵八千並海進援循、潮，自將萬人緣大庾擊賊廣州，且請起荊
>
> 南王鐸兵三萬壁桂、永，以邕管兵五千壁端州，則賊無遺類。

唐將領高駢原預計兵分郴州、虔州（大庾）、與海路三路進擊廣州，同時桂州、永州、端州各駐重兵以防賊西逃。此一圍堵政策再度用到虔州南進的路線，後因黃巢假意投降而未進兵。黃巢軍後轉往桂州，經湘南北上襄陽，於荊門戰敗後，沿長江又入江西。見《新唐書》卷二二五〈逆臣傳下〉：

> （巢軍）自桂編大桴，沿湘下衡、永，破潭州，……會江西地區招
>
> 討使曹全晸與山南東道節度使劉巨容壁荊門，……大破之，……巢
>
> 懼，渡江東走，……畏襲，轉掠江西，再入饒、信、杭州，眾至二
>
> 十萬。〔註97〕

黃巢第二度由江西赴浙江，仍是用到信州——衢州路線，即前述之玉山嶺陸道。民變與官軍平亂所採路線不盡相同，前者主要目的在於以最短時間、最少消耗取得重要據點，保持大軍實力，不與官軍追兵作正面衝突；後者直接向重要據點進兵，以攔截切斷亂軍勢力，目的在盡力削弱叛軍軍力，是以常針對叛軍集結地點進攻。黃巢二度由江西入浙江均取道信——衢路線，此陸道必相當便捷，才能在經濟運輸外做爲民變採用的軍事路線。

　　除軍事行動外，唐代也利用江西地區的交通路線轉運米糧，尤其在淮南有變時，江南所產糧食須藉長江中游運抵襄州，再循郢鄂路水路或隨蘄路陸路北運到關中。德宗時淮西之亂阻隔江淮，不能通關中，江南米糧貢物改經宣州、饒州接長江，如《資治通鑑》卷二二九〈唐紀〉德宗建中四年（783）十一月條：

〔註97〕本文並非討論黃巢軍流竄路線，而是說明江西東北部交通路線的運用，故對
　　　　黃巢發兵北上一事不再論及。

時南方藩鎮各閉境自守，惟曹王皋數遣使間道貢獻（胡注：曹王皋
時節度江南西道）。李希烈攻逼汴、鄭，江、淮路絕，朝貢皆自宣、
饒、荊、襄趣武關。皋治郵驛，平道路，由是往來之使，通行無阻
（胡注：此謂江、浙往來之使）。

東南一帶雖因淮西之亂，不能以汴渠接東都、關中，江西、荊湖一帶仍可通，
遂有「宣州南接饒州（以昌江）後，藉彭蠡湖、長江西行通荊襄」的替代交
通路線出現，將江南道貢物米糧北運。

　　江西地區的交通特色，由交通線的利用觀察，在於其連繫性特強。在地
形上江西明顯呈現半封閉，但交通路線使江西與其他地區緊密相關，這點由
民亂可以清楚看出。江西地區作亂的盜賊，都不僅限於江西域內，而是將江
西與宣歙或韶廣相連。由於江西地區交通路線的連外性質，造成區內各小區
發展速度不同，饒州與宣歙相接、洪州與彭蠡湖、贛水相通，二州最為富饒，
人口眾多；贛水沿線因而隨之開發；相形之下，不在宣饒線、贛水線上的撫
州最少受重視，發展速度最慢。江西地區並非如廣州般為數路線交會的終點，
只是在江南交通體系中，其連繫性特強，東可接上揚州、運河，再北抵洛陽；
西接荊襄，可通長安；南行可入嶺南，接廣州，是長江、嶺南二路線的轉運
點。海外僧人商人大抵由廣州登陸、北上大庾嶺，順贛水入長江，官員南下
廣州亦多取道於此，官民僧俗都可能利用到這些交通路線。嶺南有變時，更
是運兵卒糧餉的軍事幹幹道。究其形成原因，除因自身條件持續改善，與四
方聯繫的需要密切相關，此即江西地區交通路線特色所在。

第二章　州郡戶口

　　州縣建置是社會經濟發展到一定階段的證據，也是政府管理社會的一種行政制度。州縣制度的發展過程與其他制度相同，都受到社會經濟因素的制約，也受到政治局勢的影響，同時還必須配合地區的不平衡發展，為適應當地條件而做調整。

　　前一章已說明江西地區的內部行政區劃大致在隋代成型，據《隋書》卷三十一〈地理志〉所記，隋代江西地區有七郡二十四縣，江西的七個政治經濟文化中心已然形成。唐承隋制，但在唐代前期，江西地區尚非一獨立的行政單位（見附圖五：唐代十道圖）。貞觀初分天下為十道〔註1〕時，江西地區屬江南道。開元二十一年（733）增為十五道，將江南道分為東西二道，江西屬江南西道〔註2〕。元和時江西觀察使管轄江西八州三十八縣，才和今江西省範圍相當。〔註3〕

第一節　戶口變化

　　唐代江西地區沿襲著隋代七郡二十四縣之制，其戶口數字，在兩唐書地

〔註1〕《舊唐書》卷三十八〈地理志〉：「貞觀元年（627）……分為十道：一曰關內道，二曰河南道，三曰河東道，四曰河北道，五曰山南道，六曰隴右道，七曰淮南道，八曰江南道，九曰劍南道，十曰嶺南道。」

〔註2〕《舊唐書》卷三十八〈地理志〉：「開元二十一年（733），分天下為十五道，……江南西道、理洪州……。至德之後，……要衝大郡，皆有節度之額；寇盜稍息，則易以觀察之號。……江南西道觀察使。治洪州，管洪、饒、吉、江、袁、信、虔、撫等州。」

〔註3〕《元和郡縣圖志》卷二十八〈江南道‧江西觀察使〉：「管州八：洪州，饒州，虔州，吉州，江州，袁州，信州，撫州。」

理志、《通典》、《元和郡縣圖志》均有記載。拙稿根據此四者〔註4〕，並參考梁方仲氏《中國歷代戶口、田地、田賦統計》一書，製成「唐代江西地區戶口總數表」（表2-1-1，同一格的兩個數字上爲戶數，下爲口數）、「唐代江西地區轄州戶數年增率表」（表 2-1-2）如下。「表 2-1-1」數字未必即實際戶口數，因籍帳不實、戶口虛報的狀況在歷代都存在，加上史料傳抄也恐有訛誤〔註5〕，此表僅能大體反映戶口變化大勢。不過唐代後期財賦倚重江南甚多，對本區的控制應不鬆，在整體上應仍能藉此表反映戶口變動的方向、速度與趨勢。

表 2-1-1：唐代江西地區戶口總數表

	江西戶數口數合計	江南道戶數口數合計	江西佔江南道比例 %	全國戶數口數合計	江西佔全國比例 %	資料來源
隋時戶數	85636			9070414	0.94	《隋書·地理志》
貞觀十三年（639）戶數口數	69240 319047	403939 1959510	17.14 16.28	3041871 12351681	2.27 2.58	《舊唐書·地理志》
開元中戶數	205973	1334988	15.42	7417185	2.77	《元和郡縣圖志》
天寶元年（742）戶數口數	248551 1636257	1706704 10339949	14.56 15.82	8973634 50975543	2.76 3.20	《新唐書·地理志》
元和時戶數	293179	791695	37.03	2368734	12.37	《元和郡縣圖志》
備考	1.隋時無江南道，故《隋書·地理志》無江南道戶口總數。 2.貞觀時戶口數所記「舊額」，岑仲勉氏〈舊唐書地理志「舊領縣」之表解〉（《史語所集刊》二十上，1948 年 6 月）一文以荊、揚、益、廣和河南、太原四州二府爲例，指					

〔註4〕《舊唐書》卷四十〈地理志〉、《新唐書》卷四十一〈地理志〉、《通典》卷一八二〈州郡典·古揚州下〉、《元和郡縣圖志》卷二十八〈江南道·江西觀察使〉。

〔註5〕《新唐書》卷四十一〈地理志〉之戶口數與《舊唐書》卷四十〈地理志〉之天寶戶口數極相似，多數學者採《新唐書·地理志》數字，因其缺州較《舊唐書·地理志》爲少，且修訂在後，能以《舊唐書·地理志》未有之材料補齊缺漏。梁方仲、日野開三郎、翁俊雄等氏均採用《新唐書·地理志》數字，拙稿亦採此。牟發松氏認爲新舊志江南地區戶口數字有異乃是傳抄所致，採《舊唐書·地理志》。然新、舊《唐志》江南地區以外之戶口數字差異未必皆傳抄所致，拙稿爲統計全國戶口數起見，仍採用《新志》。

<table>
<tr><td rowspan="2">備</td><td>

出「舊領」即貞觀十三年（639）所領。日野開三郎氏〈唐貞觀十三年（639）の戶口統計の地域考察〉（收入氏著《東洋史學論集第十一卷——戶口問題と羅買法》，東京：三一書房，1988 年 1 月）一文也同意舊領爲貞觀十三年（639）。詳見翁俊雄氏，《唐初政區與人口》（北京：北京師範學院出版社，1990 年 8 月），頁 42～52。

3. 《新唐書・地理志》所載戶口數，據汪籛氏考證爲天寶元年（742）戶口數（氏著《汪籛隋唐史論稿》，中國社會科學出版社，1988 年，頁 66）。梁方仲氏亦以之爲天寶元年（742）。學界討論天寶戶口多採新志而非舊志，拙稿採新志之因詳見注 6。〔註6〕

4. 江南道總戶口數、全國總戶數除開元二十九年（741）一項外，均轉引自梁方仲氏《中國歷代戶口、田地、田賦統計》（上海人民出版社，1989 年 8 月初版，1993 年 3 月四版）一書。隋時戶數引自《梁書》，頁 73，甲表 22〈隋各州郡戶數及每縣平均戶數〉。貞觀十三年（639）戶口數引自《梁書》，頁 78，甲表 23〈唐貞觀十三年各道戶口數、平均戶口數及各道戶口數的比重〉。開元中戶數引自《梁書》，頁 96，甲表 27〈唐開元、元和各道府州戶數及元和時各縣平均戶數〉。天寶元年戶數引自《梁書》，頁 86、90～91，甲表 26〈唐天寶元年各道郡戶口數及每縣平均戶數和每戶平均口數〉。元和時戶數引自《梁書》，頁 96、102，甲表 27〈唐開元、元和各道府州戶數及元和時各縣平均戶數〉，但根據《元和郡縣圖志》所記八州戶數合計爲 293179，袁州戶數爲 17226；《梁書》將袁州戶數作 17126，江西總戶數作 293120，較《元和郡縣圖志》多 41，本表已將此二差額計入江南道、全國總數。

</td></tr>
<tr><td></td></tr>
</table>

備 考	5. 《通典》所載之江西戶數爲 260454，口數爲 1513144，全國戶數 8680903，江西佔全國 3%。據翁俊雄氏，〈《通典・州郡門》所載唐代州縣建置與戶口數字繫年考〉（《歷史研究》，1986 年 4 月）一文考證《通典》之戶口數爲開元二十九年（741）數字，開元二十九年（741）總戶數亦據翁氏考證所得。拙稿因開元二十九年（741）與天寶元年（742）僅相距一年，戶口數若據此則變化太大，故只列在備考參考。

6. 元和時代戶數尚有《舊唐書》卷十四〈憲宗紀上〉元和二年（807）十二月己卯條所記，爲 2440254 戶。由於此史料僅有全國總戶數，無江南道、江西數字，故本表仍以梁氏考證爲主，在此列出參考。

表 2-1-2：唐代江西地區轄州戶數年增率表

％	唐代前期 貞觀十三年（639） 至天寶元年（742）	唐代後期 天寶元年（742） 至元和七年（812）	貞觀十三年（639） 至元和七年（812）
洪　　州	1.249	0.710	1.030
江　　州	1.069	－ 0.083	0.601
饒　　州	1.248	0.171	0.811
虔　　州	1.399	－ 0.513	0.621

〔註 6〕關於《元和郡縣圖志》之「元和」戶數，愚意以爲至遲應在元和七年（812），據拙稿統計，貞元十六年（800）設洪州分寧縣後，全江西地區縣數爲三十八縣，與《元和郡縣圖志》所載總數相符。元和七年（812）廢信州永豐縣後，全區縣數降爲三十七縣。且《元和郡縣圖志》所載江西信州以外七州均爲上州，而《唐會要》卷七十〈州縣分望道・江南道〉記虔、袁、撫、饒四州至元和六年（811）才升爲上州。《元和郡縣圖志》所載戶數年代應在元和六年至七年（811～812）之間。

吉　　州	0.897	0.118	0.581
袁　　州	1.728	− 0.644	0.761
撫　　州	1.394	− 0.301	0.704
江西全區	1.24	0.23	0.83
江 南 道	1.40	− 1.09	0.38
全　　國	1.05	− 1.88	− 0.14
備 考	1. 本表史料根據，貞觀十三年（639）爲《舊唐書・地理志》、天寶元年（742）爲《新唐書・地理志》、元和七年（812）爲《元和郡縣圖志》。 2. 年增率據公式：B＝A×(1+x)ⁿ 得出。其中 A 表起算年代戶數，B 表終算年代戶數，n 表經歷年數，x 即戶數年增率。 3. 《元和郡縣圖志》之戶數，愚意以爲至遲應在元和七年（812），詳見拙稿注 6。 4. 此表未列入信州，因信州之立爲乾元元年（758）事，兩《唐書・地理志》均無其唐前期之戶口數字，無法計算其年增率。		

由「表 2-1-1」七州合計的江西地區戶口總數和所佔比例值來看，自貞觀十三年（639）到天寶元年（742），戶口成長呈上升趨勢。由開元二十九年（741）到天寶元年（742），戶數雖略有下降，口數仍呈上升之勢，在江南道與全國所佔比例亦穩定上升。儘管本區到天寶元年（742）爲止在全國戶數總和中所佔比例不大，其增長率卻較全國平均增加率要高出 0.19%。由「表 2-1-2」數字可看出江西全區年增率數值一直爲正值，亦即戶數始終保持上升狀態。而江西地區戶數的年增率也一直較全國平均數高，這代表江西戶口發展始終比全國超前。唐代前期的年增率，江西不如江南道，這是因爲江南道本身有其他地區戶數高過江西地區。但唐代後期江南道與全國都改呈負數值，代表戶數萎縮、不增反減，同一時段江西的正數值值得注意，它代表江西能夠克服導致江南，乃至全國戶數降低的不利因素。由貞觀至元和，全國平均年增率呈下降負值，江南則呈上升正值。同一時期的江西不但是上升的正值，也較江南道數值更高。唐朝後期北方政治中心地帶的經濟較唐代前期差，江南道不然，較唐朝前期爲佳，而由數值看來，江西地區較江南道更佳。這種穩定成長趨勢，顯現江西人口增長的潛力。

相較於其他地區，更能看出江西地區的戶口成長特色。由隋大業中到唐貞觀十三年（639），《隋書・地理志》與《舊唐書・地理志》所載湖南地區戶數由 50110 升爲 50449，江西地區由 85636 降爲 69240。湖南地區增加，而江西地區不升反減，似乎湖南地區自大亂中恢復力較強。然而再看貞觀至開元中期的戶數，湖南地區由 50449 上升爲 144004，增加了 2.85 倍；江西地區由

69240 上升爲 205973，增加了 2.97 倍，江西地區已由落後轉爲超前。開元中期到天寶元年（742），湖南地區戶數由 144004 增爲 206979，上升 1.43 倍；江西地區戶數由 205973 增爲 248551，上升 1.2 倍，江西地區似乎又落後；但由戶、口數的比值觀察，江西地區由 5.8 升爲 6.58，而湖南地區則由 5.58 降爲 4.66，可見江西地區的人口增長並未落後。戶數的成長速度原就較口數成長速度緩慢，有時戶數增加而口數並不一定隨之增加，「別籍異財」即是一例〔註7〕。口數增長受原先的人口基數影響比戶數來得大，因此也比戶數更能代表人口的增長。由開元中至天寶元年（742），江西地區所呈現出持續上升的人口發展趨勢，不僅表現在戶口數比值提高，在全國戶口數中的比例也逐漸提高。總計江西地區的戶數自貞觀十三年（639）至天寶元年（742）增加了五倍有餘，呈現穩定成長。

　　唐朝後期的江西戶口，限於資料，僅能以元和時戶數說明。安史亂後，國家掌控的戶口數大爲下降，不過南方戶口的下降幅度不如北方劇烈。在這種下降大勢中，江西地區的總戶數相反地繼續上升，既超過天寶元年（742）的戶數，也超過開元二十九年（741）的戶數。據《元和郡縣圖志》所記，元和時戶數超過開元戶數的州全國只有十處：襄、鄂、洪、饒、吉、蘇、泉、廣、安南與隰州，江西地區就佔了三州。以分區而論，江西是比例最高的地區。江西全區戶數在此一期間增加了 14%，而洪州一地增加了 164%，其增加幅度之高冠於全國。在財稅負擔地位方面，《唐會要》卷八十四〈雜錄〉記載憲宗元和二年（807）時：

> 每歲賦稅倚辦止於浙江東西、宣歙、淮南、江西、鄂岳、福建、湖
> 南八道四十九州，一百四十四萬戶。

江西地區若以《元和郡縣圖志》所載總戶數計算，在東南八道一百四十四萬戶中佔了 20.3% 強，超過八道的五分之一。這種重要的財稅地位也是前所未有，至此，江西地區展現了貞觀以來所充實的人口潛力。

　　人口變動取決於人口自然增殖與經濟發展，但短期的波動在很大程度上取決於政治、軍事原因。影響江西地區人口數目變化的原因，除歷史背景、人口自然增殖以及自然環境之氣候、地形、土壤、水文等因素外，尚有該社

〔註7〕《唐大詔令集》卷四〈帝王·改元·改元天寶赦〉：「如聞百姓之內，或有戶高丁多，苟爲規避，父母見在，乃別籍異居，宜令州縣勘會，……令同籍共居，以敦風教。」

會的經濟因素影響。由唐代都市化程度、生產運銷體系的發展程度來觀察，
當時的人口密集區與主要農耕區大體一致。江西地區在六朝時代就已盛產糧
食，唐朝後期江西、湖南地區的糧產同樣倍勝他州，這種豐饒的經濟基礎有
力地支持當地人口增長。江西的糧食經濟發達，使增加的人口無後顧之憂，
不僅足夠供應原有人口需求，也能負擔更多新增人口的經濟需求。其次，政
治和軍事也造成影響，除官方主導的移民行動外，人民也會在統治力相對薄
弱時自發地移民。其方向是由政府控制力強處移往弱處、由人口密處移往土
曠人稀處，目的在避開政治掌握，以減輕賦役負擔。軍事戰亂常形成大規模
移民，隋末唐初、安史之亂、唐末大亂均以北方為主戰場，造成北方人民的
遷移。江南地區由於相對安定，所以成為重要的歸宿點。在移民浪潮中，有
些選擇定居當地，但多數是等待北方亂事稍止而北返。江西地區增加的戶口
數字並不全是這種南遷移民，但這種移民對人口的增加或當地的開發是有其
貢獻。原先因人手不足，力有未逮，無法深入的地區如淺山丘陵、河川中上
游，在新移民進入後轉為可開發的地區。江西地區如贛南山地人口向來不多，
代表當地開發存有侷限。該處一度有過人口的增加，但移入者經過一段時間
的開發評估後往往移往他處，這是因為在當地受限於地理環境，必須付出更
多於他處的勞力才能有同等的收穫。雖然如此，這些墾殖者已開創出一定的
成果，使後繼者得以繼續開發。

　　往山區墾殖者可能包含避役的因素，安史亂後，魏少游任洪吉等州團練
使〔註8〕，其職即為江南西道洪、吉、虔、撫、信、袁、江、饒等八州都團使、
捉守、觀察處置及莫徭使。《隋書》卷三十一〈地理志〉記載莫徭在荊州長沙
郡「名曰莫徭，自云先祖有功，常免徭役，故以為名。」由魏少游之職可以
得知莫徭分布地也包含江西地區。漢民族藉故居住於蠻夷中，目的在求免徭
役。

　　避役入山的移民若遭官方檢括後，仍然會被納入編戶。江西地區的撫州
南豐即是一例：

　　　（玄宗）開元七年（719），刺史盧元敏奏：田地豐饒，川谷重深，

　　　時多剽劫，乃復置南豐縣。〔註9〕

在此可以看出中央在開發過程中的重要性，居民因避役入山，但發展到相當

〔註8〕見《全唐文》卷四一三常袞〈授魏少游洪吉等州團練使制〉。
〔註9〕《太平寰宇記》卷一一〇〈江南西道・撫州・南豐縣〉。

程度之後，仍要由政府出面平盜亂。在這種墾闢行動中，驅走人民的是政
府，因政府重賦；但在發展到相當程度後，引起政府注意、或當地需要，政
府又將之納回控制體系。吉州南豐能豐饒到引盜劫掠，廢縣後應仍有民戶繼
續在當地開發耕耘，使戶口增加、經濟發展到使該地人民再度被納為編戶的
程度。

　　唐代的人口主要集中於大河流域的平原、河谷地帶，丘陵、山地、平原
與盆地=邊緣人口相對稀少。但唐代江西地區已不再是這種分布狀態，隨著戶
口數字的增加，其丘陵、山地的開發逐漸普遍，人口分布地帶跟著擴展到更
大的地區，在人口增加與州縣添置二方面都可證明這一點，下一節即擬由州
縣變動來討論江西地區的開發。

第二節　州縣變動

　　江西地區的戶口持續增加，除表現在籍帳數字外，政區變動亦是一端。
行政區在人口增加與經濟開發的研究中，具有指標功能，尤其是縣級的基層
行政單位更為明顯。在政區確實配合戶口數設立的時代，凡開發程度高、人
口密集、經濟發達的地區，縣邑密集；而開發程度低、人口疏散、經濟落後
的地區，縣邑必然不及前者密集，漢唐二朝的江西地區，縣邑密度就大不相
同。東晉南朝的僑置郡縣雖多，並未與當地戶口數確實配合，因出於政治需
要而設縣，並不具備指標功能。隋代加以整頓，刪廢合併後才是正常狀態。
為說明唐代江西戶口對江西一地州治縣邑的影響，拙稿據前節「表 2-1-1：唐
代江西地區戶口總數表」之史料另製成「表 2-2-1：唐代江西地區轄州戶數、
縣數表」：

表 2-2-1：唐代江西地區轄州戶數、縣數表

	隋代戶數縣數	貞觀十三年（639）戶數縣數	開元二十九年（741）戶數縣數	天寶元年（742）戶數縣數	元和戶數縣數
洪　　州	12021 4	15456 4	55717 6	55530 6	91129 7
江　　州	7614 2	6360 3	26058 3	19025 3	17945 3
饒　　州	10102 3	11400 4	43149 5	40899 5	46116 4

	11168 4	8994 4	37982 6	37647 6	26260 7
虔　　州	11168 4	8994 4	37982 6	37647 6	26260 7
吉　　州	23714 4	15040 4	39650 5	37752 5	41025 5
袁　　州	10116 3	4636 3	29391 3	27093 3	17226 3
信　　州					28711 5
撫　　州	10900 4	7354 3	28507 4	30605 4	24767 4
縣邑總數	24	25	32	32	38
資料來源	《隋書・地理志》	《舊唐書・地理志》	《通典・州郡典》	《新唐書・地理志》	《元和郡縣圖志》
備　考	1. 史料根據同表 2-1-1。本表戶數未必即實際戶數，因史料可靠度待證明，傳鈔也可能有誤，僅作為大勢反映。 2. 《新唐書・地理志》所記饒州轄縣唯四，拙稿此表列為五縣縣，因弋陽縣原已存在，屬饒州管轄，乾元元年（758）才劃歸信州，天寶元年（742）時仍在饒州轄下。虔州於貞元四年（788）設安遠縣，在天寶元年（742）時轄縣僅有六縣。				

由本表大略可看出全江西地區縣邑總數呈現增長情勢，元和時並且已經增立信州一州〔註10〕。饒州雖分設信州、並減去一縣，但除削減部分土地外，對其影響並不大，由天寶元年（742）至元和間戶口數對照，饒州戶數不減反增。前節「表2-1-2：唐代江西地區轄州戶數年增率表」中江西七州自貞觀十三年（639）至元和年間共增加了十三縣，除江州、袁州未增設外〔註11〕，餘州均增設縣邑。洪州、虔州增設三縣，吉州、撫州增設一縣，饒州看似未增反減，其實信州五縣當中的上饒、弋陽均原屬饒州，而永豐、貴溪則由上饒、弋陽分置。〔註12〕

　　其次，將增設縣數與該州戶數對照，以觀察戶口增長與縣邑關係，由於

〔註10〕《元和郡縣圖志》卷二十八〈江南道・江西觀察使・信州〉記載肅宗乾元元年（758）增立信州，轄上饒、弋陽、貴溪、玉山、永豐五縣。

〔註11〕《舊唐書》卷四十〈地理志〉記江州於至德二年（757）設至德縣，未記其後廢縣，但該史料為孤證。《新唐書》卷四十一〈地理志〉所記江州縣數為三，即潯陽、彭澤、都昌三縣，《元和郡縣圖志》所載江州轄縣也保持為三縣，未有該縣資料。愚意以為該縣可能置後旋廢，《元和縣圖志》以「存在與否」為標準，撫州南豐縣即曾置、廢、又置，因其最後仍存在才保有「曾被置廢一次」的記錄。至德縣若只是短暫存在過，將之併入的縣邑並無需要記其曾存而後遭併。

〔註12〕詳見《新唐書・地理志》、《舊唐書・地理志》及《元和郡縣圖志》。

受限於戶數資料不足，在此僅能粗略以前期（貞觀至開元）、後期（開元至元和）作區隔。前期七州的戶數均上升，增設縣邑之州有五，或設一縣（饒州、吉州、撫州），或設二縣（洪州、虔州）。大體而言，戶數與縣數的增加是並進的〔註13〕。唐代後期的江西地區，若將饒州加上信州計算，共有洪州、饒州、吉州三州戶數增加；有洪州、饒州、虔州三州增設縣邑。戶數增加的三州之中，洪、饒二州增加極多，再另立一縣尚屬合理；吉州戶數只略微上升，維持現狀也可理解；唯有虔州戶數減少萬餘，卻仍另立一縣，在此已非戶數上揚可以解釋。由《新唐書・地理志》所記新設縣邑年代推算，此縣應是貞元四年（788）始設之安遠縣。安遠位處虔州東南底端，是安遠水源頭所在，當時並無盜賊為亂虔州或嶺南亂事需要平亂，也無水旱天災侵襲虔州需要設職撫慰，較可能是以開發東南地區為目的而設此縣。

　　為探討江西地區縣邑的增加趨勢，拙稿據《兩唐書・地理志》與《元和郡縣圖志》做成「表2-2-2：唐代江西地區貞觀以後增置縣邑表」及「唐代江西地區貞觀以後縣邑總數變動圖」（附圖六）、「唐代江西地區貞觀以後增設縣邑分布圖」（附圖七）：

表2-2-2：唐代江西地區貞觀以後增置縣邑表

設 廢 年 代	縣　　名	屬州	江西全區總縣數	資 料 來 源
貞觀十三年（639）			25	《舊唐書・地理志》
顯慶四年（659）	永新（備考1）	吉州	26	《元和郡縣圖志》
永淳元年（682）	南安	虔州	27	《元和郡縣圖志》
永淳二年（683）	新吳	洪州	28	《新唐書・地理志》
長安四年（704）	武寧	洪州	29	《元和郡縣圖志》
神龍元年（705）	大庾	虔州	30	《元和郡縣圖志》
景雲元年（710）	南豐	撫州	31	《元和郡縣圖志》

〔註13〕江州、袁州二州在唐代始終未增置縣邑，是一值得注意的現象。唐代後期固然可以用戶數下降解釋，但唐代前期江州戶數成長三倍有餘，袁州戶數成長近五倍，二州卻未增置縣邑。究其因，愚意以為與縣邑增設目的相關。一般狀況下，增設縣邑一是因該地戶口數膨脹到可能超過地方行政負擔而另立縣分擔；二是因對該區有意開發或保護而立。江、袁二州在江西地區屬小州，各有三縣，其三縣各據一方，均衡分布，較諸他州，並無為開發而設的需要。其戶數雖增，應仍在地方行政能運作的範圍內，故未設縣。

先天元年（712）	（廢）南豐	撫州	30	《元和郡縣圖志》
開元四年（716）	新昌（備考2）	饒州	31	《新唐書・地理志》
開元八年（720）	南豐	撫州	32	《元和郡縣圖志》
開元二十九年（741）			32	《通典・食貨典》
天寶元年（742）			32	《新唐書・地理志》
乾元元年（758）	上饒	信州	33	《新唐書・地理志》
乾元元年（758）	玉山	信州	34	《新唐書・地理志》
乾元元年（758）	永豐	信州	35	《新唐書・地理志》
永泰元年（765）	貴溪	信州	36	《新唐書・地理志》
貞元四年（788）	安遠	虔州	37	《元和郡縣圖志》
貞元十六年（800）	分寧	洪州	38	《新唐書・地理志》
元和七年（812）			38	《元和郡縣圖志》
元和七年（812）	（廢）永豐	信州	37	《新唐書・地理志》
備考	1. 兩《唐書・地理志》均記顯慶二年（657）立永新，拙稿採用《元和郡縣圖志》的顯慶四年說。 2. 新昌於天寶元年（742）改名為浮梁，見《元和郡縣圖志》。 3. 受限於資料，本表時代至元和年間為止。 4. 本表與「附圖六」因需與「表2-2-1」時間作對照，故以貞觀十三年（639）為起始年代，對於武德至貞觀十三年（639）間增廢的縣邑不列入圖表中。 5. 對於《舊唐書・地理志》所載江州增置至德縣，本表、附圖六均不列入計算，其理由詳見註2。 6. 關於《元和郡縣圖志》之「元和」戶數，愚意以為至遲應在元和七年（812），據拙稿本表，貞元十六年（800）設洪州分寧縣後，全江西地區縣數為三十八縣，與《元和郡縣圖志》所載總數相符。元和七年（812）廢信州永豐縣後，全區縣數降為三十七縣。且《元和郡縣圖志》所載江西信州以外七州均為上州，而《唐會要》卷七十〈州縣分望道・江南道〉記虔、袁、撫、饒四州至元和六年（811）才升為上州。《元和郡縣圖志》所載戶數年代應在元和六年（811）至七年（812）之間。

江西地區總計增設縣十三次，廢縣二次，與表三各時代縣數總和相符合，合計新增縣有洪州三縣、饒州一縣、虔州三縣、吉州一縣、信州四縣〔註14〕與撫州一縣。純就置縣時間觀察可以發現開元之前的開發行動，偏重於西部贛水流域的洪、吉、虔三州〔註15〕，也就是南北交通主線所在。開元之後的開發行動開始朝東部擴展，改以饒、撫二州為主，信州於乾元元年（758）成立後，也加入擴展行列。自開元八年（720）起，江西地區停頓近四十年未立新

〔註14〕信州轄縣雖有五，但弋陽原已在饒州轄縣下，故不視為「增置縣邑」。
〔註15〕睿宗時雖曾設撫州南豐縣，但二年後即廢，拙稿不視為「已達開發程度」。

縣，隨後立一新州，該段停頓可視爲儲備時期，饒州南部經過該時段醞釀，至乾元時發展成熟，成立信州。肅代之際宣歙地區有盜賊三處〔註16〕，立信州除因當地已發展成熟，尚可視爲加強經營江西東部的對策，饒州藉縮小行政區，可將防衛力集中，防止宣歙亂事延及江西。

　　因江南西道於開元二十一年（733）分江南道而置，「附圖六」遂以開元二十一年（733）爲界，分該圖爲前後二期。前期共計設縣九次、廢縣一次，增設之七縣分布平均，遍及五個大州，顯示江西地區正逐步擴大開發；後期共計設縣六、廢縣一，除信州新立之新設四縣外，另二縣位於洪州及虔州，各處於江西西北角與東南端，江西已朝交通幹線以外的邊地開發。唐代江西地區並非在安史亂後才突然快速發展，唐代前期已有基礎，唐代前期設縣狀況爲一證。新縣大多位於淺山丘陵處，如洪州新吳、武寧、分寧、吉州永新、虔州大庾、南安、安遠、饒州浮梁；丘陵地帶則有撫州南豐、信州貴溪、上饒、玉山；十三縣中瀕水者有十二處，足見按交通線沿水道向淺山丘陵區推進，仍是開發的主要方向。政府在這些地區設縣邑，除代表著政治力的逐步深入，也代表這些地區的經濟發展已有相當規模。由其建縣基礎可見端倪，據《太平寰宇記》卷一○六〈江南西道‧洪州‧分寧縣〉所記，洪州分寧縣原屬武寧縣：

　　　　分寧縣……本常洲之亥市也，其地……聚江、鄂、洪、潭四州之人，

　　　去武寧二百餘里，豪富物產充之。

按《光緒江西通志》卷二〈地理沿革表‧南昌府‧義寧州〉貞元十六年（800）二月析武寧縣置分寧縣條注記載，唐代江西觀察使李巽奏設分寧時亦言其地有市：

〔註16〕肅宗乾元時，歙州新安郡有民據山洞爲亂，見權德輿《權載之文集》卷二十〈唐故太中大夫守國子祭酒潁川縣開國男賜紫金魚袋贈戶部尚書韓公行狀〉：「乾元中，江淮凶饑，相扇嘯聚，而新安郡負山洞之阻，爲害特甚。」代宗時張鎰任江西觀察使始擊滅之，見《新唐書》卷一三九〈張鎰傳〉：「沈千載者，新安大豪，連結椎剽，州縣不能禽，鎰遣別將盡殄其眾。」代宗永泰初有土賊王方作亂於宣州，後於其地設旌德縣，見《元和郡縣圖志》卷二十八〈江南道‧宣州‧旌德縣〉：「永泰初土賊王方據險作叛，詔討平之，奏分太平置旌德縣。」代宗時另有方清、陳莊爲亂宣饒二州，方清由宣歙與饒州的陳莊合眾爲亂，見《新唐書》卷一四六〈李栖傳〉：「蘇州豪士方清……誘流殍爲盜，積數萬依黟、歙間，阻山自防，東南厭苦。」《新唐書》卷一四七〈李芃傳〉：「永泰初，宣饒劇賊方清、陳莊西絕江，劫商旅爲亂，……芃請以秋浦置州，扼衿要，使不得合從。」

> 武寧一縣所隸者凡二十鄉，……西鄉趨縣，山川修阻，輸賦於官，
> 逾三百里，小民往返，疲於道路。……臣等伏見西八鄉有常洲亥市
> 居其中，於八鄉道里適均，臣請即市建縣，西八鄉悉隸之。

虔州安遠縣之設立原因，據《太平寰宇記》卷一〇八〈江南西道‧虔州‧安遠縣〉：

> 雩都縣以地僻人稀，每有賦徭，動逾星歲。……析雩縣三鄉，并信
> 豐一里再置。

乃是因納賦不便而設。吉州永新縣類似，《太平寰宇記》卷一〇九〈江南西道‧吉州‧永新縣〉記：

> （高宗）顯慶四年（659），永新之民以泰和道阻遠，請別置縣於禾
> 山東南六十七里，即今理也。

此三縣皆處山區，中央出於收賦需要而立縣。三地能以賦稅收繳引起中央注意，推測也有相當數量的戶口、財賦條件。另一種立縣原因為盜賊侵擾，如南豐縣之復置，《太平寰宇記》卷一一〇〈江南西道‧撫州‧南豐縣〉記：

> （玄宗）開元七年（719），刺史盧元敏奏田地豐饒，川谷重深，時
> 多剽劫，乃復置南豐縣。

即因多盜而設。前述信州之立州與盜賊相關，其轄下貴溪縣有史料明文，見《太平寰宇記》卷一〇七〈江南西道‧信州‧貴溪縣〉：

> 貴溪縣……在弋陽、餘干兩縣之間。自北以西，地相去闊遠，山水
> 迴合，盜潛藏，舟行舡泝，人不自保，寖以成俗，久而逾遠。永泰
> 元年（758）就貴溪口置貴溪縣。

此型新縣乃政府出於維護當地治安、保護財稅資源不被劫而設縣。

戶口數增長除了表現在新州縣設置外，還表現在舊州縣等級提高。唐代的州等第，據《唐會要》卷七十〈量戶口定州縣等第例〉所載：

> 武德令，三萬戶以上為上州。永徽令，二萬戶以上為上州。至顯慶
> 元年（656）九月十二日敕：「戶滿三萬已上為上州，二萬已上為中
> 州，先已定為上州、中州者，仍舊。」至開元十八年（730）三月十
> 七日，敕：「太平時久，戶口日殷。宜以四萬戶已上為上州，二萬五
> 千戶為中州，不滿二萬戶為下州。其六雄、十望州、三輔等，……
> 並同上州，……其親王任中州下州刺史者，亦為上州，王去任後，
> 仍舊。

上州以上的雄、望、緊、赤等州等級並不直接以戶數爲標準，還要加上其他考量標準，故拙稿僅就上州、中州討論。依《唐會要》所記標準評定表三之江西七州，貞觀十三年（639）時，江西七州都不夠作上州；開元二十九年（741）則爲上州二，中州五。元和時代，據《元和郡縣圖志》所記，江西八州中七州爲上州，信州爲中州。《唐會要》卷七十〈州縣分望道·江南道〉詳記其升級年代：

> 新升上州虔州，袁州，撫州，饒州，並元和六年（811）九月升。……
>
> 信州，同上年月（會昌四年五月，844）升。

據此，在元和時代，江西八州中有四州在元和六年（811）始升爲上州，洪、江、吉三州則原已是上州。江西地區的州，相較於開元時中州居多數，元和時代已改成上州爲主。按《元和郡縣圖志》所記戶數，虔、袁、撫三州並未達到上州四萬戶的標準，能升爲上州之因，或由於唐政府將上州標準在戶數外尚且加入其他考慮因素，一如雄、望、緊州之標準非僅戶口；或由於上州戶數標準降低，如永徽時降低武德時標準〔註17〕。愚意以爲前者可能性較高，信州一地元和時戶數只有28711，並不足以成爲上州，而據《新唐書·地理志》記信州戶數已達四萬，雖不明此戶數之年代，但信州戶數必在繼續增加，才能在會昌時升級爲上州，戶數標準應仍存在。根據上述，唐朝後期江西的重要性必然增加，虔、袁、撫三州之升上州可爲證明。

縣邑升級方面，《唐會要》卷七十〈州縣分望道·江南道〉記載：

> 新升望縣　……洪州高安縣，會昌四年（844）十一月升。
>
> 新升緊縣　信州上饒縣，……並同上年月（會昌四年（844）十二月）升。……洪州建昌，大曆十二年（779）十二月二十四日升。……吉州廬陵縣，會昌四年（844）十二月升。
>
> 新升上縣　洪州武寧、新吳縣，元和六年（811）九月升。……江州彭澤縣，元和六年（811）九月升。……虔州信豐、南康縣，袁州萍鄉縣，……撫州南豐縣，已上俱同年月（元和六年九月，811）升。

〔註17〕中砂明德〈後期唐朝の江淮支配──元和時代の一側面──〉（《東洋史研究》四十七卷第一期，1988年6月）一文主張元和時代放寬了州縣升級標準，目的在強化對江淮的支配，元和時代討伐藩鎭、重制兩稅法，目的均在加強控制江淮地區。

　　　　新升中縣　　洪州分寧縣，貞元十五年（799）二月，改分寧爲武寧
　　　　　　　　　　縣。

前已述及，《元和郡縣圖志》之元和資料時間應是元和六年（811）至元和七年
（812）間，而《唐會要》資料可下推至武宗會昌時，將《唐會要》與《元和
郡縣圖志》合併對照，若《唐會要》未記某縣升級於元和六年（811）之前，
則《元和郡縣圖志》所記該即應爲元和六年至七年（811～812）之該縣等
級。亦即除《唐會要》所記新升級諸縣外，其餘諸縣等級可以憑《元和郡縣
圖志》爲據。拙稿據此製成「表 2-2-3：唐代後期江西地區縣邑升級變動表」
如下：

表 2-2-3：唐代後期江西地區縣邑升級變動表

屬州	縣名	中　　　　縣	上　　　　縣	緊　　　　縣	望　　　　縣
洪州	南昌				元　和
	高安			元　　　和	會昌四年（844）
	新吳		元和六年（811）		
	豐城		元　　　和		
	建昌			大曆十二年（779）	
	武寧		元和六年（811）		
	分寧	貞元十五年（799）			
江州	潯陽			元　　　和	
	彭澤		元和六年（811）		
	都昌		元　　　和		
饒州	鄱陽		元　　　和		
	餘干		元　　　和		
	樂平		元　　　和		
	浮梁		元　　　和		
虔州	贛		元　　　和		
	南康		元和六年（811）		
	信豐		元和六年（811）		
	大庾		元　　　和		
	雩都		元　　　和		
	虔化		元　　　和		

虔州	安遠	參看備考	元　和		
吉州	廬陵		元　和	會昌四年（844）	
	安福		元　和		
	永新		元　和		
	太和		元　和		
	新淦		元　和		
袁州	宜春		元　和		
	新喻		元　和		
	萍鄉		元和六年（811）		
撫州	臨川		元　和		
	南城		元　和		
	崇仁		元　和		
	南豐		元和六年（811）		
信州	上饒		元　和	會昌四年（844）	
	玉山		元　和		
	弋陽		元　和		
	永豐	元　和			
	貴溪		元　和		
備考	虔州安遠縣，據《新唐書・地理志》記爲中縣，貞元四年（788）立縣。《元和郡縣圖志》已記爲上縣。因不明其升級年代，本表視爲元和時已是上縣處理。				

由「表2-2-3」可以明顯看出江西縣邑屬於上縣者居多數。唐代後期江西的縣邑等級仍然持續提高：大曆十二年（779）有一縣由上升爲緊縣；貞元十五年（799）有一縣由下升爲中縣；元和六年（811）有七縣由中升爲上縣；會昌四年（844）有二縣由上升爲緊縣、一縣由緊升爲望縣。總計唐代後期江西的三十八縣中，有十二縣等級調高，佔全數三分之一弱。縣邑等第中，赤、畿、望、緊縣和州的赤、緊、望、雄州相似，與戶數沒有絕對關聯，而以政治考量爲主要依據。江西一地有六個此型特殊縣，其中四縣在唐代後期升級。總計有洪州之望縣二、緊縣一；江州之緊縣一；吉州之緊縣一；信州之緊縣一。洪州南康爲江西觀察使所在，是政治中心，開發最早。建昌先後分出新吳、武寧二縣，高安則於五代南唐時分出上高縣，二地的經濟戶口成長力均相當高。江州潯陽爲入江西要道，與南昌的開發幾乎並進。信州爲東部交通要衝。

吉州在唐代後期極爲富庶，僅廬陵一地戶數即高達兩萬〔註18〕，超過江州、袁州的總和。緊望縣之外，有七縣由中縣升爲上縣，範圍包括洪、江、撫、袁、虔五州。若加上緊、望縣，則幾乎江西全區各州都有縣邑升級，只饒州無。若將饒信二州合計，則全區各州都有縣邑升級。這個事實顯示唐代江西地區的開發行動相當普遍周延。

　　同一地各區的發展未必是平衡並進的，這種不平衡性有二類，一是時間上的不平衡，二是空間上的不平衡。前者表現出某一時段的開發行動特別密集，其他時段疏略。這種時間上的不平衡受到政治社會影響極大，戰亂、政策或天災都可能造成該時段減緩開發行動。空間上的不平衡表現出來就是各州的差異，某些州得力於其地理位置或歷史傳統，在開發上領先其他州。而這些開發程度高的州比開發程度低的州更能取得資源，相形之下，更拉大差距。這種空間差異對整體發展不利，常因後者而拖緩發展速度。江西地區發展平衡性如何？由舊領州縣的升級時間與新州縣的設立時間觀察，自高宗以下，武后、中宗、玄宗、肅宗、代宗、德宗各代均有新縣成立，而代宗、德宗、憲宗、武宗四朝均有縣邑升級。綜合而言，高宗至憲宗各朝〔註19〕或多或少都開發了江西地區，在時間上相當平均。空間分布上，除江、袁二小州未有新縣，餘五大州均有。據拙稿「附圖七：唐代貞觀以後增設縣邑分布圖」可以看出洪、饒（信）、虔三州設縣數目較他州高，三州各據江西地區西、東、南三方，而江西大致呈倒三角形。開發情況以中部較慢，撫、吉二州各只新增設一縣，袁州未有新縣。不過撫、吉二州並非停止發展，而是向內充實已有縣邑〔註20〕，撫州南城爲建城可募得萬人，吉州廬陵一地戶數即高達二萬〔註21〕，顯示中部仍持續發展，只是未如南北部續設縣邑。由各州分別觀察，開發方向是由州治與交通主線所在方位向外移動，開元以前偏

〔註18〕見皇甫湜《皇甫持正文集》卷五〈吉州廬陵縣令廳壁記〉：「廬陵戶餘二萬，有地三百餘里。駢山貫江，扼嶺之衝，材竹鐵石之瞻殖，苞篚鞶縬之富聚，土沃多稼，散粒荊揚。」

〔註19〕順宗永貞元年（805）不到一年，只有二百餘日，故視爲憲宗朝處理討論。

〔註20〕《太平寰宇記》卷一一〇〈江南道・撫州・南豐縣〉：「開元七年（719），刺史盧元敏奏：田地豐饒，川谷深重，時多剽劫，乃復置南豐。」又據《全唐文》卷八一九刁尚能〈唐南康太守汝南公新刱撫州南城縣羅城記〉：「時以麾幢未行，邊鄙猶擾，乃召諸將而謂曰：……宜得營壘，備其梟鴟。乃遣行教布令，不日萬人，公乃指畫規，勾其版築。……不越二旬，其功告畢。」

〔註21〕見皇甫湜《皇甫持正文集》卷五〈吉州廬陵縣令廳壁記〉：「廬陵戶餘二萬，有地三百餘里。」

重西部贛水流域，以贛水之交通線爲主軸；其後開始朝東部擴展，以饒、信二州爲主。

　　政區開發代表著統治力深入，州縣城市的形成發展，不能脱離一定的社會經濟基礎，但該地是否納入正式行政體系的關鍵因素是政府的政治軍事需要。不少州治縣邑位於商業發達的交通線上，但設縣邑的初始原因出於其交通戰略地位。江西地區新設十三縣中，有八縣過去曾存在，因故遭廢後又重設〔註22〕；一縣爲集市（時人稱該處爲亥市）升級〔註23〕；至少一縣一鎮爲防亂而設〔註24〕。洪州分寧縣即以市集升縣，政府在無法禁絕草市後，因其經濟收入而設縣，目的在將之納入官市賦稅系統；因民亂而設縣者，除爲了保護當地人民外，亦因亂事日久將危及對地的統治權。五代時江西設縣更多，計有驛站升級者一處〔註25〕、出礦採礦地點升級者二處〔註26〕、軍事據點升

〔註22〕洪州新吳縣在漢靈帝時、唐武德時曾設，見《新唐書・地理志》、《元和郡縣圖志》；武寧縣於東吳時爲新安縣，晉時設豫寧縣，見《通典・食貨典》；饒州浮梁縣在唐武德時一度設廢，見《舊唐書・地理志》；信州上饒縣於武德四年至七年（621～624）曾設廢，見《新唐書・地理志》；撫州南豐縣於吳少帝時曾設，見《元和郡縣圖志》；吉州永新縣在東吳時爲安城郡，隋文帝開皇時代仍存在，見《元和郡縣圖志》；虔州大庾縣在隋時已立爲鎮，見《元和郡縣圖志》；安遠縣始設於梁大同中，見《元和郡縣圖志》。

〔註23〕洪州分寧縣，據《太平寰宇記》卷一〇六〈江南西道・洪州・分寧縣〉：「本當州之亥市也，……聚江、鄂、洪、潭四州之人，去武寧二百餘里，豪富物產充之，唐貞元十六年（800）置縣。」是由草市市集升爲縣邑。

〔註24〕信州之立與盜賊相關，其轄下貴溪縣之立，見《太平寰宇記》卷一〇七〈江南西道・信州・貴溪縣〉：「自北以西，地相去闊遠，山水迴合，羣盜潛藏，舟行舡泝，人不自保，寖以成俗，久而逾遠。永泰元年（758）就貴溪口置貴溪縣。」靖安鎮亦因草寇侵掠而設，《太平寰宇記》卷一〇六〈江南西道・洪州・靖安縣〉：「唐廣明之後，草寇侵掠本州，以靖安孝弟兩鄉去縣稍遠，於此置鎮。」

〔註25〕江州浦塘驛，據《太平寰宇記》卷一一〇〈江南西道・江州・德安縣〉：「於敷淺水之南爲場，以地有浦塘爲名。咸通……四年（863）復爲場。僞吳順義七年（927）昇爲德安縣。」《讀史方輿紀要》卷八十五〈江西・九江府・德安縣〉：「唐……貞元中置蒲塘場，五代楊吳順義七年（927）升德安縣。」

〔註26〕虔州瑞金監，據《讀史方輿紀要》卷八十八〈江西・贛州府・瑞金縣〉：「唐天祐元年（904），楊行密析……淘金場，置瑞金監。南唐保大十一年（953）升監爲縣。」另《太平寰宇記》卷一〇八〈江南西道・虔州・瑞金縣〉亦記其立。饒州鄧公場，《太平寰宇記》卷一〇七〈江南西道・饒州・德興縣〉：「唐總章二年（669），邑人鄧遠上列取銀之利，上元二年（675）因置場監。令百姓任便採取，官司什二稅之。其場即以鄧公爲名，隸江西鹽鐵都院，至僞唐昇爲德興縣。」

級者六處。〔註27〕

以往學界有一種看法，認為江南地帶的確實開發是唐代後期的事，安史之亂造成北人南下，戶口激增，於是有能力全力開發。但由唐代江西地區的州縣戶口可以發現並不盡然。江西一地的戶口自初唐到玄宗時代顯著上升，當時並無促成北人南遷的因素，即使有移民南下，所佔當地總戶口比例也不致太高。很明顯地這是當地自身發展的結果，其戶口數字並不如舊說所認為的在唐代前期只有緩慢增加，而是增加了三倍之多。由唐代江西地區的州郡戶口數變化，可以得知該地的發展是自唐代前期起就持續不斷的，並非如舊說所主張在安史亂後突然急遽開發。安史亂後北人南遷是不容否認的事實，但該現象對人文發展的影響力要比對州縣戶口的影響力大得多，也明顯得多。江南道在開元二十一年（733）分置為東西兩道，足見該地區戶口州縣必有相當變化，才能達到一分為二的水準。政區的分置並非如土地面積削減般減弱原州縣的經濟實力，而是像細胞分裂般，在一地發展成熟、有能力分為二時才劃地分戶，另立一州或縣。江西一地的州縣增置升等自高宗時代就開始，至憲宗和時代，其間歷朝均有作為，足見其發展的持續性。其發展過程，無論在時間、在空間都相當平衡。

〔註27〕　洪州靖安鄉，見注15，《太平寰宇記》條。洪州上高鎮，據《讀史方輿紀要》卷八十四〈江西・瑞州府・上高縣〉：「唐僖宗時，鍾傳以故縣地置上高鎮，南唐昇元中改鎮為場，保大十年（952）升為縣。」另《太平寰宇記》卷一〇六〈江南西道・筠州・上高縣〉亦記其立。江州赤烏場，據《太平寰宇記》卷一一一〈江南西道・江州・瑞昌縣〉：「本赤烏場地。……建中四年（783）以潯陽西偏僻遠，因立為場。僞唐昇元三年（939）改為瑞昌縣。」江州湖口戍，《太平寰宇記》卷一一一〈江南西道・江州・湖口縣〉：「本湖口戍，……唐武德五年（622）安撫使李大亮以為要衝，遂置鎮。……僞唐保大中昇為縣。」虔州百丈戍，《讀史方輿紀要》卷八十八〈江西・贛州府・龍南縣〉：「唐……天寶初置百丈鎮，……五代時，楊吳曰虔南場。南唐保大十一年（953）升為龍南縣。」吉州蕭灘鎮，《讀史方輿紀要》卷八十七〈江西・臨江府・清江縣〉：「唐……以境內之蕭灘為鎮，南唐昇元二年（938）升鎮為清江縣。」

第三章　經濟發展

第一節　農　業

　　安史之亂後，唐政府的財政收入逐漸依賴江南，這對於江南的經濟發展有正面的影響。前章已述及江西地區州縣戶口增長狀況，依此戶口增加狀態，勢必帶動土地墾殖，原因在於各地必須供應當地人口足夠的糧食。農業是古代經濟活動中最主要的生產部門，是其他經濟活動的基礎。縱使其他行業都停止活動時，農業生產作為維生的必要條件，仍不能中止。擴大而言，農業發達後也帶動其他經濟活動蓬勃發展，因為從事其他經濟活動的人仍有衣食之需，農業必須發達到能供應所有人基本生活需要的程度，這些人才能全力投入、不需固定保持部分勞力在農業生產上。在民生需求外，農業也是其他工商經濟活動的上游基礎，除少數的金屬礦冶外，古代的商業貨品、手工業原料都是農業產品，必須有農產品才能加工、運銷。

　　本節所討論的農業發展，以糧食作物與經濟作物二大類為主題。

一、糧食作物

　　糧食作物以南方的基本糧食水稻為主，水稻是江西最主要的農產。江西氣候溫暖，雨量充足，地勢較低平，是良好的水稻生產區。由彭蠡湖和贛水、盱水、餘水、鄱水、修水等河沖積而成的湖區平原，面積約二萬平方公里，河渠縱橫，灌溉便利，歷來是富庶的魚米之鄉。江西地區的糧食生產早在六朝時就頗為突出，南朝宋人雷次宗《豫章記》記江西一地：

　　　　地方千里，水陸四通，風土爽塏，山川特秀，奇異珍貨，此焉自

> 出。奧區神皋，處處有之。嘉蔬精稻，擅味於八方；金鐵篠蕩，資
> 給於四境。沃野墾辟，家給人足，蓄藏無缺，故穰歲則供商旅之
> 求，饑年不告臧孫之糴。〔註1〕

雖有誇大之意，並非全屬虛矯。江西地區以豫章為中心，豫章以外地區的農業發展程度、糧食供給能力，還可由其他事例得知。東晉朱序北伐翟遼，曾要求運江州米十萬斛以資軍費〔註2〕；《隋書》卷二十四〈食貨志〉所記南朝糧倉，在京城外有三處地方大倉：

> 列州郡縣，制其任土所出，以為徵賦。……其倉，京都有龍首倉，
> 即石頭津倉也，臺城內倉、南塘倉、常平倉、東西太倉，東官倉，
> 所貯總不過五十餘萬。在外有豫章倉、釣磯倉、錢塘倉，并是大儲
> 備之處。〔註3〕

江西於三者之中就有豫章、釣磯二處。進入唐代，江西地區仍是全國著名的糧倉，姚合有詩稱其「鄱陽勝事聞難比，千里連連是稻畦」〔註4〕，德宗建中三年（872），戶部侍郎趙贊上言：

> 請於兩都並江陵、成都、揚、汴、蘇、洪等州府，各置常平輕重錢，
> 上至百萬貫，下至數十萬貫，隨其所宜，量定多少，唯貯斛斗、疋
> 段、絲麻等，候物貴則下價出賣，物賤則加價收糴，權其輕重，以
> 利疲人。〔註5〕

洪州既位居能調節物價的八城之一，其本身與周圍腹地的生產力、支援力自不在話下，如此，才能在自身無虞的情況下擴大影響範圍，調節物價。其所貯米糧、斛斗乃是官方糧食重要來源，中央對江西米糧的倚重，可以由江西米運往上都得知。德宗貞元初，因太倉米不足供官，於是增加江淮漕運：

> 德宗……增江淮之運，浙江東、西歲運米七十五萬石，復以兩稅易

〔註1〕 見《太平寰宇記》卷一○六〈江南西道‧洪州‧風俗〉轉引〈豫章記〉。
〔註2〕 見《晉書》卷八十一〈朱序傳〉。
〔註3〕 豫章倉應即在江西豫章。釣磯倉在江西地區何處？據唐耕耦《中國通史參考資料》古代部分第三冊《封建社會（二）三國至南北朝》（北京：中華書局，1979 年），頁 178，注 4、5 所記，豫章倉約在今江西南昌市，釣磯倉約在今南昌市西方贛水邊之釣磯山附近。許懷林《江西史稿》，頁 83，則認為釣磯山應在鄱陽，不在南昌：都昌縣西三十里也有釣磯山，該倉負責收儲鄱陽湖以東的糧食。
〔註4〕 《全唐詩》卷四九六姚合〈送饒州張使君〉。
〔註5〕 《舊唐書》卷四十九〈食貨志〉。

米百萬石，江西、湖南、鄂岳、福建、嶺南米亦百二十萬石。〔註6〕
江西、湖南此五道若平均而計，一處亦有米二十四萬石，爲數頗巨。此數目
尚且爲江南全區合計，江西一地個別之米糧供應地位可由德宗時陸贄作〈貞
元元年（785）南郊大赦天下制〉得知：

　　宜令度支取江西湖南見運到襄州米十五萬石，設法般赴上都，以救
　　百姓荒饉。〔註7〕

此時江西、湖南米糧已居北運糧食主體。由中唐以後的發展觀察，亦可視爲
領先全國。自順宗永貞元年（805）起，至憲宗元和初年，江淮大旱饑饉，中
央即以江西、湖南米糧支援，李絳上疏奏曰：

　　陛下嗣位以來，遇江淮饑歉，三度恩赦，賑貸百姓斛斗，多至一百
　　萬石，少至七十萬石。本道饑儉無米，皆賜江西湖南等道米。江淮
　　諸道百姓，差使於江西湖南搬運。〔註8〕

江淮大旱始自永貞元年（805），至元和二年（807）仍未停止，元和三年至四
年（808～809）又有旱災，且波及江西〔註9〕，江西、湖南二處能以二、三百
萬石鉅額支援長江下游，尚維持本身無憂，其糧食生產地位實爲他地所難匹
敵。

　　稻作的產量所以能大增，人口增加的壓力只能算是導因，眞正造成產量
提高的原因有品種技術改良、耕地擴大、以及水利建設數端。農業技術方

〔註6〕　《新唐書》卷五十三〈食貨志〉。
〔註7〕　見《唐大詔令集》卷六十九〈典禮・南郊〉陸贄作。
〔註8〕　《全唐文》卷六四五李絳〈論戶部闕官斛斗疏〉。
〔註9〕　根據《唐大詔令集》卷五〈帝王・改元下・改元元和赦〉：「淮江荊襄等十州
　　　　管內，水旱所損四十七州，減放米六十萬石，稅錢六十萬貫。」及《新唐書》
　　　　卷三十五〈五行志〉：「永貞元年（805）秋，江浙、淮南、荊南、湖南、鄂岳
　　　　陳許等州二十六，旱。」可知江淮大旱始自永貞元年（805），持續至元和元
　　　　年（806）。再按《唐大詔令集》卷七十〈典禮・南郊・元和二年（807）南郊
　　　　赦〉：「淮南江南去年巳來，水旱疾疫，其稅租節級蠲放。」可知大旱至元和
　　　　二年（807）仍未止，故稱「去年巳來」。至此大旱已達三年。《新唐書》卷三
　　　　十五〈五行志〉又記：「元和三年（808），淮南、江南、江西、湖南、廣南、
　　　　山南東西皆旱。四年（809）……秋，淮南、浙西、江西、江東旱。」《冊府
　　　　元龜》卷四九一〈邦計部・蠲復・元和四年（809）正月詔〉：「元和三年（808）
　　　　諸道應遭水旱所損州府，合放兩稅錢米等，損四分以下者，宜准此處分；損
　　　　四分已上者，并准元和元年（806）六月十八日敕文放免。」據此知元和三年
　　　　至四年（808～809）又有旱災，則江淮一地可能旱象持續五年，江西湖南的
　　　　支援長達數年，且元和三年至四年（808～809）江西本身亦受旱害，尚可支
　　　　援他處，其米糧之盛可知。

面，限於史料，只能以全江南為對象作說明，江西地區並非位於江南邊陲，其發展應頗雷同。六朝時代犁耕在南方水田漸漸推廣，牛耕與犁耕也並行運用〔註10〕。唐代牛耕已普及南北水旱耕作，農民因而能提高耕地能力，擴大耕地面積。唐人有言「牛之為用，耕稼所資」〔註11〕、「耕之資在牛，牛廢則耕廢」〔註12〕均在說明稻作之需要牛耕。《通典》卷二〈食貨典‧屯田〉亦有明言：「稻田每八十畝配牛一頭」。耕方面，使用人力的犁是唐代以降才可見，畜力、人力並存是本期特色〔註13〕。陸龜蒙《耒耜經》詳細記述之江東犁是適宜水田耕作的一種曲轅犁〔註14〕，按其構造功用之複雜，已是長期使用改良的結果〔註15〕，中唐之前在南方應已普及。一人一牛的犁具對南方的稻作的發展大有助益，可節省各田勞作人數，轉而投注於其他新田。其他相關的耕具，如耙、礪礋、磟碡，作用在使整地過程加快，提高勞動效率〔註16〕。水利灌溉是水稻生產過程中不可或缺的一環，其中大型水利工程如陂塘渠堰建設，將於下文討論，其他排水灌溉工具的發展如下：水車在唐代已有各種形式〔註17〕，驅動力各異，或以手、或以足、或以牛，其型態之多樣化與使

〔註10〕見《晉書》卷二十六〈食貨志〉、卷七十八〈張茂傳〉。《南齊書》卷四十四〈徐孝嗣傳〉：「（孝嗣表立屯田曰：）請即使至徐、袞、司、豫，爰及荊、雍，各當境規度，勿有所遺。別立主曹，專司其事，田器、耕牛，臺詳所給。」考古方面，則有犁田模型出，見徐恒彬〈簡談廣東連縣出土的西晉犁田耙田模型〉（《文物》1976年第三期）、李乃賢〈淺談廣西倒水出土的耙田模型〉（《農業考古》1982年第二期）。對於犁的研究，參看大澤正昭〈唐代江南の水稻作と經營〉（收入《中國史像の再構成——國家と農民》，中國史研究會編，京都：文理閣，1983年4月），頁135～136、天野元之助《中國農業史研究》（東京：お茶の水書房，1977年）第三編第二章，頁725～727、756～772、唐啓宇《中國農史稿》（北京：農業出版社，1985年），頁495～496。

〔註11〕《全唐文》卷七太宗〈賜酺三日詔〉。

〔註12〕《新唐書》卷一一八〈張廷珪傳〉。

〔註13〕此據大澤正昭〈前引文〉，頁135～136。

〔註14〕對江東犁的研究詳見大澤正昭〈『耒耜經』管窺〉（收入《堀敏一先生古稀記念——中國古代の國家と民眾》，東京：汲古書院，1995年3月），頁458～466、天野元之助《前引書》，頁767～770。

〔註15〕此據牟發松《唐代長江中游的經濟與社會》（武漢：武漢大學出版社，1989年1月），頁34。

〔註16〕耙、礪礋、磟碡之研究，詳見天野元之助《前引書》，頁204～206、唐啓宇《前引書》，頁496～497。

〔註17〕參看唐耕耦〈唐代水車的使用與推廣〉，《文史哲》1978年第四期、天野元之助《前引書》，頁206、李劍農《中國古代經濟史稿第三卷——宋元明部分》（武漢：武漢大學出版社，1990年12月），頁26～29。

用頻率之高相關。筒車能自動汲水、倒入水漕、送入農田〔註18〕，江西廬山地區並用於引水飲用〔註19〕。一般水車用於汲水，排水則借助特定型式之水車：龍骨車〔註20〕。龍骨車爲以足踏的水車，能移動汲水〔註21〕，由江南開始發展，後來傳入北方。由《冊府元龜》卷四九七〈邦計部・河渠〉文宗時禁中水車紀錄來看：

> 文宗太和二年（828）閏三月，京兆府奏：准內出樣造水車訖。時鄭、
> 白渠既役，又命江南徵造水軍（車）匠，帝於禁中親指准，乃分賜
> 畿內諸縣，令依樣制造，以廣溉種。

可知唐代後期龍骨車已普遍用於江南，非僅一地專用，故僅稱「江南」，未言何處。水稻品種於東晉南朝已有早晚稻之分，唐代史料更多〔註22〕，早稻有蟬鳴即熟者，晚稻有十月收割者〔註23〕，由《全唐詩》中所存史料可以得

〔註18〕　見《全唐文》卷九四八陳廷章〈水輪賦〉。學界研究參看李劍農《前引書》，頁29、唐啓宇《前引書》，頁497～498。

〔註19〕　見《全唐詩》卷五五六馬戴〈題廬山寺〉。

〔註20〕　參見陳仲安〈瓦罐、龍骨車、抽水機（上）〉，《文史知識》1983年第七期、〈瓦罐、龍骨車、抽水機（下）〉，《文史知識》1983年第八期、李崇洲〈中國古代各類灌溉機械的發明和發展〉，《農業考古》1983年第一期。

〔註21〕　《全唐文》卷七八八李嶠〈請出俸錢收贖善權寺事狀〉：「臣竊見前件寺在（常州義興）縣南五十里離墨山，……寺內有洞府三所，號爲乾洞石室，……水泉無底，大旱不竭。……寺前良田極多，皆是此水灌漑。時旱水小，百姓將水車於洞中取水。」

〔註22〕　《白居易集箋校》卷二十六〈和微之春日授簡陽明洞天五十韻〉：「綠秧科早稻。」《全唐詩》卷六二一陸龜蒙〈刈穫〉：「廉廉早稻才遮畝。」駱賓王《駱賓王集》卷三〈在江南贈宋五之問〉：「蟬鳴稻葉秋，雁起蘆花晚。」《全唐詩》卷六七二唐彥謙〈西明寺威公盆池新稻〉：「爲笑江南種稻時，露蟬鳴後雨霏霏。」以上爲早稻，以下爲晚稻：《全唐詩》卷三六三劉禹錫〈歷陽書事七十韻〉：「場黃堆晚稻，籬碧見冬青。」《全唐詩》卷六七一唐彥謙〈蟹〉：「湖田十月清霜墜，晚稻初香蟹如虎。」《全唐詩》卷四八一李紳〈渡西陵十六韻序〉：「冬十有三日，早渡浙江，寒雨方霖，……東望拜大禹廟……三旬有五日，刈穫皆畢。」《全唐詩》卷三八九盧全〈賽神〉：「歲暮霜雪至，稻珠隨隴塍。」學界研究參看大澤正昭〈唐代江南の水稻作と經營〉（收入《中國史像の再構成——國家と農民》，中國史研究會編，京都：文理閣，1983年4月），頁133～135、天野元之助《前引書》，頁101～128、188～194、201～204；西嶋定生《中國經濟史研究》（中譯本）（北京：農業出版社，1984年9月），頁165；張澤咸〈試論漢唐間的水稻生產〉，《文史》第十八期，1983年。

〔註23〕　《全唐詩》卷六七二唐彥謙〈西明寺威公盆池新稻〉：「爲笑江南種稻時，露蟬鳴後雨霏霏。」《全唐詩》卷六七一唐彥謙〈蟹〉：「湖田十月清霜墜，晚稻初香蟹如虎。」

知。插秧種植技術〔註 24〕至遲在唐中葉已普及全長江流域〔註 25〕，對於田地除草施肥效率的提高、品種改良均有助益，尤其有助於對田畝作最經濟的運用，春季缺水時，秧苗集中種植可減少耗水量。

江西一地的耕地，在人口增長、新行政區設置的情況下也隨之擴大。人口壓力雖可藉集約式經營增加糧食單位面積產量來緩和，根本解決之道仍必須朝丘陵山區或河湖洲渚擴大耕地來因應。耕地墾殖以河湖水濱的洲渚最易，其開發也最早。洲渚的沖積土質肥沃溼潤，又臨水容易灌溉，開發後常能成為栽稻之膏腴良田。江西地區九江東北臨江處有桑落洲，在唐代已經開發為人居，王定保《唐摭言》卷十〈海敘不遇〉胡玢條（頁 111）即記：「莫問桑田事，但看桑落洲，數家新住處，昔日大江流。」其地原為江水水道，至唐已開闢成渚田。唐詩所稱「渚田牛路熟」〔註 26〕、「日暮渚田微雨後，鷺鷥閑暇稻花香」〔註 27〕，均可說明對渚田已開發利用。河湖水濱以外，耕地開發行動也朝淺山丘陵進行。丘陵地若不臨水，常採火耕畬田〔註 28〕，種植苔、豆等旱地作物。白居易有詩稱江州「灰種畬田粟」、「春畬煙勃勃」〔註 29〕，劉禹錫《劉夢得文集》卷九〈畬田行〉載有畬田墾闢之法：

何處好畬田，團團縵山腹。鑽龜得雨卦，上山燒臥木。……本從敲

〔註 24〕 有關插秧技術之學界研究，參看西嶋定生《前引書》，頁 11～12、大澤正昭〈前引文〉，頁 137、天野元之助《前引書》第二編第一章，頁 199～201、唐啟宇《中國作物栽培史稿》（北京：農業出版社，1986 年），頁 19～22、李伯重〈我國稻麥複種制產生於唐代長江流域考〉（《農業考古》1982 年第二期），頁 70～71。

〔註 25〕 《全唐詩》卷二一四高適〈廣陵別鄭處士〉（揚州）：「溪水堪垂釣，江田耐插秧。」《分門集注杜工部詩》卷七〈行官張望補稻畦水歸〉（夔州）：「六月青稻多，千畦碧泉亂。插秧適云已，引溜加溉灌。」《全唐詩》卷三八二張籍〈江村行〉（長江中下游）：「南塘水深蘆笋齊，下田種稻不作畦。……江南熱旱天氣毒，雨中移秧頻色鮮。」劉禹錫《劉夢得文集》卷九〈插田歌〉（連州）：「田塍望如線，白水光參差。……水平苗漠漠，火生墟落。」《白居易集》卷十〈孟夏思渭村舊居寄舍弟〉（江州）：「泥秧水畦稻，灰種畬田粟。」《全唐詩》卷三九八元稹〈競舟〉：「積水堰堤壞，拔秧蒲稗稠。」

〔註 26〕 《全唐詩》卷五一〇張祜〈江西道中作〉。

〔註 27〕 鄭谷《鄭守愚文集》卷二〈野步〉。

〔註 28〕 畬田在唐代確已實施，詳見李劍農氏《前引書》，頁 19～23、唐啟宇《中國農史稿》，（北京：農業出版社，1985 年），頁 509～511，西嶋定生《前引書》，頁 163～166。

〔註 29〕 白居易《白居易集》卷十〈孟夏思渭村舊居寄舍弟〉、《白居易集》卷十九〈送客南遷〉。

石光，遂至烘天熱。下種暖灰中，乘陽折牙蘗，蒼蒼一雨後，苕穎
如雲發。

不過火耕畬田並非是水稻的主要耕作方式，只能視爲開闢淺山丘陵的前鋒。
淺山丘陵開闢成功之後，才能轉而種稻，江州即有「萬頃新稻傍山村」之景
〔註30〕。丘陵亦可植茶，下文將述及。江西地區的墾荒行動有民間自動，也
有官府募民墾荒，前者如吉州赤石徐莊洞賊所開水陸田四百頃〔註31〕、撫州
南豐開元設縣時已田地豐饒〔註32〕；後者如閻伯嶼在袁州、信州募流民開墾
境內荒地〔註33〕、權德輿記大唐年間信州刺史裴某「復其庸亡五千，闢其農
耕二萬畝」〔註34〕、柳渾任信州永豐縣令時，「耕夫復於封疆」〔註35〕。北人
南遷與寺觀地產亦有墾荒行動，李肇《唐國史補》卷上（頁 21）記載元結因
天寶之亂率鄉里南投襄漢，據〈與瀼溪鄰里〉詩，其後又舉族南遷至江西瀼
溪，得瀼溪北濱一地，進行開墾〔註36〕。寺觀的開墾行動如《全唐文》卷九
二〇澄玉〈疏山白雲禪院記〉：

乾符歲屬庚子（七年，880），（住持大師李氏）聞廬陵有山號嚴田，
遂往開闢。時禪侶相依，乃告檀越李公曰：「眾既聚而山又薄，居必
難乎。吾聞巴山聳峻，貫屬臨川，可往而遊乎。」至中和三年（883），

〔註30〕《全唐詩》卷二〇七李嘉祐〈秋曉招隱寺東峯茶宴送內弟閻伯均歸江州〉。另
外，元結《元次山文集》卷四〈說洄溪招退者〉：「長松亭亭滿四山，山間乳
竇流清泉。洄溪正在此山裏，乳水松膏常漑田。松膏乳水田肥良，稻苗如蒲
米粒長。」即以山中山泉種稻。唐啓淮據此推斷可能是梯田，見其〈唐五代
時期湖南地區社會經濟的發展〉（《中國社會經濟史研究》1985 年第四期）。

〔註31〕見《冊府元龜》卷六九四〈牧守部・武功〉，文宗大和年間破吉州赤石洞蠻
事。

〔註32〕見《太平寰宇記》卷一一〇〈江南西道・撫州・南豐縣〉。

〔註33〕封演《封氏聞見記》卷九〈惠化〉記載閻伯嶼任袁州刺史「專以惠化招撫，
逃亡皆復，鄰境慕德襁負而來，數年之間，漁商闐湊，州境大理。及移撫州，
袁州思戀，百姓率而隨之，……到職一年，撫州復如袁州之盛。」

〔註34〕權德輿《權載之文集》卷十七〈唐尚書度支郎中贈尚書左僕射正平節公裴公
神道碑銘〉：「復其庸亡五千室，闢其農耕二萬畝，交代之日，不書於籍，且
曰：吾以恤隱，豈當沽美？」又參看《新唐書》卷一〇八〈裴倩傳〉：「歷信
州刺史，勸民墾田二萬畝。」此裴氏即裴倩，爲裴行儉之子光庭之子。

〔註35〕《柳河東集》卷八〈故銀青光祿大夫右散騎常侍輕車都尉宜城縣開國伯柳公
行狀〉：「江南西道連帥聞其名，辟至公府，……守永豐令。公於縣用重典以
威姦暴，溥大和以惠鰥嫠。……宰制聽斷，漸於訟息，耕夫復於封疆，商旅
交於關市，既庶而富，廉恥興焉。」

〔註36〕元結《元次山文集》卷三〈與瀼溪鄰里〉。

> 方開巴山白雲禪院，……山深地冷，時植不收，僧眾漸多，難爲供
> 饋，遂出山。

該寺住持曾在吉州嚴田山開關，其後轉往撫州巴山，因「時植不收」、「難爲
供饋」又移往他處。寺觀所在爲深山，創寺立院後須供應僧眾衣食，連帶有
墾殖行動。

　　土地墾殖與水利建設密切相關，水利可導引溪流、蓄洪灌溉，河運可運
銷糧貨。興修水利有助於改善農業環境，利於擴大耕地面積，是唐代江西地
區農業生產興盛的代表象徵。據牟發松氏「中唐前後南北水利工程數量對比
簡表」、「中唐前後長江中游水利工程數量對比簡表」二表〔註37〕統計，唐代
江南道水利工程總數爲各道之首，中唐以後北方水利工程漸停，江南反而大
增，重心逐漸南移。長江中游這種現象更明顯，水利工程建設幾全於中唐以
後興建。長江中游三區中，又以江西地區最突出，數量居首位，其水利工程
幾乎全是中唐以後新建。牟氏所據製表史料爲《新唐書・地理志》，拙稿另加
上地方志與其他史料，製成「唐代江西地區水利工程表」如下：

表3-1-1：唐代江西地區水利工程表

屬州	縣名	興建年代	興建者	水利工程名	資料出處
洪州	南昌	元和三年（808）	觀察使韋丹	東湖、南塘斗門	《新唐書》19《全唐文》508
	建昌	永泰初會昌六年（846）咸通二年（861）	蕭氏攝縣令何易于縣令孫永	澄陂南捍水堤西捍水堤	《全唐文》377《新唐書》41《新唐書》41
	豐城	高宗永徽中		官壋	《雍正志》14《光緒志》63
江州	潯陽	長慶二年（822）大和三年（829）	刺史李渤刺史韋珩	甘棠湖秋水堤	《新唐書》41、118《全唐文》637《新唐書》4
	都昌	咸通一年（860）	縣令陳可夫	陳令塘（堤）	《新唐書》41
饒州	鄱陽	建中一年（780）大和中	刺史李復刺史馬植	邵父堤李公堤馬塘（馬公堤）	《新唐書》41《新唐書》41《新唐書》41
	鄱陽	大和中景雲中	刺史馬植刺史祝欽明	土湖祝君坽	《新唐書》41《雍正志》16

〔註37〕見牟發松《前引書》，頁76。

信州	上饒			覆船山泉水	《太平寰宇記》107
撫州	臨川	武德中	刺史周法猛	述　陂	《大明一統志》54 《雍正志》15 《光緒志》31
		肅宗上元	刺　史	華　陂	《全唐文》805 《雍正志》15
		大曆中	刺史顏眞卿	土塍陂	《大明一統志》54 《雍正志》15
		貞元中	刺史戴叔倫	冷泉陂（戴湖）	《雍正志》15 《新唐書》143
		大和中	刺史杜氏	維修冷泉陂	《全唐文》805
	南豐	咸通九年（868）	刺史李氏	帶　湖 增修千金陂 陂渠五處	《全唐文》805
		開元中	縣令游茂洪	九陂（官陂）	《光緒志》63 《雍正志》15
				孤藍陂	《雍正志》15
				桑田陂	《雍正志》15
				博陵陂	《雍正志》15
				鄱陽陂	《雍正志》15
袁州	宜春	元和中	刺史李將順	李　渠	《新唐書》41 《讀史方輿紀要》87 《正德袁州府志》6
		文　宗	會昌前刺史 鄭望夫	望夫堰	《雍正志》15 《太平寰宇記》109
虔州	南康	建中初		鳥　陂	《太平廣記》467
備考	1. 《雍正江西通志》簡稱《雍正志》，《光緒江西通志》簡稱《光緒志》。 2. 甘棠湖原名南湖，又名景星湖。 3. 《新唐書》卷一九七〈循吏傳〉、卷四十一〈地理志〉、卷一一八〈李渤傳〉、卷一四三〈戴叔倫傳〉。 4. 《全唐文》卷五〇八韓愈〈江西觀察使韋公墓誌銘〉、卷三七七柳識〈草堂記〉、卷六三七李翱〈江州南湖堤銘并序〉、卷八〇五柏虔冉〈新創千金陂記〉。 5. 《雍正江西通志》卷十四〈水利·南昌府〉豐城官塘、卷十五〈水利·撫州府〉臨川述陂、華陂、土塍陂、冷泉陂、同卷〈水利·建昌府〉南豐九陂、孤藍陂、桑田陂、博陵陂、鄱陽陂、卷十六〈水利·饒州府〉祝君圩、卷十五〈水利·袁州府〉望夫堰。 6. 《光緒江西通志》卷六十三〈水利〉。 7. 《太平寰宇記》卷一〇七〈江南西道·信州·上饒〉、卷一〇九〈江南西道·袁州·宜春〉。 8. 《大明一統志》卷五十四〈撫州府·名宦〉。 9. 《讀史方輿紀要》卷八十六〈江西·撫州府·臨川縣〉、卷八十七〈江西·袁州府·宜春縣〉。 10. 《正德袁州府志》卷六〈職官·名宦〉。 11. 《太平廣記》卷四六七〈水族·葉朗之〉。

本表當然不甚完備，僅據此說明唐代江西地區水利工程的興修狀況。時間分布上，江西的水利工程明顯集中於唐代後半期，且是盛唐安史亂後的唐代後期，其中只有二項工程是唐代前半期所造。後期工程多為新創，以千金陂為例，其工程浩大，始自肅宗上元年間，至懿宗咸通時才告完成〔註38〕。唐代前期全國的水利工程有三分之二集中於北方，重心在北。本表大量的新建水利工程可代表江西地區日受重視：水利工程並非一夕可成的小型工程，當時民間是否有能力且有意願負擔這種龐大的建築維修費用，就目前史料而言，還不能提出正面證據。依現有史料所記，江西地區水利工程的修建者仍是官府，間或有官雇民建。這種作法除代表江西地方官重視開發外，也代表江西地區的經濟實力雄厚。區內南北經濟實力若相較，北方加上由商人帶來的貿易收入略勝一籌，水利工程分布與此亦相關。固然有居民需要或有水患處即應有工程，但考慮及成本與效益，興建的地方政府必須等到當地的需要到達相當程度時才進行工事。江西地區的戶口，據上章討論已可知呈持續增加，安史亂後加入的移民數量鉅增，對米糧與安全的需求更加強化，是興建工程的動力。據前文所述，江西一地的糧食供應地位可居江南八道前列，為了維護固有資源、增加糧食供應量，官方願投入人力財力興建水利工程。江西地區在唐代後期地方財富大增，不僅由其農工商業發達可以得見，水利工程的數目也是一項表現。

在水利工程的空間分布方面，以拙稿現有史料觀察，有二特點：一為全區北重南輕，以湖區四周為主要分布地；二為湖區內的分布集中於州治縣邑周遭。重北輕南的現象，由前表可得知集中於洪、江、饒、撫四州，撫州一州偏重於北部的臨川，其他袁、吉、虔三州合計唯三項。洪、江、饒三州均位於贛水下游、江西地區北部，加上信州上饒與撫州臨川，乃呈北勝於南之況。這種朝湖區集中的現象，與唐代彭蠡湖擴張現象相關。彭蠡湖在唐代屬於擴展階段〔註39〕，影響到湖泊蓄洪洩洪功能，連帶注入彭蠡湖的贛水、餘水、鄱水水位也受影響〔註40〕。洪、江、饒三州的水利工程大都與彭蠡湖直

〔註38〕詳見《全唐文》卷八〇五柏虔冉〈新創千金陂記〉。

〔註39〕譚其驤〈鄱陽湖演變的歷史過程〉（《復旦學報》1982年第二期），頁47～48。

〔註40〕《朱文公校昌黎先生集》卷二十五〈唐故江西觀察使韋公墓誌銘〉記載汛季水潦嚴重。李翱《李文公集》卷十七〈江州南湖堤銘〉則記江州南湖堤因「九江暴漲」而建。

接相關，是爲一證。許懷林氏推測贛南多森林，水土保持較佳，故水患不及北部嚴重，水利工程較少〔註41〕，應是部分原因。此外，贛南已屬贛水中上游，受彭蠡湖擴展影響應不如下游嚴重。虔州唯一一件水利史料稱其爲「南康縣人水田下流之陂」，並非強調其防洪功能。撫州雖未與彭蠡湖直接相連，其水利工程乃因旴水主河道湮淤、支流漫溢而建，旴水注入贛水下游，或與彭蠡湖仍間接相關。其次，湖區水利工程集中於州治縣邑，此現象或受限於史料，僅存刺史所在處資料，不過以實際狀況考量，此種集中現象頗符合需要。興建工程的可能性與需要的人數成正比，在一地戶口增加到相當程度時，政府才考慮興建。州治縣邑所在處資源豐富，人口彙聚較他處多，是發展常理。以江西八州比較，觀察使所處之洪州，戶口超出其他七州，依此推測，同州各縣中，州治所在之縣邑戶口數也應較其他縣爲高，與水利工程集中相符合。

在此進一步說明水利工程並非只具有防洪阻水害一種型式。江西地區的水利工程雖大略可分爲堤堰、陂塘二型，前者用以防洪擋水；後者主要作用在蓄水灌溉。但二者並非截然相異，事實上一項水利工程常包括堤坊、閘（斗門）、渠道陂塘等多部分，如撫州千金陂，據《全唐文》卷八○五柏虔冉〈新創千金陂記〉：

> （懿宗咸通）九年（868）八月，鑿冷泉陂故基，自文昌橋直抵南洲鋪上口，凡九百七十餘丈。接汝江，皆沙礫排窒，微有其趾，於是畚鍤既備，併其工而開鑿，乃浚其洫，乃高其墉，土與江口平。盡出其沙與積壤，縈束盤委，望之若帶焉。過報恩寺，趨文昌橋，下透隴畝而分其溝塍，綺錯鱗差，二十餘派，陂偃五所，以節水勢。公又於其上橫截汝江，置千金陂，南北百二十五丈，斬木爲橦，疊薪爲澤，間巨石而絡之。江水小長，陂則虞其水丈餘，而入於冷泉之新渠，奔流貫激，通舟楫之利，利於窮民。走文昌橋北，沿流三十餘里，灌注原田，新舊共百有餘頃，自茲田無荒者。

洪州南塘爲韋丹所造，根據《全唐文》卷五六六韓愈〈江西觀察使韋公墓誌銘〉：

> 拜洪州刺史江南西道觀察使，……築隄捍江，長十二里，疏爲斗門，以走潦水。

〔註41〕見許懷林《江西史稿》（南昌：江西高校出版社，1993年5月），頁125。

各部分組合爲整體系統後，可依需要發展不同作用：如汛季擋洪防水，旱季引水入渠塘，調節所需水量。江州潯陽的南湖堤又稱南陂、都昌陳令塘也稱堤、鄱陽馬公堤亦稱馬塘，即因此故。此外，水利工程不只有防洪、排除交通障礙的作用，也有灌溉農田、生產糧食的功能。試由江西地區貿易發展對比水利工程的分布，可發現外地商人或由長江、或由宣、歙州、或由浙江地區、或由嶺南進入，最後集中於北部湖區，與北部水利工程分布地帶頗相近，這些外地商人並不一定居住在江西地區，在戶口數字上未顯現其存在，但對江西地區的開發自有影響。首先是糧食需求，外地商人不從事生產，僅消耗糧食，其數量雖不致於太過龐大，但有一定比例存在。其次是對交通線順暢的要求，江西一地聯外路線有多處借重水道，洪汛水患相當不利行商，水利工程一方面能調節農田需水量，保持糧產穩定；一方面堤堰阻水，維持交通平安迅捷，與商人需求相符。二者分布相近，有某種程度的關聯。

　　江西地區的水利工程建設在唐代數量大增，但並非代前全無水利工程，韋丹在洪州修南塘時即曾利用六朝舊跡〔註 42〕。唐代江西地區多新建水利工程，除配合當地新產生的需求外，舊有堤堰未經完善維修已湮沒，或即一因。臨川千金陂歷經多次整修、南豐九陂修築九次才成。〔註 43〕

二、經濟作物

　　中唐以後，隨著稻作生產量穩定提高，江西地區其他農業生產也日漸發達。農業生產中，米糧、柑橘、蔬菜等產品在生產過程終止後，產品即可投入市場。其他農業產品，有些稍將產品加工後即可投入市場，其形態改變不大，如茶葉、林木；有些則必須將農業產品原料徹底加工、成爲其他種型態商品才能進入市場，如麻葛與紡織品、木材與船、糧食與酒、竹木與器具。後者的最終產品因與加工行爲密不可分，拙稿視爲手工業產品處理；前者仍歸爲農業產品處理。

（一）茶　葉

　　唐代後期飲茶之風極盛，影響所及，長江中游的茶業發展空前蓬勃。茶

〔註42〕《讀史方輿紀要》卷八十四〈江西・南昌府・東湖〉：「後漢永平中，太守張躬築塘以通南路，謂之南塘。晉義熙六年（410），盧循自嶺外入犯，鄧潛之勸何無忌決南塘水拒之。……劉宋少帝景平元年（423），太守蔡興宗於大塘之上，更築小塘……唐元和二年（807），江西觀察使韋丹又於南塘築捍江隄。」
〔註43〕《光緒江西通志》卷六十三〈水利〉。

葉是江西經濟作物中最重要的一種，其產量在全國可說首屈一指，幾乎全區都產茶〔註44〕，唯虔州、信州無。無論在質與量都各有所長，茶質方面，李肇評論茶極詳，李肇《唐國史補》卷下所記二十餘種名茶中，江西地區即有洪州西山白露茶〔註45〕。浮梁茶不列入名品之因容後詳述。陸羽《茶經》卷中〈四之出〉雖將袁、吉二州茶列於等第之外，但亦稱「其味極佳」，楊華《膳夫經手錄》亦稱浮梁茶「不得一日無茶」〔註46〕。唐代前期江西地區並不貢茶，後期饒、吉二州已貢茶〔註47〕，代表江西茶葉已正式展露頭角。茶產量方面，江西最著名的是浮梁茶，當地氣候宜茶樹生長〔註48〕，《元和郡縣圖志》卷二十八〈江南道・饒州・浮梁縣〉記其地：

> 每歲出茶七百萬馱，稅十五餘萬貫。

《唐會要》卷八十四〈雜稅〉：

> 貞元九年（793）正月，初稅茶。先是，諸道鹽鐵使張滂奏曰：「伏以去歲水災，詔令減稅，今之國用，須有供儲。伏請於出茶州縣，及茶山外商人要路，委所由定三等時估，每十稅一，充所放兩稅。其明年已後所得稅，外貯之，若諸州遭水旱，賦稅不辦，以此代之。」詔曰：「可。仍委張滂具處置條奏。」自此每歲得錢四十萬貫，茶之有稅，自此始也。

每歲茶稅可得四十萬貫，浮梁一地之茶稅已佔全國三分之一強。《新唐書》卷五十四〈食貨志〉稱礦冶稅一歲不過七萬緡，「不能當一縣之茶稅」或即浮梁縣。由茶稅之比重計算，《通典》卷十一〈食貨典・雜稅〉記載：

> （德宗）貞元九年（793）制，天下出茶州，商人販者，十分稅一。

〔註44〕參看張澤咸〈漢唐時期的茶葉〉（《文史》第十一期），頁64～66、唐啓宇《前引書》，頁512。

〔註45〕李肇《唐國史補》卷下（頁60）：「風俗貴茶，茶之名品益眾。劍南有蒙頂石花，或小方、或散牙，號爲第一。湖州有顧渚之紫笋，東川有神泉、小團、昌明、獸目，峽州有碧澗、明月、芳蕊、茱萸簝，福州有方山之露牙，夔州有香山，江陵有南木，湖南有衡山，岳州有浥湖之含膏，常州有義興之紫笋，婺州有東白，睦州有鳩坑，洪州有西山之白露，壽州有霍山之黃牙，蘄州有蘄門團黃，而浮梁之商貨不在焉。」

〔註46〕見晁載之《續談助》卷五轉引楊華《膳夫經手錄》，收入《叢書集成新編》十一冊（臺北：新文豐出版公司，民國74年）。

〔註47〕見《新唐書・地理志》、《元和郡縣圖志》。

〔註48〕《讀史方輿紀要》卷八十五〈江西・饒州府・浮梁縣・陽府山〉：「地煖，物皆早成。」

則浮梁一地的實產茶葉價值可達一百五十萬貫，由此生產總值推測浮梁一地的產量應不在話下〔註 49〕。實際產量「七百萬駄」之實重，據牟發松氏推測為三、四百萬斤〔註 50〕。《膳夫經手錄》〔註 51〕記：

> 新安茶，蜀茶也，……歲取數百萬斤，散落東下。……饒州浮梁（茶），
> 今關西、山東，閭閻村落皆喫之，累日不食猶得，不得一日無茶也。
> 其于濟人，百倍于蜀茶。

浮梁茶的產量當然不可能真的是蜀茶的百倍，為其數倍相當合理。浮梁一地所產之茶並未列為上品，或與其產量龐大相關，因量少而精者，在人更覺珍貴〔註 52〕。浮梁茶雖不被列入上品，以其受外地喜愛的程度觀察，品質應仍有相當水準。饒州地區除浮梁外，尚有樂平亦產茶〔註 53〕。茶葉加工後的銷售已屬於商品貿易，故歸入工商業一節處理。

（二）林 木

此外，江西的農業商品，還有林木薪材。江西地區向來盛產木材，豫章之名原意即大木。隋代營建宮室時便從豫章郡運大木赴東都，《隋書》卷二十四〈食貨志〉：

> 煬帝即位，……始建東都，……又於阜澗營顯仁宮，……命黃門侍
> 郎王弘、上儀同於士澄，往江南諸州採大木，引至東都。所經州縣，
> 遞送往返，首尾相屬，不絕者千里。

《新唐書》卷一〇三〈張玄素傳〉：

> 貞觀四年（630），詔發卒治洛陽宮乾陽殿，且東幸。玄素上書曰：
> 「……臣嘗見隋家造殿，伐木於豫章，二千人挽一材，以鐵為轂，

〔註 49〕 本段茶稅內容參看陳欽育《唐代茶業之研究》（文化大學碩士論文，民國 77
年）第五章第一節〈茶稅徵收〉，頁 154～158；李季平、王洪軍〈唐代淮南、
江南兩道的茶業生產〉（收入《唐代長江下游的經濟開發》，陝西，三秦出版
社，1989 年 8 月），頁 190～191；張澤咸〈前引文〉，頁 70～72；陳衍德〈唐
代茶法略考〉（《中國社會經濟史研究》1987 年第二期）、李劍農《魏晉南北朝
隋唐經濟史稿》（臺北：華世出版社，1990 年 12 月），頁 286～287。
〔註 50〕 見牟發松《前引書》，頁 131～132。
〔註 51〕 見晁載之《續談助》卷五轉引楊曄《膳夫經手錄》，收入《叢書集成新編》十
一冊（臺北：新文豐出版公司，民國 74 年）。
〔註 52〕 張澤咸〈前引文〉，頁 65，亦以此理為祁門茶不列名品之因。
〔註 53〕 《全唐文》卷八七一劉津〈婺源諸縣都制置新城記〉：「大和中，……婺源、
浮梁、祁門、德興四縣，茶貨實多。」

行不數里，轂輒壞，別數人齎轂自隨，終日行不三十里。」
唐代武后建明堂時，由江嶺運大木，以江西之盛產，應也是主要來源〔註 54〕。
皇甫湜《皇甫持正文集》卷五〈吉州廬陵縣令廳壁記〉記吉州富「材竹鐵石
之贍殖」，《全唐文》卷六九○符載〈鍾陵夏中送裴判官歸浙西序〉：

> 豫章、江夏、長沙諸郡，地產瑰材，且憑江湖，將刳木爲舟，以漕
> 國儲。

當地所產木材、薪材皆以天然生成，林業工作主要在採伐與運輸，據《太平
廣記》卷三三一〈鬼·楊溥〉：

> 豫章諸縣，盡出良材，求利者採之。將至廣陵，利則數倍。天寶五
> （746）載，有楊溥者，與數人入林求木，冬夕雪飛，山深寄宿無處，
> 有大木橫臥，其中空焉，可容數人，乃入中同宿。

此已可見洪州豫章產木之巨大，所出大木運銷可遠到廣陵（揚州）。採伐過程
中，木材商未必都親自入山開採，據《太平廣記》卷三五四〈鬼·徐彥成〉
記載信州有木材市集：

> 軍吏徐彥成恒業市木。丁亥歲，往信州汭口場，無木可市，泊舟久
> 之。一日晚，有少年從二僕往來岸側，……少年曰：「吾有木在山中，
> 明當令出也。」居一二日，果有材木大至，良而價廉。市易既畢，
> 往辭少年。少年復出大杉板四枚，曰：「向之木，吾所賣，今以此贈
> 君，至吳，當獲菩提。」彥成迴，始至秦淮，會吳帥俎，納杉板爲
> 棺，以爲材之尤異者，獲錢數十萬。彥成復往汭口……少年復與交
> 市，如是三往，頗獲其利。

轉運商在信州汭口場與外地木材商接洽後，自山中運木而出，至集市交貨。
木材運出江西境外後即順江東下，達揚州後運銷吳地。江西地區除洪州、信
州外，饒州鄱陽、餘干、吉州亦產木材，《太平廣記》卷四五九〈蛇·安陸人〉
即記一名鄱陽木材商所遇：

> 安陸人姓毛，……嘗遊齊安，遂至豫章。……有賣薪者，自鄱陽
> 來，……夢老父云：「爲我寄一蛇與江西弄蛇毛生也。」……乃至豫
> 章觀步門……。

《太平寰宇記》卷一○七〈江南西道·饒州〉：

> 淮南王安陳伐閩越之利，上書云越人欲爲變，必先由餘干界中積食

糧，乃入伐材治船。

劉禹錫《劉夢得文集》卷十四〈答饒州元使君書〉：

> 瀕江之郡，饒為大。……餘干有畝鍾之地，武林有千章之材。

吉州有「材竹鐵石贍殖」的記錄〔註 55〕。木材沉重，只宜舟運，水路是最經濟的運輸方式。江西地區的木材以洪州豫章為主要集散地，自洪州出江西進入長江後，順流東行達揚州，可入吳地，亦可經運河轉銷北地，在當時全國林木業中居優越地位。入江西採薪者未必皆江西人，薪材交易地也未必僅在豫章洪州一處，這使江西地區接觸外來商販的機會大增。由於木材是天然生成，非人工栽植，所在之處必非通都大邑，外商也許可以在轉運點、集散地等待交易，真正進行砍伐者勢必進入山林。因外地需求而入山伐木，間接開發了山地。〔註 56〕

（三）柑　橘

　　江西所產柑橘自古即著名，據《太平御覽》卷九六六〈果部‧甘〉、〈果部‧橘〉所載，自東漢江西地區就已有柑橘，江、吉、虔、洪州均產橘〔註 57〕，但尚多屬野生或家庭副業。隋代柑橘已漸有栽植，唐代橘樹栽植更普遍，唐詩中江西產橘之州有洪、江、信、袁四州，張九齡《曲江張先生文集》卷三〈感遇‧其七〉：「江南有丹橘，經冬猶綠樹。」同卷〈登郡城南樓〉：「邑人半艫舸，津樹多楓橘。」已可見南昌一帶多橘。江州產盧橘（金橘），白居易曾任江州司馬時記其產事，見《白居易集》卷十六〈東南行一百韻〉：「見果多盧橘」、卷十五〈江樓偶宴贈同座〉：「江果嘗盧橘」。信州亦產橘，《全唐詩》卷二八○盧綸〈送內弟韋宗仁歸信州觀省〉：「烹魚綠岸煙浮首，摘橘青溪露濕衣。」袁州之產橘，據《全唐詩》二七六盧綸〈送陳明府赴萍縣〉：「梅花成雪嶺，橘樹當家僮。」當時無名為萍縣之縣，應即萍鄉。若加上洪州和撫州

〔註 55〕皇甫湜《皇甫持正文集》卷五〈吉州廬陵縣令廳壁記〉。

〔註 56〕本段參考陳柏泉〈江西地區歷史時期的森林〉，《農業考古》1985 年第二期。

〔註 57〕《太平御覽》卷九六六〈果部‧甘〉記載：「謝丞《後漢書》曰：丹陽張磐，字子石，為廬江太守，尋陽令嘗餉一奩甘（柑）。……《異苑》曰：河內司馬元胤，元嘉中，為新淦令，喪，官月旦設祭，甘化為鳶。又曰：南康皈美山石城內有柑橘橙柚，就食其實，任意取足，脫持歸者，便遇大虺，或顛仆失經，家人食之亦病。《述異記》曰：南康郡有東望山，營民入山，頂有湖清深，又有菜林，周四里許，眾菜畢植。……甘子熟，三人共食致飽訖。」同卷〈果部‧橘〉：「宋躬《孝子傳》曰：王靈之，廬陵西昌人……所住屋，夜有光，庭中橘樹，隆冬三實。」

之貢品各爲乳柑、朱橘，江西共有五州產橘。撫州朱橘爲著名土產，和洪州乳柑同爲貢品，據《新唐書・地理志》、《通考》所載土貢資料〔註58〕，豫章郡貢柑子六千顆，在全國貢橘八郡中，豫章之數居首。唐代的柑橘已具有商貨性質，《全唐詩》卷八二七貫休〈書陳陶屋壁〉：「高步南山南，高歌北山北，數載賣柑橙，山貲近云足。」《索引本嘉慶一統志》卷三一〇〈南昌府・流寓〉記載：「五代・陳陶，嶺南人，隱居洪州西山，種柑橙，令山童賣之自給。」〔註59〕在荊州已有橘市出現〔註60〕，以江西地區產柑橘之多、兼以陳陶之例，應亦有橘市存在。茶與橘多種植於丘陵山地，因茶性不宜平原，《四時纂要》卷二〈春令・二月〉種茶條稱：「（茶）宜山中帶坡峻」；橘樹則出於經濟成本考量而種於丘陵。土地墾闢的規律是由平地向丘陵山地推進，丘陵山地開發成功時，平原河濱等地更早就已開發。在經濟效益上，平原種植糧食比種經濟作物的收入穩當，運輸成本也更低。〔註61〕

（四）蔬菜藥材

其他農產品尚有蔬菜與藥材，二者都是江西地區的貢品，虔州貢乾薑、吉州貢陟釐〔註62〕。蔬菜成爲商品進行交易，由前述陳陶之例與白居易貶江州時赴早市買菜〔註63〕可得知〔註64〕。藥材除野生外，也有人工種植，如白居易詩「藥圃茶園爲產業」〔註65〕即特別闢地種藥。藥材與寺觀關係最密切，道士覓靈藥同時闢園種藥，這些藥材也以僧人道士爲主要主顧，廬山寺院眾多，因而成爲一藥材集散中心。〔註66〕

〔註58〕見《新唐書・地理志》、《通典》卷六〈食貨典〉。

〔註59〕《光緒江西通志》卷一一四〈勝跡略・南昌府〉記載：「陳處士園在郡東湖南涯，處士陳陶于此植花竹，種蔬芋，兼植柑橙，課山童賣之。」

〔註60〕《全唐詩》卷四二四元稹〈春分投簡陽明洞天作〉。

〔註61〕本段參看朱一清〈江西柑橘栽培歷史的初步考證〉，《農業考古》1983年第一期、黃長椿〈江西古代柑橘栽培小史〉，《農業考古》1984年第二期。

〔註62〕虔州見《元和郡縣圖志》開元貢、吉州見《通典・食貨典》、《新唐書・食貨志》、《元和郡縣圖志》元和貢。

〔註63〕《白居易集》卷一〈放魚〉：「曉日提竹籃，家僮買春蔬。青青芹蕨下，疊臥雙白魚。」

〔註64〕本段參考加藤繁〈唐宋時代的市〉，收入氏著《中國經濟史考證》（中譯本）（臺北：稻鄉出版社，民國80年2月），頁330～333、牟發松《前引書》，頁149～150。

〔註65〕《白居易集》卷十六〈重題〉。

〔註66〕見《太平廣記》卷二十三〈神仙・馮俊〉。

第二節　工商業

　　唐代江西地區的天然資源豐富，至唐代爲止均未大規模開發，其物質資源爲經濟發展的有利基礎，但眞正實現社會分工、工商業發展，尙待長時間漸進發展。經濟發展是一長期過程，六朝以來對江西地區逐步開發，漸漸利用到江西地區的天然資源。本節主要討論江西地區的手工業與商業發展成果，手工業除陶瓷業、礦冶業外，還包括一些將農業產品加工後投入市場的行業，如製茶、紡織、釀酒、造船等，稻米交易因商品化亦列入本節討論；商業則限指與這些農工產品相關的運銷行爲，漁業因其魚市之商業性質也歸入本節處理。因受限於史料不足，長程貿易與市鎮發展、商品經濟與貨幣經濟發展程度未能窺知全貌，目前無法列入討論。或待他日史料增加，可另行擇題再述。

一、稻米交易

　　在唐代，如前節所述，稻作農業的發展提高了稻穀產量，官方控制的租米糧之外，江西地區的米糧尙有餘糧可投入市場交易。中唐以後，江南的糧食貿易活絡，李肇《唐國史補》卷中記載：「江淮賈人，積米以待踊貴。」江西地區以全國數一數二的糧產量，自然不會自外於糧市。吉州廬陵一地戶餘二萬，尙且「土沃多稼，散粒荊揚」〔註67〕米糧多至供二萬戶有餘外銷，銷售範圍之廣上至荊州，下達揚州。元和初年發生旱災，宣州一地因而米價大漲，刺史盧坦爲得米而不敢限制米價漲幅：

> 在宣州，江淮大旱，米價日長，或說節其價以救人，坦曰：「宣州地狹，穀不足，皆他州來，若制其價，則商不來矣。價雖賤，如無穀何？」後米斗及二百，商人舟米以來者相望。〔註68〕

宣州與江西的饒州、江州相接，在交通上往來密切。元和初年大旱時，江西、湖南皆援濟江淮，宣州一地的米商來自江西地區的可能性極高。其時米雖斗至二百錢，宣州刺史盧坦仍堅稱制價則商不入，可知其米市並非官方可控制，自有趨貴棄賤的市場原則。唐代後期江西地區的米糧仍然外銷，文宗太和三年（829）遣孟琯巡察米價：

> 准敕，差孟琯巡察米價。其江西湖南，地稱沃壤，所出常倍他州，

〔註67〕皇甫湜《皇甫持正文集》卷五〈吉州廬陵縣令廳壁記〉。
〔註68〕李翱《李文公集》卷十二〈故東川節度使盧公（坦）傳〉。

俾其通流，實資巡察。若便空行文牒，或慮遠郡未委詔條，今孟琯
既下淮南，即去洪潭不遠，伏望便令兼去洪潭。〔註69〕

僖宗〈乾符二年（875）南郊赦文〉亦稱「湖南江西管內諸郡，出米至多，豐
熟之時，價亦極賤。」〔註70〕文、僖二朝的江西米糧仍保持量多價廉的情況。
並且除專業米商外，似也已有地主出售糧食，《太平廣記》卷二四三〈貪·江
淮賈人〉轉引《稽神錄拾遺》記載：「（懿宗咸通中）歲旱，廬陵人龍昌裔有
米數千斛，糶，既而米價稍賤。」以龍昌裔能積米數千斛來看，龍氏極可能
是地主。所收租糧已有足夠的剩餘可以投入市場，並且能影響到米價波動，
看來糧食生產已出現商品化傾向。

　　稻作生產量的提高也使農民有更多餘力可栽植經濟作物，或專門從漁林
事業以及手工業。相對而言，有較前代更多的農民脫離了糧食農作，成爲專
業手工業者或商人，亦即藉助稻作農業的發展爲基礎，才得以增加從事商業、
手工業者的人數。

二、漁　業

　　魚在江南與稻同樣是重要的食物來源，江南之人「飯稻羹魚」傳統已久，
由《舊唐書》卷一○一〈李义傳〉稱「江南水鄉，采捕爲業，漁驚之利，黎元
所資。」可知唐代江南漁業仍以傳統的自然捕撈法爲主。江西地區水居之民
有相當數量，「洪鄂之水居頗多，與邑殆相半」〔註71〕水居之民既居於河湖上，
自然不能從事種植水稻，而以漁業爲主要營生方生式。周徭稱江州「鄉戶半
漁翁」〔註72〕、白居易記江州「吏徵漁戶稅」〔註73〕都是漁業發達的證明。
漁業對江西經濟發展的重要影響在於魚市出現，最初級的市集因漁業發達而
形成，白居易詩記江州有水市：「水市通闠闠，煙村混舳艫」〔註74〕，耿湋記
袁州分宜地方亦有野市售魚：「野市魚鹽隘，江村竹葦深」〔註75〕。這些魚市
不只販售魚，也已有其他商品加入交易，例如白居易在江州魚市中不但買魚

〔註69〕　《全唐文》卷九六六（文宗）大和三年（829）十月御史台〈請令孟琯兼往洪
　　　　　潭存恤奏〉。
〔註70〕　《唐大詔令集》卷七十二〈典禮·南郊〉。
〔註71〕　見李肇《唐國史補》卷下，頁62。
〔註72〕　《全唐詩》卷六三五周徭〈送江州薛尚書〉。
〔註73〕　《白居易集》卷十六〈東南行一百韻〉。
〔註74〕　《白居易集》卷十六〈東南行一百韻〉。
〔註75〕　《全唐詩》卷二六八耿湋〈登鍾山館〉。

也買得到菜：「曉日提竹籃，家僮買春蔬，青青芹蕨下，疊臥雙白魚。」〔註76〕韋莊在洪州建昌官渡所見爲「市散漁翁醉，樓深賈客眠」〔註77〕，這些魚市位於津渡碼頭，交通便利，往來人潮洶湧，其市集內不只售魚，也有相關的服務業如酒樓、旅店，張祐〈鍾陵旅泊〉曰：

> 城街西面驛堤連，十里長江夜看魟，漁市月中人靜過，酒家燈下犬長眠。〔註78〕

漁市已經不只是暫時彙聚人潮的市集，儼然成爲一個市鎮，只是未爲官方所承認。〔註79〕

三、食品加工業

　　食品加工業方面，本區除前節所述之製茶業外，尚有製糖、釀酒二項。浮梁茶葉貿易興盛，除因饒州本地盛產以外，還加上歙州祁門、婺源的茶葉過境饒州、運銷他處〔註80〕。此一鉅額茶葉顯非當地所能消費，乃是以浮梁爲集散地，故外地商人群集於此，白居易〈琵琶行〉詩中買茶商人即是一例。江西全區茶產收入之巨、往來行商之多，可由唐政府在江西設巡院一事得證〔註81〕，又見《全唐文》卷七五一杜牧〈上李太尉論江賊書〉所述：

> （江賊）所劫商人，皆得異色財物，盡將南渡，入山博茶。蓋以異色財物，不敢貨於城市，唯有茶山可以銷受。……賊徒得異色財物，亦來其間，便有店肆爲其囊橐。得茶之後，出爲平人。……凡千萬輩，盡販私茶。

可知販茶旺季時，財貨交易量之大，足可供江賊脫手易貨不使人起疑。同一時間，外地商旅往來之多，也足以令江賊混跡其間不遭察覺。

〔註76〕《白居易集》卷一〈放魚〉。

〔註77〕韋莊《浣花集》卷七〈建昌渡暝吟〉。

〔註78〕《全唐詩補逸》卷九張祐〈鍾陵旅泊〉。

〔註79〕參看加藤繁〈唐宋時代的市〉，收入氏著《中國經濟史考證》（中譯本）（臺北：稻鄉出版社，民國80年2月），頁313、牟發松《唐代長江中游的經濟與社會》（武漢：武漢大學出版社，1989年1月），頁152～155。

〔註80〕《全唐文》卷八〇二張途〈祁門縣新修閶門溪記〉。本段茶葉之產銷，參看陳欽育《前引書》，頁123～125、張澤咸〈前引文〉，頁68～69。

〔註81〕《舊唐書》卷一八七〈庾敬休傳〉：「劍南西川、山南西道每年稅茶及除陌錢，……出錢四萬貫送省。近年已來，不依元奏，三道諸色錢物，州府逗留，多不送省。請取江西例，於歸州置巡院一所，自勾當收管諸色錢物送省，所冀免有逋懸。」

　　江西一地茶葉貿易帶來的影響有如下數項：其一，交通路線的利用與擴展，歙州祁門、婺源二處各利用昌江、樂安江二條鄱水支流運茶進入饒州，亦或茶商溯水入二地購茶，均大大提高江西地區東北部交通路線的運用頻率。江西瓷器亦循同路線自饒州至江州，後銷往他區。其二，增加江西地區稅收，加強地方建設。茶稅豐饒，對地方財政應有相當程度的助益〔註 82〕，前述江西地區大量的水利建設多由官方修建，江西地方政府財源無虞是一前提。外銷的米糧、茶葉二項商品都是地方財政重要收入〔註 83〕。其三，帶動江西地區社會經濟發展〔註 84〕。除前述商旅所需糧食外，製茶加工、茶具製造、交通運輸、交易市集均隨茶葉貿易而興。因應大量茶商湧入，茶產地之山澤盡成市，地方市集由此形成。市集並有店肆，可以爲茶商囊橐各色財物。爲配合茶葉交易的巨額貨幣需要及安全顧慮，元和中出現「便換」〔註85〕，《舊唐書》卷四十八〈食貨志〉記元和六年（811）二月制：「公私交易，十貫錢已上，即須兼用匹段。……茶商等公私便換見錢，並須禁斷。」言明禁用便換，反可見便換運用之頻繁。

　　甘蔗栽植在江南開始頗早，但到貞觀年間才引入製糖方法〔註 86〕，宋人王灼《糖霜譜》〈原委第一〉稱大曆年間製糖才傳到南方，獲利數可達十倍。江西地區有貢品石蜜〔註 87〕，據學者考證即是冰糖〔註 88〕，由之可知江西地區已種甘蔗並產糖。釀酒原料爲米麴，與米糧生產相關，所耗糧量不在少數。江西地區在唐代米糧生產極盛，利於釀酒業發展。其地方貢品中，袁州上貢宜春酒，能作爲貢酒足見是當地名產。李肇《唐國史補》卷下（頁 60）所記十一種名酒中，江西有「潯陽之淥水」酒列爲名品，其製酒已有相當水準。江西一地米糧既可外銷又可製酒，是產量頗高另一證。

四、紡織業

　　紡織業方面，江西地區以麻、葛織品爲主。隋代本區紡織品即已發達，

〔註82〕 參看李季平、王洪軍〈前引文〉，頁 89～90、牟發松《前引書》，頁 141～142。
〔註83〕 據陳欽育《前引書》第五章第四節〈茶稅與藩鎮之關係〉研究，茶稅之富甚至可以多到壯大藩鎮作亂資本。
〔註84〕 參看李季平、王洪軍〈前引文〉，頁 189、牟發松《前引書》，頁 140～141。
〔註85〕 參看陳欽育《前引書》第四章第三節〈茶之交易方式〉，頁 130～133。
〔註86〕 見岑仲勉《隋唐史》第五十七節〈手工業及物產〉，頁 577。
〔註87〕 見《新唐書》卷四十一〈地理志〉虔州條。
〔註88〕 見岑仲勉《隋唐史》第五十七節〈手工業及物產〉，頁 577。

有「雞鳴布」之傳統〔註89〕。在貢品上，江西八州的貢品以紡織品居多數，長江下游以絲聞名，中游則以麻織品見長〔註90〕，江西地區也以麻織品為主。江西全區七州均納紵布，其品級按《唐六典》卷二十〈太府寺〉所記賦調之七州各別等級如下：

> 凡絹、布出有方土，類有精粗。絹分為八等，布分為九等，……（注曰：衢、饒、洪、婺之紵，京兆、太原、汾之貲，並第五等。……郢、江之紵，襄、洋、同、岐之貲，並第六等。……台、括、撫、睦、歙、虔、吉、溫之紵，唐、慈、坊、寧之貲，並第七等。……泉、建、閩、袁之紵，登、萊、鄧之貲，並第八等）。

據《唐六典》所記，江西紵布等級分布於第五至第八級，第五級共有七州，江西地區洪、饒二州屬焉；第六級共六州，江西地區唯江州一州；第七級共十二州，江西地區有撫、虔、吉三州；第八級共七州，江西地區唯有袁州一州。四等級中，江西之州各佔全國 2/7、1/6、3/12、1/7，所產紵布品級雖非頂尖，但在各等級中固定居全國產州一成半至三成左右，與唐代前期江西地區經濟低調、持續穩定發展之狀況相符合。該種穩定發展是唐代後期江西地區紡織品發展的基礎。除麻織品外，唐代後期江西地區開始進貢絲織品，和茶葉一樣是唐代後期新增的貢物。洪、虔、吉、撫四州在唐代中葉以後開始貢絲〔註91〕，是當地栽桑飼蠶的嘗試有了成果，也意味著當地已加入江南最主要的紡織品生產行列，融入江南經濟體系中〔註92〕。地方官對當地絲織品發展有一定程度的影響，《樊川文集》卷七〈唐故江西觀察使武陽公韋公遺愛碑〉記載韋丹任江西觀察使時，「益勸桑苧，機織廣狹，俗所未習，教勸成之。」韋丹自元和二年至五年（807～811）任江西觀察使，此時江西地區初學絲業，「俗所未習」〔註93〕，長慶時代其絲布已可上貢〔註94〕，進步速度頗相

〔註89〕《隋書》卷三十一〈地理志〉：「豫章之俗，頗同吳中，……一年蠶四五熟，勤於紡織，亦有夜浣紗而旦成布者，俗呼為雞鳴布。新安、永嘉、建安、遂安、鄱陽、九江、臨川、盧陵、南康、宜春，其俗又頗同豫章。」

〔註90〕參看牟發松《前引書》，頁166。

〔註91〕見《新唐書》卷四十一〈地理志〉。

〔註92〕參看李劍農《魏晉南北朝隋唐經濟史稿》（臺北：華世出版社，民國70年），頁194～197、王永興〈試論唐代絲紡織業的地區分布〉（收入《魏晉隋唐史論集》第二輯，中國社會科學出版社，1983年12月），頁284～286。

〔註93〕見杜牧《樊川文集》卷七〈唐故江西觀察使武陽公韋公遺愛碑〉。

〔註94〕見《新唐書‧地理志》所記貢物：洪州貢絲布，虔州貢絲布竹練，吉州貢絲

當快速。紡織業的發展對江西地區的商業發展頗有助益，因布帛織品除作商
貨外，也具有貨幣功能〔註95〕，在商業發達時織品盛產有助其進一步發展。
江西地區所產之絲，除用作貢物之外，對當地財富累積有一定程度的正面意
義。

五、造船業

　　造船業在江西歷史久遠。豫章造大船的歷史可上推至秦代派尉屠睢伐越
〔註96〕，三國東吳時代，境內的航道樞紐地點常是造船業中心，《水經注》卷
三十九〈贛水〉：「贛水又經谷鹿洲，舊作大艑外。」谷鹿洲約當洪州豫章之
地，虞世南《北堂書鈔》卷一三八〈舟部·舳艫〉即記：「豫章城西南有舳艫
洲（注：《豫章記》曰：『句鹿州在城之西南，去城百步可二里，是作句鹿大
艑處』）」。呂蒙為東吳大將，建安二十四年（219）西襲荊州關羽時，曾在豫
章造大船，偽作商賈，進奪荊州〔註97〕。江西地區其他造船基地還包括潯陽、
餘干、鄱陽，漢武帝建元年間閩越舉兵圖謀豫章，淮南王劉安預測其必先入
餘干、鄱陽，造大船運兵：

> 其入中國，必下領水，領水之山峭峻，漂石破舟，不可以大船載食
> 糧下也。越人欲為變，必先田餘干界中，積食糧，乃入伐材治船。
> 邊城守候誠謹，人有入伐材者，輒收捕，焚其積聚，雖百越奈邊城
> 何。〔註98〕

同時閩越王也有意圖焚潯陽之漢樓船〔註99〕，可知潯陽向為一重要航船基
地。到唐代，江西地區仍是重要造船基地，《唐六典》卷七〈水部郎中〉：

> 凡天下造舟之梁四（注：河三，洛一。河則蒲津；大陽；盟津，一
> 名河陽。洛則孝義也），……（注：河陽橋所須竹索，令宣、常、洪
> 三州役工匠預支造，宣、洪二州各大索二十條，常州小索一千二百

　　　葛，撫州貢金絲布。
〔註95〕　《全唐文》卷三十五玄宗〈命錢物兼用敕〉：「貨幣兼通，將以利用，而布帛
　　　　為本，錢刀是末。……自今已後，所有莊宅口馬交易，並先用絹布綾羅絲綿
　　　　等。其餘市買至一千以上，亦令錢物兼用。」《新唐書》卷四十八〈食貨志〉
　　　　元和六年（811）二月制：「公私交易，十貫錢已上，即須兼用匹段。」
〔註96〕　《淮南子》卷十八〈人間訓〉。
〔註97〕　《三國志·吳書》卷五十四〈呂蒙傳〉。
〔註98〕　見《漢書》卷六十四〈嚴助傳〉。
〔註99〕　《漢書》卷六十四〈嚴助傳〉：「今閩越王……數舉兵侵陵百越，并兼鄰國，
　　　　以為暴動，陰計奇策，入燔尋陽樓船。」

條。……河陽橋於潭、洪二州造送；……置水手二百五十人，……
木匠十人，……）。

《新唐書》卷一〇〇〈閻立德傳〉：

即洪州造浮海大航五百艘，遂從征遼。

《資治通鑑》卷一九七〈唐紀〉貞觀十八年（644）秋七月辛卯條：

敕將作大監閻立德等詣洪、饒、江三州，造船四百艘以載軍糧。

《資治通鑑》卷一九八〈唐紀〉太宗貞觀二十一年（647）八月戊戌條：

敕宋州刺史王波利等發江南十二州工人造大船數百艘，欲以征高麗
（胡注曰：十二州：宣、潤、常、蘇、湖、杭、越、台、婺、括、
江、洪也）。

《資治通鑑》卷一九九〈唐紀〉太宗貞觀二十二年（648）八月丁丑條：

敕越州都督府及婺、洪等州造海船及雙舫千一百艘。

可見洪、江二州一直是造船中心，其技術發達，依上述所史料所記，所造之
船不僅可行於河道，其海船也可浮海征高麗。而據《太平御覽》所記唐代大
海船長達二十餘丈，高出水面三二丈，可載六七百人、貨物萬斛〔註100〕。在
軍事戰艦外，江西地區的大船也用於經濟活動，如李肇《唐國史補》卷下（頁
62）所稱：

大歷（曆）貞元間，有俞大娘航船最大，居者養生送死嫁娶悉在其
間。開巷爲圃，操駕之工數百。南至江西，北至淮南，歲一往來，
其利甚博，此則不啻載萬也。

此型大船非只一艘，同書同卷（頁 62）又稱「凡東南郡邑無不通水，……舟
船之盛，盡于江西，編蒲爲帆，大者或數十幅」，足見大船在江西地區相當普
遍。以其造船歷史之久來看，史料雖未言及從事造船業者之籍貫，愚意以爲
是本地人的可能性相當高。江西地區不僅航船大，來往船隻亦多，王勃稱南
昌一地沿岸船隻「舳艫彌津，青雀黃龍之軸」〔註101〕，可見其繁忙。江西地
區造船業之發達與其交通倚重水路密切相關，江南原即水鄉，以舟行代步，
水居之民比例甚高。張九齡於開元間任洪州都督，所見即爲「邑人牛艫舸，
津樹多楓橘」〔註102〕。江西又當長江接嶺南要道，江州爲二處交會，其地「地

〔註100〕《太平御覽》卷七六九〈舟部中〉。
〔註101〕王勃《王子安集》卷五〈滕王閣詩序〉。
〔註102〕《曲江張先生文集》卷三〈登郡城南樓〉。

方千里，江函九派，繒錢粟帛，動盈萬數，加以四方士庶，且夕環至，駕車乘舟，疊轂聯檣」〔註103〕。江西地區交通條件優良，河川密布，水域深廣，是造船業發展的良好背景；前述江西林木業之發達，使其造船原料來源無缺；造船歷史長久，技術嫻熟；加上海上貿易與國內商業交易繁榮，對船隻需求增加，均是當地造船業歷久不衰的原因。〔註104〕

六、林木加工業：竹編、造紙

　　林木業在江西地區亦為一重點工業，江西地區盛產木材，唐代盛況已見前節記述。當地林產資源除木材外，還有竹子〔註105〕。江西撫州在唐代前期的貢物有箭簳〔註106〕，當屬工藝原料，可見江西地區已運用到竹資源。竹除有筍笋可食外，加工可編竹為竹器，白居易在江州即有〈食笋〉一詩〔註107〕稱江西為竹鄉，意在言其竹之盛產：

> 此鄉乃竹鄉，春笋滿山谷，山夫折盈抱，抱來早市鬻。物以多為賤，
> 雙錢易一束。

唐代後期，江西虔、吉二州的貢物仍有斑竹，撫州所貢竹箭、饒州所貢竹簟〔註108〕都已是竹編加工品。白居易於江州得購蘄州竹簟，贈與元稹〔註109〕，是江南竹編商品流通一證，《酉陽雜俎》前集卷五〈怪術〉稱：「江西人有善展竹（者），數節可成器。」以江西竹鄉之稱、手藝之聞名，在江南竹器市場中應佔一席之地。與林木業相關的另一加工業為造紙業，江西地區所產名紙有二：臨川之滑薄紙躋身名紙行列〔註110〕、九江有雲藍紙。據段成式自敘：「予在九江造雲藍紙，既乏左伯之法，全無張永之功，輒送五十板。」〔註111〕似為其自創自製。滑薄紙可能因紙質細薄得名，雲藍紙或因色澤而命名。江

〔註103〕《全唐文》卷六八九符載〈江州錄事參軍廳壁記〉。
〔註104〕本段參看牟發松《前引書》，頁171～173、許懷林《江西史稿》（南昌：江西高校出版社，1993年5月），頁145～149、江西內河航運史編審委員會《江西內河航運史》（北京：人民交通出版社，1991年8月），頁46～49。
〔註105〕參看林鴻榮〈隋唐五代林木培育述要〉（《中國農史》1992年第一期），頁70～71。
〔註106〕見《通典》卷六〈食貨典‧賦稅‧臨川郡〉。
〔註107〕《白居易集》卷七〈食笋〉。
〔註108〕見《新唐書‧地理志》。
〔註109〕《白居易集》卷十六〈寄蘄州簟與元九因題六韻〉。
〔註110〕見李肇《唐國史補》卷下，頁60。
〔註111〕《全唐詩》卷五八四程成式〈寄溫飛卿箋紙〉。

西地區在唐代後期貢紙者有二州：江州貢紙〔註 112〕、信州貢藤紙〔註 113〕，其紙應已有相當水準。紙與一般人民生活較無直接關聯，與文人雅士關係密切，唐代後期江西地區文化大有發展，其文化水準提高，帶動了紙業的發展。〔註 114〕

七、陶瓷業

陶瓷業在唐代江西地區發展蓬勃，考古發現的窯址遍布全域，今新淦、臨川、贛縣、寧都、清江、新建、玉山、樂平、九江、宜春、都昌、龍南、瑞金、上饒、定南、大庾、雩都、各地都有唐代窯址發現。其中以洪州最受矚目，考古學家推測唐之豐城羅湖窯即洪州窯〔註 115〕。洪州窯在唐代已富盛名，玄宗天寶初年，韋堅將江淮諸郡特產運抵長安展示：

> 堅預於東京、汴、宋取小斛底船三、二百隻置於潭側，其船皆署牌
> 表之。若廣陵郡船，即於栿背堆積廣陵所出錦、鏡、銅器、海味；
> ……會稽郡船，即銅器、羅、吳綾、絳紗；南海郡船，即瑇瑁、
> 眞珠、象牙、沉香；豫章郡船，即名瓷、酒器、茶釜、茶鐺、茶
> 椀。〔註 116〕

江西當時已以瓷器聞名，故以之爲州郡特產，可以和揚州銅器、蘇杭綾羅、嶺南海外珍品相提並論。所展示之酒器、茶具等亦皆瓷製，其瓷質堅耐火，由茶釜可知。洪州瓷在陸羽《茶經》卷中〈四之器·盌〉雖被評爲下等，但其考量標準並非其質地工藝：

> 盌，越州上，鼎州次，婺州次，岳州次，壽州、洪州次。……越州
> 瓷、岳瓷皆青，青則益茶，茶作白紅之色。邢州瓷白，茶色紅。壽
> 州瓷黃，茶色紫。洪州瓷褐，茶色黑，悉不宜茶。

陸羽以瓷之釉色與置茶後之茶色爲標準，洪州瓷因色黑而居第六位。但現代考古學者研究後，認爲洪州瓷質地細膩，器壁輕薄，是飲茶佳瓷〔註 117〕，應

〔註 112〕 見《新唐書·地理志》。
〔註 113〕 見《元和郡縣圖志》卷二十八〈江南道·江西觀察使〉。
〔註 114〕 參看牟發松《前引書》，頁 174。
〔註 115〕 參見余家棟〈洪州窯的歷史地位及其與唐代各名窯的相互關係〉，《江西歷史文物》1985 年第一期，轉引自許懷林《江西史稿》（南昌：江西高校出版社，1993 年 5 月），頁 144。
〔註 116〕 《舊唐書》卷一○五〈韋堅傳〉。
〔註 117〕 參見余家棟〈洪州窯的歷史地位及其與唐代各名窯的相互關係〉，《江西歷史

居越瓷、婺瓷、岳瓷、壽瓷之上。江西地區除洪州瓷外，饒州亦產瓷，柳宗元《柳河東集》卷二十九〈代人進瓷器狀〉即是憲宗元和八年（813）柳宗元代饒州刺史元某所作的進瓷器狀：

> 瓷器若干事，右件瓷器等，並藝精埏埴，制合規模，稟至德之陶蒸，自無苦窳；合大和以融結，克保堅貞。且無瓦釜之鳴，是稱土鉶之德。器慙瑚璉，貢異瓷丹。既尚質而為先，亦當無而有用。謹遣某官某乙隨狀封進。謹奏。

昌南景德鎮位於饒州，所產名瓷在唐代有假玉器之稱，清人藍浦《景德鎮陶錄》卷五〈景德鎮歷代攷〉記：

> 陶窯，唐初器也。……鎮鍾秀里人陶氏所燒造，邑志云：唐武德中，鎮民陶玉者，載瓷入關中，稱為假玉器，且貢於朝。……霍窯，……為東山里人霍仲初所作，……邑志載：唐武德四年（621），詔新平民霍仲初等，製器進御。

由此觀之，唐代此處所產瓷器已不凡，是日後景德鎮名瓷之基礎。製瓷在唐代江西地區的工商業中佔有一定份量，唐代後期飲茶之風大盛，對瓷製茶具需求大增，帶動了瓷器貿易。江西一地除產茶葉，亦輸出瓷器，二者對當地經濟發展均有貢獻，饒州昌江因運茶而航運大盛，其地所產瓷器亦藉同一路線外銷。江西地區之瓷器能北運長安展示，反映出北方對南方茶具瓷器需要。

八、礦冶業

礦冶業在唐代江西地區有普遍發展，是形成人口匯聚、促進當地開發的一個因素〔註 118〕，唐代並設江西鹽鐵院〔註 119〕、鹽鐵信州院〔註 120〕。唐代虔州的瑞金監、饒州的銀山、信州的鉛山均因採礦而興，到五代或宋代時升格為縣。據《新唐書》卷四十一〈地理志〉、《元和郡縣圖志》所記，江西地區礦產豐富，茲列表如下：

文物》1985 年第一期，轉引自許懷林《江西史稿》（南昌：江西高校出版社，1993 年 5 月），頁 144。

〔註 118〕本段參看黃盛璋〈唐代礦冶分布與發展〉，《歷史地理》第七期，1990 年 6 月。

〔註 119〕見趙璘《因話錄》卷四〈諧戲附〉。

〔註 120〕見《太平廣記》卷七十三〈道術‧鄭君〉。

表3-2-1：唐代江西地區金屬礦產分布表

屬 州	縣 邑	礦產種類	屬 州	縣 邑	礦產種類
洪 州		銅	江 州	潯 陽	銅、銀
江 州	彭 澤	銅	饒 州	樂 平	鐵、銅、銀、金
虔 州	南 康	錫	虔 州	大 庾	錫、鉛
虔 州	安 遠	鐵、錫	虔 州	雩 都	金
袁 州		銅	袁 州	宜 春	鐵
信 州	上 饒	鐵、銅、金、鉛	信 州	弋 陽	銀
信 州	玉 山	銀	撫 州	臨 川	銀、金
備 考	據《新唐書‧地理志》、《元和郡縣圖志》而作。				

江西八州唯吉州未列入，但據皇甫湜〈吉州廬陵縣令廳壁記〉〔註121〕記該縣「瞻殖鐵石」，元和時該縣應亦出產金屬礦。江西地區所產金屬，包括銅、銀、鐵、金、錫、鉛，其中以銀、銅最爲重要。饒州一地的銀礦，自隋代就已發現，唐貞觀十年（635）治書侍御史權萬紀曾上言：「宣、饒二州，諸山大有銀坑，採之極是利益，每歲可得錢數百萬貫。」〔註122〕但未開採。到高宗上元二年（675）始設場監，《太平寰宇記》卷一〇七〈江南西道‧饒州‧德興縣〉載其立場始末：

> 唐總章二年（669）邑人鄧遠上列取銀之利，上元二年（675）四置
> 場監，令百姓任便採取，官司什二稅之。其場即以鄧公爲名，隸江
> 西鹽鐵都院。

饒州銀礦在全國銀產中佔重要比例，全國共有銀礦五十八處，元和時總計出銀一萬二千兩〔註123〕，饒州一地出銀量據《元和郡縣圖志》卷二十八〈江南道‧饒州‧樂平縣〉所記銀山一地之銀稅就有七千兩：

> 銀山，……每歲出銀十餘萬兩，收稅山銀七千兩。

已佔全國銀稅58.3%以上〔註124〕。江西地區尚有江州潯陽、撫州臨川、上幕鎮、信州玉山、弋陽五處產銀，總計江西所出產的銀應佔全國六成以上，可

〔註121〕皇甫湜《皇甫持正文集》卷五〈吉州廬陵縣令廳壁記〉。

〔註122〕見《貞觀政要》卷六〈論貪鄙第二十六〉。

〔註123〕見《新唐書》卷五十四〈食貨志〉。

〔註124〕饒州之七千兩佔全國一萬二千兩的58.3%強，若以《新唐書‧食貨志》所記
宣宗時全國銀稅二萬五千兩計算，佔全國28%。

說居全國第一位。對於銀的開採，唐政府採放任態度，只設場監收銀稅，這是由於唐代貨幣以銅為主，白銀不加入財政金融體系，只處於次要地位。這種開放政策更加吸引採礦者前往，《太平廣記》卷一○四〈報應‧銀山老人〉即記：「饒州銀山，采戶逾萬。」銀山一地至少有礦工萬戶，在當地已形成一聚落。礦工主要工作在採礦而非耘田，其衣食民生所需仰賴商者供應的比例必然不低，所採得的銀也須出售，是以產銀之處農產品商品化、商品交換程度都受採礦影響而升高。

相較於銀礦，銅礦的開採更受重視。銅除用於鑄器，最主要的流向就是鑄錢。唐以銅錢為貨幣，對銅的開採使用都比銀管制嚴格，建中元年（780）韓洄請罷江淮七監〔註125〕，貞元九年（793）除鑄鏡外禁用銅〔註126〕，元和三年（808）六月還曾一度下詔「五嶺以北，見採銀坑，並宜禁斷」〔註127〕，不過隨後於元和四年（809）六月改為只禁錢出嶺，銀坑仍任民開採〔註128〕。鑄錢由官方設監，唐代後期在江淮鑄錢業日益發達，德宗時天下歲鑄錢十三萬五千緡〔註129〕，江淮七監就佔四萬五千貫〔註130〕。江西地區的銅礦分布於洪、江、饒、袁、信五州六處，其銅產總量史料未明言，由《新唐書‧食貨志》中產礦六州江西已佔二州，並設永平監、玉山監二處，永平監每歲並可鑄錢七千貫〔註131〕，推測其產量相當穩定。江西最重要的銅礦產地為永平監，產量為每歲鑄錢七千貫，關於其確實地點，史籍有不同記載：《太平寰宇記》卷一○七〈江南西道‧永平監〉記永平監本饒州鑄錢之所，貞元間在信州鉛山縣地設監；但《新唐書‧地理志》將永平監歸於饒州之下，《元和郡縣圖志》也置於饒州鄱陽條，《讀史方輿紀要》認為應作「鉛山……貞元元年（785）復開，隸饒州永平監。」〔註132〕這個問題，或史籍有誤，或永平監曾由饒州

〔註125〕見《舊唐書》卷四十八〈食貨志〉。

〔註126〕見《元和郡縣圖志》卷二十八〈江南道‧江西觀察使〉。

〔註127〕見《舊唐書》卷四十八〈食貨志〉：「天下有銀之山必有銅」，是以禁採銀也禁採銅。

〔註128〕見《舊唐書》卷四十八〈食貨志〉。

〔註129〕見《新唐書》卷五十四〈食貨志〉。

〔註130〕見《舊唐書》卷一二九〈韓洄傳〉。

〔註131〕《元和郡縣圖志》卷二十八〈江南道‧饒州‧鄱陽縣〉：「永平監，置在郭下，每歲鑄錢七千貫。」

〔註132〕《太平寰宇記》卷一○七〈江南西道‧永平監〉：「永平監，本饒州鑄錢之所。」同卷〈江南西道‧信州‧鉛山縣〉：「鉛山在縣西北七里……舊經云山出鉛，先置信州之時鑄錢，百姓開採得鉛，什而稅一。建中元年（780）封

遷信州，愚意以前者爲是，其誤在於隨信州新立，將永平監誤爲隸屬信州。信州於乾元元年（758）始設，永平監在此之前隸屬饒州殆無疑義，《太平寰宇記》在信州新立後，誤將永平監改附信州。且按《元和郡縣圖志》在四史料中成書最早，是唐代當代作品，其中已記有信州，但亦並未將永平監記爲隸屬信州。另外，永平監之設置時間，《太平寰宇記》記爲德宗貞元年間，《讀史方輿紀要》也記爲貞元元年（785）；唯《玉海》記爲乾元初已創〔註133〕，今史料不足，兩說暫並存。《新唐書·地理志》所載十州九十九鑄錢爐中雖無永平監，但據上述史料，該處確實在唐後期成立，應與安史亂後唐政府需錢孔急、增加鑄幣地點相關。〔註134〕

　　礦冶業除因採礦匯聚採礦者與商人，尙可帶動金屬加工業。江西地區造船業發達，所需金屬鉚釘可由當地製作，就近送達，是有利因素。洪州一地有軍器作坊〔註135〕，亦仰賴本區的豐富礦藏與金屬加工業。唐代雖試圖嚴格管制銅，豐富的礦藏仍對私鑄者有利。私鑄盛行代表當地貨幣需求量大，官方供應不足。當地需求貨幣之多，可視爲商業貿易發達的表現。文宗開成以後將礦冶之利下放州縣〔註136〕，對江西地區財政收入大有助益。

　　江西地區之工商業較諸農業並不遜色，某些行業甚至居全國之首，其發展之多樣化與農業齊頭並進，同樣都是江西地區經濟發展成熟的證明。

禁。貞元間置永平監。」《新唐書·地理志》饒州條：「饒州……有永平監錢官。」《元和郡縣圖志》卷二十八〈江南道·饒州·鄱陽縣〉：「永平監，置在郭下，每歲鑄錢七千貫。」《讀史方輿紀要》卷八十五〈江西·廣信府·鉛山縣·銅寶山〉：「唐時山出鉛，百姓開採十而稅一，建中元年（780）封禁，貞元元年（785）復開，隸饒州永平監。」

〔註133〕《玉海》卷一八○〈食貨·錢幣·元豐二十七監〉注：「鑄錢監唯饒之永平最古，自唐乾元初已創。」

〔註134〕參看牟發松《前引書》，頁178～179。

〔註135〕見《全唐文》卷四十七武宗皇帝〈停揚洪宣三州作坊詔〉：「揚洪宣等三州作坊，往以軍興，是資戎器。」

〔註136〕《新唐書》卷五十四〈食貨志〉：「開成元年（836），復以山澤之利歸州縣，刺史選吏主之。其後諸州牟利以自殖。」

第四章 人文發展

　　文化的包含範圍十分廣泛，本章所討論的人文可說是狹義的文化，限指與社會精神相關之文化，以社會精英爲主體。拙稿限於才學，未能討論此文化中所包括的哲學、文學、音樂、美術乃至宗教等多方面內容，僅僅將焦點集中於本區人文發展與社會、政治的關係，其中主要從精英人才的養成發展來探討這種關係。

　　人文發展有其自身條件，必須經過長時間在深層醞釀後才能成熟。較諸經濟發展，人文發展的期間更長，所謂「十年樹木，百年樹人」，即從一側面反映出人才培育需要十倍於經濟活動的時間。一地區的人文發展與該區的歷史背景密切相關，舉凡自然環境、歷史沿革、社會狀況、文化遺存、經濟狀況以及習俗風尚等各方面，與人文發展的關係相當錯綜複雜。其中，人文發展與經濟發展有相當高程度的關聯，前者以後者爲其重要基礎，但二者關聯並非僅此單純的直接關聯，一定程度的經濟發展只是社會人文發展的基本條件。唐代江西地區的經濟開發已有了如前章所述的長足進展，那麼人文方面又有何程度的發展，以下將作進一步討論。

第一節　教育事業

　　精英人才爲一地區人文發展的代表指標，在唐代，受重視、具主導力的精英人才集中於知識與政治二方面，二方面並且互相交流。這些精英人才的基本特徵爲主要從事精神創造的活動，並具有指導社會發展的功能。由於精英人才擁有較其他社會階層更多的知識資源，因此更能把握時代動向。他們

大量投身於政治界，將其影響化爲強勢的政府命令，對該時代而言是有意識的主導者。一地區中的精英人才除在該區被視爲知識界的精英，還必須加入政治權力組織，才能發揮其影響力。政治權力組織又有地方、中央之分，宋代江西地區的精英人才已佔有中央權力核心一角，唐代則尙暫處於地方。江西的精英人才，歷經唐末五代的發展，到宋代才得有其政治中堅地位。

精英人才的出現並非一蹴可幾，除以經濟發展爲基礎外，更重要的是需要有教育事業培養人才。亦即人文發達之處其經濟條件必佳，然而經濟條件佳之處其人文未必發達，差別點在於該處是否有相應的教育事業能培育人才精英。

唐代教育體系分爲官私二大體系，官學在京師有六學二館〔註1〕，爲中央官學，後期變爲七學三館〔註2〕；地方官學在各州縣有州縣學，武德元年（618）初令郡縣學各置生員〔註3〕，但學生人數甚少，大都督府、中都督府、上州各六十人，下都督府、中州各五十人，下州四十人。上縣四十人，中縣、中下縣各二十五人，下縣二十人，每學有經學博士一人、助教一人，以五經教授諸生〔註4〕，州縣學生由州縣長官選補〔註5〕。開元二十六年（738）並令在鄉里置學館〔註6〕。官學在武后時一度衰落〔註7〕，據《舊唐書》卷一八九〈儒學傳〉序：「則天稱制，以權道臨下，不吝官爵，取悅當時。……博士、助教，唯有學官之名，多非儒雅之實。……二十年間，學校頓時隳廢矣。」不過大

〔註1〕 國子學、太學、四門學、律學、書學、算學爲六學：崇文館、弘文館爲二館，六學二館所收生徒多爲貴族及官吏子弟。詳見《舊唐書》卷四十三、四十四〈職官志〉。

〔註2〕 參看高師明士〈唐代官學的發展與衰落〉（《幼獅學誌》第九卷第一期，1970年3月），頁15。

〔註3〕 參看《新唐書》卷四十四〈選舉志〉、《資治通鑑》卷一八五〈唐紀〉高祖武德元年（618）五月條。

〔註4〕 《唐六典》卷三十〈州縣官吏〉作上縣五十人，中縣二十五人，中下縣二十人，下縣二十人：《新唐書》卷一九八〈儒學傳〉序、《舊唐書》卷一八九〈儒學傳〉序作上縣四十人、中縣三十人、下縣二十人。

〔註5〕 見《舊唐書》卷四十四〈職官志·州縣官員〉。

〔註6〕 見《唐會要》卷三十五〈學校〉：「（開元）二十六年（738）正月十九日敕：……其天下州縣，每鄉之內，各里置一學，仍擇師資，令其教授。」《通典》卷五十三〈禮典·大學〉、《唐大詔令集》卷七十三〈典禮·東郊·親祀東郊德音〉、《冊府元龜》卷六三九〈貢舉部·條制〉均有相同記載。唯《舊唐書》卷九〈玄宗紀〉記爲：「天下州縣，每鄉一學。」

〔註7〕 參看高師明士〈前引文〉，頁10～13。

體而言，官學在唐前期尙屬興盛〔註8〕。武德初令州縣置經學博士、助教、學生後，各州尙未普遍設學，由咸亨元年（670）下詔，令所司速事營造生徒肄業之所可知〔註9〕，隨後即有州縣應詔興學〔註10〕，開元、天寶年間州縣學已漸普遍。《通典》卷十五〈選舉典〉記按格令，州縣學生達六萬七百一十員，裴耀卿亦稱不減於五六萬人〔註11〕唐代私學較諸官學並不遜色，隋代四方皆有私學，《隋書》卷七十五〈儒林傳〉序：「京邑達乎四方，皆啓黌校。齊、魯、趙、魏，學者尤多，負笈追師，不遠千里，講誦之聲，道路不絕。中州儒雅之盛，自漢魏以來一時而已。」其況頗盛，大致可歸爲私家講學、家學教育、寺觀教學與山林讀書四類〔註12〕。中唐以前，貴族式教育爲主流，以私家講學、家學教育爲主；中唐以後，世族不再能獨佔教育仕宦優勢，轉以後二者寺觀教學、山林讀書爲重心。中唐以後官學盛況不再，社會又特崇科舉，士子因而轉就私學。〔註13〕

江西地區的教育事業中，官學施行狀況根據《光緒江西通志》卷七十〈建置略·學校〉所記，分布偏重北部洪、袁、撫、饒四州，南方吉、虔與最北江州未記有唐代官學。此項資料未必可靠，但可以作參考：

> 南昌府，府學……東晉太康中，豫章太守胡淵始建於郡西。唐大曆（本注原作光啓，誤）十三年（778），御史中丞杜亞徙學於城北，觀察使張隘、鮑防復先後營建。豐城縣學……唐永徽二年（651）始建學。
>
> 袁州府……唐天寶五年（746）載，太守房琯始立廟……乾元元年（758）刺史鄭審移郡治西。大曆元年（766）刺史蕭定改建。大中九年（855）刺史溫璠復房琯舊所。
>
> 萍鄉縣學，……唐武德閒，縣令唐萼建。

〔註8〕 參看高師明士〈前引文〉，頁6～10。

〔註9〕 《舊唐書》卷五〈高宗紀〉咸亨元年（670）五月丙戌詔曰：「諸州縣孔子廟堂及學館，有破壞並先未造者，遂使生徒無肄業之所，先師闕奠祭之儀。久致飄露，深非敬本。宜令所司，速事營造。」

〔註10〕 見王勃《王子安集》卷十三〈益州夫子廟碑〉、楊炯《楊盈川集》卷四〈大唐益州大都督府新都縣學生聖廟堂碑文並序〉。

〔註11〕 《全唐文》卷二九七裴耀卿〈請行禮樂化導三事表〉：「州縣之學，本以勸人，祿在其中，聞於學也。今計天下州縣所置學生，不減五六萬人。」

〔註12〕 參看高師明士〈唐代私學的發展〉（《台大文史哲學報》第二十期，1971年6月），頁220。

〔註13〕 參看高師明士〈前引文〉一文。

　　新喻縣學，……唐大曆八年（773）縣令杜臻改建。

　　撫州府，……唐天復二年（902），刺史危全諷始立廟。

　　饒州府府學……晉太守虞溥、內史王簪相繼建，學徒至者七百餘人。

　　齊鄱陽相柳渾增修。

　　餘干縣學……唐開元二年（714）（一作貞觀間）縣令顧錫以水患移

　　縣左。

洪州州治南昌與饒州府治鄱陽設官學時間最早，可早至東晉時代。唐代洪州繼續其文化發展，饒州轉以經濟發展爲重，唐代後期饒州雖富，其進士文生數目尚不及小面積的袁州。由此可見江西的經濟發達有助於人文發展，但並非絕對關係。江、吉、虔三州並無唐代官學紀錄，虔州在江西地區屬於文化發展落後的一州，江州、吉州則不然，二州培育人才主要倚重私學。後述之江西六書院中，江、吉二州共計居三，佔二分之一。袁州在唐代後期進士人數劇增，在全江南地區就算不是最多，也在前三位，此與袁州人教育學習風氣頗相關。袁州共轄三縣，各有縣學，州治所在亦有府學，這種周詳在江西各州都是少見的。袁州一地能有高額中舉數字，與當地地方官興學、人民專務治學二方面互相配合有密切關聯。就上述史料觀察，江西地區的官學自貞觀以來多已設立〔註14〕，也有早至南朝時代設立者。官方教育與中央政府勢力強弱相關，當中央力量減弱時，官學也隨之受忽略。唐政府雖對江西控制嚴格，著重的是江西的經濟生產、賦稅供給，人文方面的發展與後進地區的開發有賴當地人與地方官的努力，撫州一地即爲一例。撫州致富在唐代後期，其開發速度較其他州遲緩，在人文發展上亦然，直到唐末僖宗天復二年（902），才有刺史危全諷立學廟。虔州則在官學歷史無甚進展。江西地區的官學大興要等到南唐創廬山國學時。但以其前期文士舉子之罕推測，教育事業培育的人才主要出於私學體系。

　　唐代前期江西地區經濟尚未發達，無以使多餘人口放棄經濟工作專意於仕進；唐代後期經濟基礎穩當時，官學已衰，戰亂阻礙了正軌學校教育，士子求進唯有倚私學爲重。家學教育與唐代後期大家族發展情況相應，北朝以降，社會組織傾向大家族制度，唐代更由於君主提倡，發展成以直系家族爲主的家族制度。江南較北方安定，大家族更多，江西地區以江州陳氏最爲著

〔註14〕參看高師明士〈唐代官學的發展與衰落〉（《幼獅學誌》第九卷第一期，1970
　　年3月），頁8〜10。

名，其族塾教育尚可擴及四方名士。釋文瑩《湘山野錄》卷上：

> 江州陳氏，乃唐元和中給事陳京之後，長幼七百口，不畜僕妾，上下雍睦。凡巾櫛槃架及男女授受，通問婚葬，悉有規制。……別墅建家塾，聚書，延四方學者，伏臘皆資焉。江南名士皆肄業於其家。

《全唐文》卷八八八徐鍇〈陳氏書堂記〉：

> 潯陽廬山之陽，有陳氏書堂。其先蓋陳宜都王叔明之後。……合族同處，迨今千人。……衷以爲族既庶矣，居既睦矣，當禮樂以固之，詩書以文之，遂於居之左二十里曰東佳，因勝據奇，是卜是築，爲書樓堂廡數十間，聚書數千卷，田二十頃，以爲遊學之資。子弟之秀者，弱冠以上皆就學焉。

《太平廣記》卷四○一〈寶‧宜春郡民〉引《玉堂閑話》所記：

> 宜春郡民章乙，其家以孝義聞。數世不分異，諸從同爨，所居別墅，有亭屋、水竹。諸弟子皆好善積書。往來方士、高僧、儒生，賓客至者，皆延納之。

此類族塾以教育本族子弟爲主，亦兼收外來學子，爲一種地方學校文化中心。此外，山林寺觀講學之風頗盛，有開館授徒，也有請益游學者短期來就學。江西名詩人鄭谷歸隱袁州宜春仰山書堂，即有士子請益共遊，見馬氏《南唐書》卷十三〈孫魴傳〉：

> 孫魴，字伯魚。性聰敏，好學。唐末，都官員外郎。鄭谷避亂歸江淮，魴從之遊，故其所吟詩，頗有鄭體。

廬山在唐代不只是佛道勝地，也是講學讀書中心，並有授業講學、士子讀書，早期隱居者如武攸緒，《舊唐書》卷一八三〈外戚傳〉記其事曰：

> （武）攸緒，唯良子也。少有志行。……聖曆中，棄官隱于嵩山，以琴書藥餌爲務。……開元二年（714），攸緒又請就廬山居止，制不許，仍令州縣數加存問，不令外人侵擾。

《新唐書》卷一九六〈隱逸傳〉：

> 武攸緒，則天皇后兄惟良子也。……張說表置廬山，……詔可。

唐人習業山林之風尚，嚴耕望氏已有精闢整理與見解〔註15〕，言唐代學子多

〔註15〕 參看嚴耕望〈唐人習業山林寺院之風尚〉一文，收入氏著《嚴耕望史學論文選集》（臺北：聯經出版公司，民國80年5月）。

習業山林，而後學成出山，應試以取仕宦。此一學風在江西地區有重要影響，江西地區修業者絕大多數集中於廬山一地，該處向有學者群集，此爲其文化傳統所致〔註16〕。江西其他地區亦有士子文人結廬求學，當中固然有外地人南遊南仕而築堂讀書者，本地人藉此一主要途徑求學應舉者也不在少數。在江西地區，私學之四種型式均具備，其中以自行讀書山林最多。

私家講學與寺觀教學在江西地區頗相似，乃以一名士或一僧爲師，士子往從其學，是一對多的講學方式。寺觀教學則是以僧人爲師，差別處在其僧俗身份。宋代書院式的整體教育系統在唐代江西地區已可見端倪，但係由私人私家所創，並非由寺觀發展而成。江西地區的寺觀教學性質較接近私人講學。唐代僧人文化水準頗高，《唐才子傳》中即有多人列名，《全唐詩》、《全唐文》中亦多僧人作品，文人與之往來頗密切。江西地區私家講學舉如下數例，《全唐文》卷七四二劉軻〈與馬植書〉：

> 元和初，方下羅浮……抵於匡廬。匡廬有隱士茅君，腹笥古今史，且能言其工拙贅蠹。……予又從而明之者，若出井置之於泰山之上。

宋人張君房《雲笈七籤》卷一一三下〈續仙傳·閭丘方遠條〉：

> 閭丘方遠，……年十六，精通詩書，學易於廬山陳元晤。

清人王士禎《五代詩話》卷三〈陳沆〉引《雅言雜載》：

> 陳沆，廬山人，立性僻野，不接俗士，黃損、熊皎、虛中師之。……齊己贈沆云：四海方磨劍，深山自讀書。

《全唐詩》卷六七八許彬〈酬簡寂熊尊師以趙員外廬山草堂見借〉：

> 廬山得此峰……窮經業未慵。

宋人陳舜俞《廬山記》卷二：

> 證寂院，舊名折桂庵，唐相李逢吉舊依李渤學于此山。逢吉去而爲僧居，故名折桂。

五者均位在廬山，下文所見之例大多數均位於廬山，除因廬山一地文化傳統久遠、吸引更多人前往、有良性循環外，由前例符載所記可見交通位置亦是

〔註16〕廬山東林寺爲晉高僧慧遠居地，以此處爲據點，對江西傳播佛教。宋人李覯《李泰伯先生全集》卷二十四〈承天院羅漢閣記〉：「慧遠居廬山，名雖爲釋，實挾儒術，故宗少文（炳）就之考尋文藝，周續之通《五經》、《五緯》而事之，雷次宗亦從而明《三禮》、《毛詩》。儒者嘗爲弟子，其人得不尊乎。」

原因。沿長江而行，入江西地區的首站即江州，廬山兼佔地利與傳統之便，是以吸引大量士子。上述諸例之教學內容包含經與史。閭丘方遠條所載陳氏雖唯記其授《易》，按常理推測，陳氏應非僅知一經；該例雖僅記載閭丘方遠習易於陳氏，其所知其他《詩》、《書》當非無師自通，亦應有其師承由來。符載所記「精綜六藝」意爲六經的可能性相當高。在時代分布方面，首例言明「元和初」，第二例僅知爲唐末，第三、四例中盧中、許彬均爲唐末人，可知唐代後期江西教育事業日益發達。再看僧人教學者，宋人陳舜俞《廬山記》卷三：

> 慧日禪院，……院記云：唐乾寧中，僧如義始結庵舍。……如義之居山也，朱朴嘗依以肄業，今謂之朱朴書堂。

同書同卷又記：

> 棲賢院，……南齊永明七年（489）……置寺於尋陽西二十里。唐寶曆初，刺史李渤徙置是山，以僧智常居之。智常學者數百人，春夏居棲賢，秋冬居歸宗。會昌中廢寺，景福中僧懷佑復興焉。

《全唐詩》卷一九二韋應物〈題從姪成緒西林精舍書齋〉：

> 慕謝始精文，依僧欲觀妙，……郡有優賢榻，朝編貢士詔。

《唐才子傳》卷四〈李端〉：

> （端）少時居廬山，依皎然讀書。……大曆五年（770），……進士擢第。

《太平廣記》卷五十四〈神仙‧楊眞伯〉：

> 弘農楊眞伯，幼有文，性耽翫書史，……過洪饒間，於精舍空院肄業半年餘。

《全唐文》卷四四六陳詡〈唐洪州百丈山故懷海禪師塔銘〉：

> 大師好耽幽隱，棲止雲松，遺名而德稱益高，獨往而學徒彌盛。
> ……由是齊魯燕代荊吳閩蜀，望影星奔，聆聲颷至。

《宋高僧傳》卷十二〈唐天台紫凝山慧慕傳〉：

> 釋慧慕……遊玉山，至信州，刺史營西禪院而禮之，其徒數百人。
> 居歲餘，以郭郭喧繁，後入福州長溪馬冠山。

此數例中棲賢院、玉山西禪院、懷海禪師處均爲大規模，學徒達數百人，雖不能確認三地有教學系統足以應付數百人，但由高僧具名推測，應仍不不脫名僧名士授學之況。此數例之寺觀教學，與前述之私家講學頗相似，唯授業

者轉爲沙門僧侶，地點改在寺觀。士子就學於寺觀，據高師明士考證，其目的除從僧人學外，並有經濟、藏書、教學〔註17〕三方面考慮。士子生活食糧可倚寺觀及其莊田供給，寺觀藏書豐富、尤其藏放經典圖籍豐富，更是有利於讀書。據嚴耕望氏考證〔註18〕，於山林寺院中就學者即就食於寺，寺僧厭憎無禮之事可證其經濟生活所需多由寺院供應。江西士子就學於寺觀，隨經濟、藏書外，還有一主要目的，在於跟隨僧人讀書，如前舉數例中即有三者記述「依某人」。唐代僧人文化水準頗高，與文士交往頻繁，全唐詩中屢屢可見文士僧侶唱和之作，此一現象有待另文討論。江西地區僧人眾多，以廬山之寺院最爲雲集，高士文僧亦寄寓於此。廬山之東林寺寺僧與江西地方長官來往尤多，寺院已具有佛學之外的社會功能。江西地區的文化水準不只表現於應舉仕子，僧人能與文士、官人往來亦可見端倪。

江西地區的家學教育以前述之陳氏東佳書堂最爲著名，此一東佳書堂始於唐末大順元年（890）〔註19〕，至宋代仍存在，陳氏一族並有義門之號。陳氏書堂爲家學教育典型代表，兼有學田、學子、藏書三優勢。《全唐文》卷八八八徐鍇〈陳氏書堂記〉：

> 潯陽廬山之陽，有陳氏書堂。其先蓋陳宜都王叔明之後。……伯宣因來居廬山，遂占籍於德安之太平鄉常樂里，合族同處，迨今千人。……袞……我唐烈祖中興之際，詔復除而表揭之，旌其義也。袞以爲族既庶矣，居既睦矣，當禮樂以固之，詩書以文之，遂於居之左二十里曰東佳，因勝據奇，是卜是築。爲書樓堂廡數十間，聚書數千卷，田二十頃，以爲遊學之資。子弟之秀者，弱冠以上皆就學焉。

家學教育顧名思義即以教育家族子弟爲目的，另二家學教育之例亦爲唐代末

〔註17〕 參看高師明士〈唐代私學的發展〉（《台大文史哲學報》第二十期，1971 年 6 月），頁 254～256。

〔註18〕 參看嚴耕望〈前引文〉，頁 274～275。

〔註19〕 《江州陳氏義門宗譜》：「大唐大順元年（890）庚戌，七世長、銀青光祿大夫、檢校右散騎常侍、守江州長史、兼御史大夫、賜紫金魚袋崇，立"陳氏家法三十三條"……立書堂一所於東佳莊。弟侄子孫有賦性聰明者令修學，稽有學成者應舉。除現置書籍外，須令添置。於書生中立一人掌書籍，出入須令照管，不得遺失。賓客寄止延待於彼，一一出東佳莊供應周旋。」「立書屋一所於住宅之西，訓教童蒙，每年正月擇吉日起館，至冬月解散。童子年七歲令入學，至十五歲出學。有能者令入東佳。」（轉引自李才棟《江西古代書院研究》（南昌：江西教育出版社，1993 年 10 月），頁 10～11）。

期所立，《白鹿書院志》：〔註20〕

> 先是魯公顏眞卿寄居郡之五里碑，厥後裔孫顏翊率子弟三十餘人授
> 經洞中。

《全唐文》卷八七二李徵古〈廬江宴集記〉：

> 匡廬……奇峰秀壑，……（吳）乾貞己酉（當作丑，爲乾貞三年，
> 929）歲，予遊旅及，得國朝四門博士庭筠書堂故基，背五乳之峰，
> 帶遷鶯之谷。……予方肄業，乃結廬而止。俄而長樂從弟兄洎親友
> 十餘人繼至。明年，予倚金印峰復營小堂以自居。

此二例可視爲家學教育的初始階段：由族中長者率子弟親友定居一地，溫飽
後開始進行教育工作。此型家學初設之時或許是外地人遷居，長期發展後已
融入當地，成爲定居者。陳氏一族於昭宗大順時有三人任江西地方官，至南
唐昇元三年（939）〔註21〕時已是當地大族，業已成爲江西在地人。家學教育
的經濟支出必須仰賴家族分擔，在陳氏書堂一例中有「田二十頃，以爲遊學
之資」，另二例雖未言明經濟來源，但觀其從學者皆子弟、從弟兄、親友，應
亦由家族共同供應。陳氏書堂的經濟基礎較諸二者更爲厚實，是以能兼收四
方遊學士子。家學教育的目的在使子弟「學而優則仕」，陳氏書堂爲確保入學
子弟在一般水準之上，尚分爲啓蒙（書屋）與深造（書堂）二部，並規定就
學書堂者必須是弟侄子孫「賦性聰明者」、「有能者」。其包容四方游學士子，
亦有藉之與本族子弟切磋琢磨、提高本族子弟水準的用意。這種家學教育
不僅培養本族子弟，也吸收外地學子，對該地區人才的培育有相當正面的作
用。

　　士子自行讀書山林是江西最常見的求學方式，此型所佔比例極高，眾多
文人以此途習業應舉。其習業進學方式常是多人共聚一堂讀書討論，以群體
方式而非師生關係求學，如與符載在廬山共同習業者尚有楊衡、李渤等人，
其後並入朝爲官。符載自言：

> 中朝珪組君子，大半皆匡廬之舊，間闊久矣，爲余揖其休暢也。

〔註22〕

〔註20〕轉載自盛朗西《中國書院制度》（台北：華世出版社，民國 66 年），頁 19。
〔註21〕據馬氏《南唐書》卷一〈先主書〉昇元三年（939）條：「江州陳氏，元和給
　　　　事中京之後，宗族七百口，……建書樓於別墅，以延四方之士，肄業者多依
　　　　焉。」
〔註22〕見《全唐文》卷六九〇符載〈送袁校書歸秘書省序〉。

《唐詩紀事》卷四十六〈劉軻〉：

> 樂天云：廬山自陶謝後，正（貞）元初有符載、楊衡輩隱焉。

《全唐文》卷六九○符載〈荊州與楊衡說舊因送遊南越序〉：

> 載弱年與北海王簡言、隴西李元象、泊中師高明，會合於蜀，四人
> 相依，然約爲友，遂同詣青城山。斬割蓁葦，手樹屋宇，俱務佐王
> 之學，欲張聞見之路，方乘扁舟，沿三峽，道潯陽廬山，復營蓬居，
> 遂我遁棲。二三子以道德相播，以林壑相尚，精綜六籍，翱翔百
> 氏。……居五六載。

《唐才子傳》卷五〈楊衡〉並記其同學者：

> 衡，雪人。天寶間〔註23〕避地西來，與符載、竇羣、李渤同隱廬山。
> 結草堂於五老峰下，號山中四友。

符載之後有劉軻，當時共有一二十餘人同於廬山讀書。據《白居易集》卷二
十六〈代書〉：

> 廬山自陶、謝泊十八賢已還，儒風緜緜，相續不絕。貞元初，有符
> 載、楊衡輩隱焉，……今讀書屬文、結草廬於巖谷間者，猶一二十
> 人。即其中秀出者，有彭城人劉軻，……異日必能跨符、楊而攀陶、
> 謝矣。

《全唐文》卷七四二劉軻〈上座主書〉：

> 元和初，方結廬於廬山之陽，……農圃餘隙，積書窗下，日與古人
> 磨礱前心。歲月悠久，寖成書癖，故有《三傳指要》十五卷、《十
> 三代名臣議》十卷、《翼孟子》三卷。……一日從友生計，裹足而
> 西。

據劉軻自言習業學子並非同居共食，而是各居其所，論學時始會面。劉軻後
從其友之計，出山應舉。《太平廣記》卷十七〈神仙·薛肇〉：

> 薛肇……與進士崔宇於廬山讀書，同志四人，二人業未成而去。崔
> 宇勤苦，尋已擢第。

四人同志於學，二人先去，業未成。究此二人業未成即離去，除因個人因素
外，習業山林耗時漫長、生活清苦，也令學子不能忍耐而離去。杜荀鶴〈哭

〔註23〕《唐才子傳》所記年代似有誤，白居易所記其隱居時爲貞元初，見《白居易
集》卷二十六〈代書〉，且同隱之李渤後於元和長慶間出仕遭貶，天寶間就隱
居廬山爲時過早。

－102－

山友〉〔註24〕詩悼念其亡友，記二人曾同在廬山十年；五代時劉洞、江爲甚
至長達二十年〔註25〕。讀書山林者雖看似隱居，實際上並不排斥應舉求仕進。
《舊唐書》卷一一八〈李渤傳〉稱其「志於學，與兄涉偕隱廬山。」其隱居
地白鹿洞，《全唐詩》卷二九九王建〈題別遺愛草堂兼呈李十使君〉：「僧住鑪
峰下，書堂對藥臺，……君家白鹿洞，聞道亦生苔（本注：李十亦嘗隱廬山
白鹿洞）。」與李渤同時在廬山者尚有符載、竇群等人（見前引《唐才子傳》
卷五〈楊衡〉條），後來這批人並皆入朝爲官。應舉入仕爲宦，乃是士子習業
山林的一大目的。前述劉軻「裹足而西」即出山應舉。伍喬詩中稱：「舊隱匡
廬一草堂，今聞攜策謁吾皇。」〔註26〕「五老雲中勸學者，遇時能不困風塵，
束書西上謁明主，捧檄南歸慰老親。」〔註27〕宋人孫光憲《北夢瑣言》卷十
二〈張璟爲靈廟草奏〉：「廬山書生張璟，乾寧中，以所業之桂州，欲謁連帥。」
謁明主、謁連帥均意在應舉求仕。前述李端即於大曆五年（770）進士及第，
正式通過科舉考試，進入國家體系〔註28〕、楊收少年時修業於廬山，入仕後
官至宰相〔註29〕、李中自嘆宦途聚散：

　　三十年前共苦心，囊螢曾寄此煙岑，讀書燈暗嫌雲重，搜句石平憐
　　蘚深，各歷宦途悲聚散，幾看流輩成浮沈。〔註30〕

三者均是讀書山林後投身宦途者。江西地區的士子文人除應舉外，亦有投身
爲幕僚的另一出路。此職雖不一定需經進士科考及第，仍需具備相當知識，
習業山林等於一個準備過程。

　　廬山在唐代爲重要的修業中心，李羣玉尚有〈勸人廬山讀書〉詩〔註31〕，
證明該處已是重點區域。習業於廬山者，兼有江西本地人與外地人，前者如

〔註24〕《全唐詩》卷六九二杜荀鶴〈哭山友〉：「十載同棲廬嶽雲，寒燒枯葉夜論
　　　　文。」
〔註25〕馬氏《南唐書》卷十四〈儒者劉洞傳〉：「劉洞，廬陵人，少遊廬山，學詩於
　　　　陳貺，精思不懈，至洟日不盥。貺卒，猶居二十年。」同書同卷〈儒者江爲
　　　　傳〉記江爲：「建陽人，遊廬山白鹿洞，師事士陳貺，居二十年，有風人之
　　　　體。」
〔註26〕《全唐詩》卷七四四伍喬〈聞杜牧赴闕〉。
〔註27〕《全唐詩》卷七四四伍喬〈送江少府授延陵後寄〉。
〔註28〕見《唐才子傳》卷四〈李端〉條。
〔註29〕見《太平廣記》卷一五五〈定數・楊收〉。
〔註30〕李中《碧雲集》卷下〈壬申歲（後梁乾化二年，912）承命之任淦陽再過廬山
　　　　國學感舊寄劉鈞明府〉。
〔註31〕李羣玉《李羣玉詩・後集》卷四〈勸人廬山讀書〉。

楊收爲江州人，後者如李渤、李涉爲洛陽人。江西地區的人才是由該區自行培養教育而成，廬山挾交通之便捷、文化傳統之累積，成爲江西地區最主要的人才培育點，但其他地區並非一事無成，只是所受注意不如廬山多。除廬山一地外，虔州南康、吉州永新、袁州宜春均有士子讀書，王定保《唐摭言》卷八〈夢〉條：

> 鍾輻，虔州南康人也，始建山齋爲習業之所，因手植一松於庭際，俄夢朱衣吏白云，松圍三尺，子當及第。

《太平寰宇記》卷一○九〈江南西道・吉州・永新縣〉：

> 姚公石室，按縣圖云，縣西北一百二十里禾山足有石室，谿然洞開……開元宰相姚崇布衣之時曾至其處，愛此殊狀，卜居于側，讀書數歲，業成而去。

《太平寰宇記》卷一○九〈江南西道・袁州・宜春縣〉：

> 書堂山在州西南三十里。唐盧肇讀書於此。

既然外地人紛紛前往廬山修業，江西地區的人沒有理由捨近求遠，另赴外地求學，況且江西地區除廬山外一處外尚有其他讀書中心可運用。

　　江西地區的教育事業尚有一重點，即書院教育。私家稱其讀書園地爲書院似始自中唐，如楊巨源〈題五老峰下費君書院〉〔註32〕。書院除用以藏書外，並是讀書之地，拙稿此處所討論之書院以教學性質的書院爲主。民間書院從事教學活動大約始自中唐〔註33〕，洪州高安的桂巖書院即約建於元和年間。此時的書院，據後述史料記載，確已有教學活動。江西地區自中唐以降共有六書院，此外尚有白鹿洞，但僅具雛形，拙稿未視爲書院。書院多數是有系統的教學組織，兼有藏書、教學作用，可說是私家講學擴大、組織化後所形成的新型教育機構。江西的書院有時以家學教育爲基礎，如前述江州陳氏的東佳書堂即是。據《光緒江西通志》卷八十一、八十二〈建置略・書院〉所記，唐代江西地區共有書院六所，其名稱或稱書院，或稱書堂。六者中，以前文概述的東佳書堂最爲完備。東佳書堂爲陳袞所建〔註34〕，藏書千卷，「子

〔註32〕《全唐文》卷三三三。

〔註33〕參看李才棟《江西古代書院研究》（南昌：江西教育出版社，1993年10月），頁8～13。

〔註34〕《光緒江西通志》卷八十二〈建置略・書院〉記爲陳袞，但《宋史》卷四五六〈陳兢傳〉記爲陳袞之父陳崇所建：「崇爲江州刺史，益置田園，爲家法，戒子孫，擇群從掌其事，建書堂教誨之。僖宗時嘗詔旌其門，南唐又立爲義

弟之秀者，弱冠以上皆就學焉。」〔註35〕是一以家學教育爲主的書堂。不但就學者必須在標準以上，對書籍管理添置更有詳細規定（詳見注19）。書籍是書院的重要資源，私家富藏圖書是教育活動能持續的原因之一〔註36〕。書院中師生活動都環繞書籍進行，爲師者講書、著書，書院藏書、刻書，士子讀書、論書。唐代後期雕版印刷術發達，造成書籍能大量印製流通，對書院興起是一有利因素。東佳書堂以外的五所書院，桂巖、飛麟二書院亦是出於家族需要而建，皇寮書院較似私家講學，餘二書院皆李渤讀書處改建而成。此五者與地方官關係密切，皆爲地方官任職時所建。地方官中以江州刺史李渤最爲主要，李氏與江西關係深長，少時曾與兄涉相偕長隱廬山，其後出仕，長慶中任江州刺史時，建景星書院、李渤書堂與白鹿洞〔註37〕，《光緒江西通志》卷八十二〈建置略・書院・南康府〉：

> 白鹿書院，在（南康）府北十五里廬山五老峯下。唐貞元中，洛陽人李渤與兄涉隱於此。渤……人稱白鹿先生，寶曆中，渤爲江州刺史，就其地創臺榭，遂以白鹿名洞。南唐昇元中建學置田，……號曰廬山國學。

> 景星書院，在（九江）府城東。唐元和初召李渤爲右拾遺，不就，韓愈遺之書云：「朝廷士引領東望，若景星鳳皇爭先睹之爲快。」渤乃就命。長慶中刺江州，後人因建書院，曰景星。

> 李渤書堂，在德安縣使君山塢，唐長慶閒渤爲江州刺史，見其山水明秀，築堂於此。

《玉海》卷一六七〈白鹿洞書院〉條：

> 唐李渤與兄涉俱隱白鹿洞，後爲江州刺史，即洞創臺榭。南唐昇元中，因洞建學館，置田以給學生，學者大集。……當時謂之白鹿國庠。

《雍正江西通志》卷二十二〈書院・九江府〉：

> 景星書院在府城東，唐元和初召李渤爲右拾遺，不就，韓昌黎遺之

門，免其徭役。崇子袞江州司戶，袞子昉試奉禮郎。」《全唐文》卷八八八徐鍇〈陳氏書堂記〉記爲陳袞所建。

〔註35〕見《全唐文》卷八八八徐鍇〈陳氏書堂記〉。

〔註36〕唐代各處書院書藏書之況，參看高師明士〈前引文〉，頁244～245。

〔註37〕當時白鹿洞尚未成爲正式書院，待南唐創廬山國學時才有書院規模。詳見《玉海》卷一六七〈白鹿洞書院〉條。

書云「朝廷士引領東望，爭先睹爲之快。」渤乃就命。長慶中刺江
州，後人因建書院，名曰「景星」。

《同治德安縣志》卷三〈地理志・古蹟〉：

> 李渤書堂，在敷陽上鄉使君山之塢，去縣西四十里，唐李渤長慶間
> 爲江州刺史，見其山水之秀，遂築堂以爲書院。

由現有史料所記僅知景星書院、李渤書堂二處創建始末，但其詳細建設規模、
教學活動已不得而知。另一處白鹿洞，依史料記載當時尚未有書院之名，但
李渤讀書時就已有數人匯聚，李渤建臺樹、改善讀書條件後，隱居讀書者日
益眾多，發展更爲穩定，因而有南唐在該處建學館、置田、成立廬山國學。
廬山國學已非普通書院，而是國子學，金陵國子監的分館。不過廬山國學非
專爲貴冑子弟就讀而設，與唐之國子學又有不同〔註38〕。至北宋該地爲白鹿
洞書院，在宋代的江西地區與全國都是重要修業中心。李渤對江西地區教育
事業發展有貢獻，與其相關之三處書院，初始或爲己修業而築，其後遂吸引
士子匯聚，史料縱使未記其有教學活動，但該處必有藏書，士子前往書院習
業即與此相關。景星等二處姑且不論，白鹿洞一處能由私學升爲官學，顯見
在學習環境、就學者二方面都有長足進步。

東佳書堂與李渤所創二處書院外，江西地區尚有三處書院，《光緒江西通
志》卷八十一〈建置略・書院〉：

> 虎溪書院　在（南昌府）忠孝鄉琚塘，亦名虎溪精舍。唐婺源程天
> 　　　　　（一作元）器刺洪州，即家於此，始置飛麟學塾。
>
> 桂巖書院　在高安縣調露鄉洪城，唐幸南容創。
>
> 皇寮書院　在二都渝洲，唐吉州通判劉慶霖流寓永豐，建以講學。

飛麟學墅位於洪州南昌；桂巖書院在洪州高安；皇寮書院在吉州，《光緒江西
通志》記爲永豐，但唐時尚未置永豐縣，當屬廬陵。據《雍正江西通志》所
載，飛麟學墅創建者程氏〔註39〕於乾符四年（877）貶爲洪州司馬，後定居洪
州，建飛麟學墅，延助教授宗族子弟與四方學者，南宋時其後裔改書院名爲
虎溪〔註40〕。桂巖書院，據李才棟氏研究〔註41〕爲江西地區最早的書院。幸

〔註38〕詳見高師明士〈五代的教育〉（《大陸雜誌》第四十三卷第六期，1971 年 12
　　　月），頁 319～322、李才棟《前引書》，頁 22～27。

〔註39〕《光緒江西通志》卷八十一〈建置略・書院〉記爲程天（元）器，李才棟氏
　　　《前引書》頁 27 指爲程畑，其據爲《新建大塘程氏宗譜》。

〔註40〕《雍正江西通志》卷二十一〈書院〉：「虎溪書院，在新建忠孝鄉琚塘，亦名

南容於仕宦二十年以後返鄉創桂巖書院，據其後裔子孫、南宋時人幸元龍〈桂巖書院記〉〔註42〕所記，此地已「開館授業」，不單是藏書自修處，已經具有聚徒講學的雛型。按幸元龍所記，其先祖幸南容創書院目的在爲本族子弟創造讀書環境，以利子弟求仕進。幸南容本人爲貞元九年（793）進士〔註43〕，深知應舉之難、士子求學之切，爲了替本族子弟創造讀書求仕環境而建桂巖書院，亦即爲了適應科舉需要而建書院。這個目標後來成爲許多書院的傳統，士子肄業而後求仕，以仕進爲最終目的。皇寮書院由劉慶霖所創。劉慶霖爲渝州人〔註44〕，任吉州通判後，定居永豐（時當屬盧陵），創皇寮書院，目的在講學，屬於私家教學，與前二者以本族子弟爲考量對象不同。

　　由江西地區六個書院的創建者觀察，可以得知江西地區的人文水準已漸上升，李渤任地方官、創二處書堂，固然與其個人喜好有關，當地的人文也必有相當水準，才足以出現此二書院的就學的人潮。幸南容、陳衰、程天器、劉慶霖所建四書院，均是地方官退休後於任職地區創建，幸南容與陳衰尚可以其爲當地人解釋創書院之因，程天器、劉慶霖並非江西人，會在任官秩滿後決定定居當地並創建書院，應是被當地人文風氣所吸引。劉氏講學，可見當地已有學子就學；程氏爲宗族子弟立學，並納四方學者，亦見當地學風之盛。加上李渤所創、陳、幸二氏家學，可知江西地區普遍有向學之風，教育事業是將個別努力匯集成群的發展方法。六所書院的分布爲江州三，均在潯陽；洪州二，一在高安，一在南昌；吉州一，在盧陵，再次印證了州治所在的資源較別處豐，即使在人文發展上仍是如此。

　　江西地區書院發展原因與經濟發展相關，經濟發展的結果使得經濟負擔能力提高，能脫離經濟生產列的人數增多，求學之士數目大增。其次，雕版印刷術的發明流傳造成教學方式的變化。過去依賴的口授親傳可以轉爲多人持書冊並讀，增加學習時間與空間的彈性，書籍的增加擴大了學子活動範圍，不必侷限於以往有書籍之處。中唐以後，士人避亂南下，帶來大量書籍，

　　　虎溪精舍。唐婺源程天器刺洪州，即家於此，始置飛麟學塾。至宋嘉定間，改爲虎溪書院。」
〔註41〕李才棟氏《前引書》，頁13。
〔註42〕見同治《高安縣志》卷二十二〈藝文志·記〉。
〔註43〕見《登科記考》卷十三〈貞元九年·幸南容條〉，其據爲《瑞陽志》及《永樂大典》引《元一統志》。
〔註44〕李才棟氏《前引書》，頁28，但其所據出處不明。

山林中名僧學者講學授徒，四方學者雲集，書院因兼具藏書、讀書的優勢條件，成為重要的人才培養場所。江西地區在書院發展史上有重要地位，不僅因其書院歷史開始之早，也因其持續力，白鹿洞與東佳書堂都由唐代後期一直持續到宋代。總之，書院對江西地區人才持續出現是重要助力，江西地區的學子脫離官學的教育體系後，仍能有其培養管道，即得力於江西地區的書院。

第二節　科舉進士

江西地區一度在六朝時期人文水準進步快速，《通典》卷一八二〈州郡典・古揚州・風俗〉即稱：「永嘉之後，帝室東遷，衣冠避難，多所萃止，藝文儒術，斯之為盛。」《隋書》卷三十一〈地理志〉更指明江西九江一帶在東晉之進步，「自晉室南遷之後，南郡、襄陽，皆為重鎮，四方湊會，故益多衣冠之緒，稍尚禮義經籍焉。九江襟帶所在，江夏、竟陵、安陸，各置名州，為藩鎮重寄，人物乃與諸郡不同。」確實在東晉南朝，江西得力於政權南移、學者衣冠南遷而使人文水準提高，但在隋代回復以北方為中心後，赴江南人士再度北返，「辭人才士，總萃京師」〔註45〕，原先的兩個有利因素失去，再度居於相對落後的地位：「文物衣冠盡入秦，六朝繁盛忽塵埃。」〔註46〕這種一度出現的高文化程度，只能說是得力於外來因素，並非江西內部有了實際穩定的發展。

唐代前期江西地區一直沒有恢復到東晉南朝時的地位，這點除與政治相關外，取士制度也有相當程度的關聯。唐代政治中心一直保持在北方，這使得北方得以長保經濟、文化雙重優勢地位。在北人佔有資源優勢下，取士制度變成相對有利於北人，南方要在科舉入仕者中佔有固定席次極為困難。南方文化精英在這種情況下，或謹守於南、不入北方仕宦體系，抑或費心加入北方成為其中一份子，同樣對南方人文大幅進步助益不大，尤其北仕者為數甚少，連引起北方注意都不多見。在進士應舉方面，江西地區與南方發展頗相似，到唐代後期的人文發展轉快，人文程度大幅提高，不過江西的人文精英仍未進入中央的權力核心，要到宋代，這個變化過程才全部完成。

〔註45〕見《隋書》卷三十五〈經籍志〉。
〔註46〕見《全唐詩》卷七六七孫元晏〈淮水〉。

　　人才分布是人文發展的指標，兩《唐書》正史有傳，出身江西地區的人物極少，《舊唐書》卷一八九〈儒學傳〉、卷一九〇〈文苑傳〉中甚至全無江西人。但這這並非意謂江西地區全無人才，只是當地精英尚未被史家認為具有全國知名的水準，這點與前述江西精英尚未進入中央權力核心相符。針對《全唐文》、《全唐詩》二部普及性高、標準持平的作品集，牟發松氏統計了唐五代詩文作者的分布〔註47〕，其於江西部分如下：

表 4-2-1：唐五代江西地區詩文作者分布表

州　　名		洪州	江州	袁州	吉州	撫州	信州	饒州	虔州	合計
散文作者	中唐前	2		1						3
	中唐後	7	1	8	6	1	1	1		25
	小　計	9	1	9	6	1	1	1		28
詩人	中唐前	3	1					1		5
	中唐後	17	5	17	9	4	1	2	1	56
	小　計	20	6	17	9	4	1	3	1	61

　　由其中可以看出江西地區的人文發展速度，中唐以後的詩文作者數較諸中唐以前急遽增加，後期人數為前期的十一倍與八倍。合計前後期共八十九人，後期佔了 91%，後期人數遽增代表短期內人才倍出。增長速度是江西地區人文發展的一大特色，江南地區在唐代後期各方面普遍水準上升，但未有一區的發展速度能及江西地區。江西地區內的各州，依上表統計，以洪州、袁州、吉州最具潛力，在詩、文兩方面的人數都以此三州居首。其中又以袁州最為特出，洪、吉二州各有其政治經濟優越條件，袁州一地較之二處顯有不及，然而在人文發展上袁州所佔比重極高，尤其在進士科舉人數方面拔得頭籌。江西第一個狀元盧肇就是袁州宜春人。

　　據《登科記考》卷二十二所記，會昌三年（843）共舉士二十二人，盧肇為狀元，同年登第的江西人尚有黃頗，亦為袁州宜春人。王定保《唐摭言》卷十二〈自負〉（頁 137）云：

　　　盧肇初舉，先達或問所來？肇曰：「某袁民也。」或曰：「袁州出舉

〔註47〕轉引自牟發松《唐代長江中游的經濟與社會》（武漢：武漢大學出版社，1989年 1 月），頁 312「長江中游地區唐五代詩文作者的分布」江西部分。

人耶？」肇曰：「袁州出舉人，亦由沅江出龜甲，九肋者蓋稀矣。」

時人會有「袁州出舉人？」的疑問，似是當地出舉人甚少，盧肇的回答則認為相當普遍，唯特異者少。其實盧肇並非袁州首位進士，盧肇、黃頗之前，袁州至少已有進士十名。盧肇之言與其自負有關，王定保《唐摭言》卷三〈慈恩寺題名遊賞賦詠雜記〉（頁40）另記其自負事：

> 盧肇，袁州宜春人，與同郡黃頗齊名。頗富於產，肇幼貧乏。與頗赴舉，同日遵路，郡牧於離亭餞頗而已。時樂作酒酣，肇策蹇郵亭側而過；出郭十餘里，駐程俟頗為倡。明年，肇狀元及第而歸，刺史已下接之，大慙恚。會延肇看競渡，於席上賦詩曰：「向道是龍剛不信，果然銜得錦標歸。」

時人對盧肇之問顯示出當時普遍認為袁州無進士，此一看法並不符合事實。袁州進士在唐代後期倍出，據《登科記考》所記，自德宗以下幾乎每朝均有袁州進士及第。在盧肇之前，已有袁州進士至少十人。時人會對盧肇有此疑問，乃因袁州進士尚未聚結成一群體，只呈零星分布，其聲望大都不高。到鄭谷於僖宗光啟三年（876）進士及第時，已有咸通十哲〔註48〕之名在外為世人所知，江西進士也持續增加，時人已不再有此疑問。袁州進士數目在江西地區最多，而且是佔絕大多數，同時也是唐朝後期江西地區最早中舉的。盧肇是第一個狀元，時間在武宗會昌三年（843）；唐朝後期第一個進士是彭伉，在德宗貞元七年（791）中舉，王定保《唐摭言》卷八〈以賢妻激勸而得者〉（頁89）記載彭伉與另一名袁州進士湛賁間的關係：

> 彭伉，湛賁，俱袁州宜春人，伉妻即湛姨也。伉舉進士擢第，湛猶為縣吏。妻族為置賀宴，皆官人名士，伉居客之右，一座盡傾。湛至，命飯於後閤，湛無難色。其妻忿然責之曰：「君子不自勵，窘辱如此，復何為容！」湛感其言，孜孜學業，未數載一舉登第。伉常侮之，時伉方跨長耳縱遊於郊郭，忽有僮馳報湛郎及第，伉失聲而墜。故袁人謔曰：「湛郎及第，彭伉落驢。」

湛賁為唐朝後期江西第二個進士，在貞元十二年（796）中舉，距彭伉僅五年，且是一舉登第，頗有實力。彭伉、湛賁之後，盧肇之前，僅《登科記考》所記，江西地區登進士第者還有宋迪、錢識、賈棠、舒元輿、易之武、鄭史、

〔註48〕據《唐才子傳》卷九〈鄭谷〉所記，鄭谷、許棠、任濤、張嬪、李栖遠、張喬、喻坦之、周繇、溫憲、李昌符唱和往來，號為「芳林十哲」。

楊鴻、謝防、宋震九人〔註49〕，其中袁州佔八人，唯舒元輿爲江州人。《登科記考》所記袁州進士通常是據《永樂大典》轉引《宜春志》而得，如卷十四〈貞元十三年（797）宋迪〉條即稱：「宋迪，《永樂大典》引《宜春志》：『貞元十三年（797）宋迪登進士第。』」除舒元輿、宋震二人以外，宋迪、錢識、賈彗等人皆據《宜春志》知其登第年代。舒元輿登第，在《舊唐書》卷一六九本傳明確記載爲「元和八年（813）登進士第。」宋震於會昌二年（842）登第，據《登科記考》卷二十二〈會昌二年（842）·宋震〉條乃以《永樂大典》轉引《瑞陽志》、《袁州府圖志》二書爲據。由以上可知在貞元七年（791）彭伉及第到會昌三年（843）盧肇中狀元間，江西地區，尤其袁州，不斷有文人登進士第。根據這些進士登第年代分布，可以看出唐朝前期江西地區中舉者甚少〔註50〕，要到中唐以後，江西士子競趨科場才成爲風尚。

　　唐代前期江西舉進士者極少，拙稿僅見楊相如、李思元、熊曜、綦毋潛、劉昚虛五人，其原因除當地水準不夠以外，當地人不願入仕也是原因。《全唐文》卷三七一彭構雲小傳記載：

　　構雲，宜春人，天寶中爲刺史李璟所薦。玄宗欲官之，固辭歸里。
　　上元元年（760）卒。

彭構雲是少數在史籍有記載的唐前期江西文士，其入仕管道並非應舉，而是由刺史薦舉。玄宗對其優禮有加，「處臣以羽客眞居，飽臣以僊廚玉食」〔註51〕最後彭構雲仍不願就仕而辭官。這種情況在閩川地區亦有，「自樂其土，雖長材秀民，通文學習吏事者，相率不肯出仕。」〔註52〕這種不肯、不願出仕的狀況，造成唐朝前期江西進士極少，史家對少數不仕文人也常略而未記。江西進士數目大增要等到中唐以後，中唐以後的江西，尤其袁州地區的讀書風氣極盛，前述彭伉、湛賁之例中，湛賁之妻已知促其夫苦學自勵，

〔註49〕見《登科記考》卷十四〈貞元十三年（797）·宋迪〉條、卷十八〈元和五年（810）·錢識〉條、〈元和七年（812）·賈彗〉條、〈元和八年（813）·舒元輿〉條、卷二十〈寶曆元年（825）·易之武〉條、卷二十一〈開成元年（836）·鄭史〉條、〈開成二年（837）·楊鴻〉條、卷二十二〈會昌元年（841）·謝防〉條、〈會昌二年（842）·宋震〉條。
〔註50〕《光緒江西通志》卷二十一〈選舉表〉所載江西進士雖多，但頗多未有其他史料佐證，拙稿對之僅參考，不列入表中統計。
〔註51〕據《全唐文》卷三七一彭構雲〈謝遣中使送鄉表〉。
〔註52〕見《道光福建通志》卷五十五引喬遠《閩書》，轉引自牟發松《前引書》，頁318。

另一例中盧肇與黃頗同日赴舉，刺史郡牧雖因盧肇貧而未爲其餞別，但已知餞別黃頗，雖是官人勢利，但也可以看出當地人對於求仕應舉者已抱支持態度，與天寶時彭構雲固辭而返已不可同日而語。

江西地區在中唐以後文化水準大爲提升，大約在德宗貞元以後，業儒有成者日益增多。其中不僅包括江西本地人，亦有外地人於江西隱居修業，獲功名踏入宦途者。前述之彭伉、湛賁爲貞元時舉進士，元和時代除了宋迪、錢譏、賈彗外，尚有熊孺登、施肩吾二人。《唐詩紀事》卷四十三〈熊孺登〉記：

> 熊孺登，鍾陵人〔註53〕，登進士第，終藩鎮從事。

《光緒江西通志》卷一三四〈列傳・南昌府〉記：

> 熊孺登，鍾陵人，元和進士。官藩鎮從事，有詩名，與白樂天、劉夢得相唱和。

施肩吾並非江西人，史料對其出身地記載不一〔註54〕，但大多記其隱於洪州。王定保《唐摭言》卷八〈及第後隱居〉（頁92）即載其隱居事：

> 施肩吾，元和十年（815）及第〔註55〕，以洪州之西山乃十二眞君羽
> 化之地，靈蹟具存，慕其眞風，高蹈於此。

由史料可知熊孺登、施肩吾均確定於元和時舉進士。另一元和時舉進士者劉軻，與施肩吾同非江西人，但亦習業於江西。《登科記考》卷十八〈元和十三年（818）・劉軻〉條記爲元和十三年（817）登第。王定保《唐摭言》卷十一〈反初及第〉（頁120）記載其隱於廬山，後登第之事：

〔註53〕 《元和郡縣圖志》卷二十八〈江南道・江西觀察使・洪州・南昌縣〉：「隋平陳，改爲豫章縣。寶應元年（761）六月改爲鍾陵縣，十二月改爲南昌縣。」

〔註54〕 《唐詩紀事》卷十四〈施肩吾〉誤以其隱居地爲籍貫，記爲洪州人。《郡齋讀書志》卷四〈別集類〉著錄施肩吾《西山集》稱其爲吳興人。《新唐書》卷五十九〈藝文志〉：「施肩吾《辨疑論》一卷（注：睦州人，元和進士第，隱洪州西山）。徐獻忠《吳興掌故集》卷二〈鄉賢類〉記載爲：「施肩吾，吳興人，元和十五年（820）進士，後隱居豫章之西山。」《乾隆浙江通志》卷一二三〈選舉〉亦載吳興人施肩吾於憲宗元和時代中舉。

〔註55〕 《唐摭言》卷八〈及第後隱居〉（頁92）、《唐詩紀事》卷四十一載施肩吾爲元和十年（815）登第。《唐語林》卷六〈補遺〉（頁217）：「元和十五年（820）太常少卿李建知舉，放進士二十九人。時崔蝦舍人與施肩吾同榜。」《郡齋讀書志》卷四〈別集類〉著錄施肩吾《西山集》亦云：「元和十五年（820）進士。」《直齋書錄解題》卷十九〈詩集類〉同。《唐才子傳》卷六〈施肩吾〉亦取十五年說。《登科記考》卷十八引《唐才子傳》與唐詩考據，以十五年說爲是。

劉軻，慕孟軻爲文，故以名焉。少爲僧，止於豫章高安縣南果園，
後求黃老之術，隱於廬山，既而進士登第。文章與韓柳齊名。

據其〈上座主書〉〔註56〕自稱：

軻本沛上耕人，代業儒，爲農人家。天寶末，流離於邊，徙貫南
鄙。邊之人，嗜習酖味異乎沛，然亦未嘗輟耕捨學與邊俗齒。且
曰：言忠信，行篤敬。雖夷貊行矣。故處邊如沛然。貞元中，軻僅
能執經從師，元和初，方結廬於廬山之陽。……歲月悠久，浸成書
癖。

劉軻非江西人，但確實是遷居江西、習業廬山之後才登第入仕。觀劉軻之
言，對江南尚有鄙薄之意。唯其仍選擇於廬山習業，因須借重其藏書與學
風。稍早大曆年間亦有李端來廬山讀書，後進士及第。《唐才子傳》卷四〈李
端〉：

少時居廬山，依皎然讀書，意況清虛，酷慕禪侶。大曆五年（770），
李摶榜進士及第，授秘書省校書郎。

李端亦非江西人，但居江西廬山依僧人皎然讀書，有其詩爲證〔註57〕。劉軻
之後，寶曆、開成、會昌年間有前述易之武等五人登第，會昌三年（843）並
有盧肇舉狀元，《全唐文》卷七六八盧肇小傳：

肇字子發，袁州宜春人。會昌三年（843）進士第一，除著作郎。遷
倉部員外郎，充集賢院直學士。咸通中出爲歙州刺史，歷宣、池、
吉三州卒。

據《登科記考》卷二十二〈會昌三年（843）・黃頗〉條，同年登第尚有袁州
人黃頗：

《永樂大典》引《宜春志》：「黃頗，字無頗，宜春人，與盧肇相上
下。每見肇所爲文輒不取。會昌三年（843）擢進士科。」

稍後會昌五年（845）出現了江西另一個狀元易重，《登科記考》卷二十二〈會
昌五年（845）・易重〉條記爲：

易重，字鼎臣，上高人。……《宜春志》引《登科記》云：「會昌五
年（845）張瀆作狀元，易重第二。其年翰林重考，張瀆黜落，以重

〔註56〕 見《全唐文》卷七四二。
〔註57〕 見《全唐詩》卷二八六李端〈長安書事寄盧綸〉：「弱冠家廬岳，從師歲月深。」
卷二八五〈憶皎然上人〉、卷二八六〈送皎然上人歸山〉。

為狀元。」

易重是繼盧肇之後另一個江西狀元，二人僅相隔一年。易重登第之年，江西地區亦有二名進士，與盧肇登第之年相同，故其詩云：「故里仙才若相問，一春攀得兩重枝。」〔註58〕另一登第者亦為宜春人，名魯受〔註59〕。易重、魯受之後的江西進士，有劉駕，《唐才子傳》記其為大中六年（852）進士〔註60〕，但籍貫不明。《全唐詩》卷五八五劉駕小傳僅言其為江東人，據其詩〈下第後屏居長安書懷寄太原從事〉：「故山彭蠡上。」〔註61〕故山在彭蠡湖邊，彭蠡湖全湖均位於江西區內，劉駕應即江西人。

　　登第者除才學也需運氣，江西也有一批屢試不中的文人，這些人中亦有文采不凡，詩名遠播者，如來鵬、閔廷言、任濤、沈彬。《唐才子傳》卷八〈來鵬〉：

> 鵬，豫章人，……師韓柳為文，大中、咸通間才名藉甚。鵬工詩，蓄銳既久，自傷年長，家貧不達，頗亦忿忿，故多寓意譏訕。當路雖賞清麗，不免忤情，每為所忌。……凡十上不得第。韋岫尚書獨賞其才，延待幕中，攜以遊蜀。〔註62〕

王定保《唐摭言》卷十〈海敘不遇〉（頁113）：

> 來鵠，豫章人也，師韓、柳為文。大中末，咸通中，聲價益藉甚。

同卷（頁113）又記：

> 閔廷言，豫章人也，文格高絕。咸通中，初與來鵠齊名。

同卷（頁112）又記：

> 任濤，豫章筠川人也，詩名早著。……數舉敗於垂成。李常侍隲廉察江西，特與放鄉里之役，盲俗互有論列。隲判曰：「江西境內，凡為詩得及濤者，即與放色役，不止一任濤耳。」

《唐才子傳》卷十〈沈彬〉：

> 彬，字子文，筠州高安人。自幼苦學，屬末歲雜亂，隨計不捷，南

〔註58〕見《全唐詩》卷五五七易重〈寄宜陽兄弟〉。

〔註59〕見《登科記考》卷二十二〈會昌五年（845）‧魯受〉條。

〔註60〕《唐才子傳》卷七〈劉駕〉：「駕，字司南，大中六年（852）禮部侍郎崔嶼下進士。」

〔註61〕見《全唐詩》卷五八五。

〔註62〕傅璇琮主編《唐才子傳校箋》（北京：中華書局，1990年5月），頁429～430，考證來鵬並非來鵠。《唐詩紀事》卷五十六即分作二人。

遊湖湘，隱雲陽山數年。

筠川一地，兩《唐書‧地理志》未載此一地名，《唐才子傳》記沈彬、任濤爲筠州人〔註63〕，而據《舊唐書》卷四十〈地理志〉所記，筠州即洪州高安縣〔註64〕，所以筠川當即筠州之誤。自大中、咸通到乾符年間，江西地區這批文士雖未能登第，但已享文名，整個江西地區的人文水準逐漸上升。這批名士之外，仍陸續有江西舉子登進士第，據《登科記考》所載，徐澮、伊播、袁皓、曾緄各於大中十年（856）、咸通四年（863）、咸通六年（865）、咸通十二年（871）登第，漸匯聚成江西士子群。至鄭谷於乾符三年（876）登第時，已享文名，與其前中舉而未知名、知名不能中舉者大異。鄭谷者，據《唐才子傳》卷九所記自幼穎慧，中舉後擔任中央官職，宦途尚稱平穩，唯未居中央高官職位：

> 谷，字守愚，袁州宜春人。……谷幼穎悟絕倫，七歲能詩。……光啓三年（887），右丞柳玭下第進士，授京兆鄠縣尉，遷右拾遺，補闕。乾寧四年（897），爲都官郎中。……未幾告歸，退隱仰山書堂，卒於北巖別墅。

關於鄭谷登第年代，《登科記考》卷二十三〈乾符三年（876）‧鄭谷〉條有考證：

> 按《文苑英華》載，鄭谷〈漲曲江池〉詩注云：「乾符丙申歲春」，
> 則鄭谷當于乾符三年（876）及第，光啓爲乾符之訛，今改正。

但岑仲勉認爲鄭谷應爲光啓時登第，《登科記考》所據《文苑英華》卷一八三〈奉詔漲曲江池〉詩之全名應爲《全唐詩》卷六七五鄭谷〈乾符丙申歲奉試春漲曲江池〉詩，是鄭谷於乾符時所作〔註65〕。鄭谷之後尚有江西進士數人，《唐才子傳》卷十〈王貞白〉爲信州進士：

> 貞白，字有道，信州永豐人也。乾寧二年（895）登第，時榜下物議紛紛，詔翰林學士陸扆於內殿復試，中選，授校書郎。

〔註63〕《唐才子傳》卷九〈任濤〉：「濤，筠州人也，章句之名早擅，乾符中，數應舉，每敗於垂成。」

〔註64〕《舊唐書》卷四十〈地理志‧江南道‧洪州‧高安縣〉：「武德五年（622），改爲高安，仍置靖州，領高安、望蔡、華陽三縣。七年（624），改靖州爲米州。其年，又改爲筠州。八年（625）廢筠州，省華陽、望蔡二縣，以高安屬洪州。」

〔註65〕詳見岑仲勉《登科記考訂補》，收入《登科記考》（北京：中華書局，1984年）附錄，頁13。

《直齋書錄解題》卷十九〈詩集類〉記：「《靈溪集》七卷唐校書郎上饒〔註66〕王貞白有道撰。乾寧二年（895）進士，其集有自序，永豐人有藏之者。」《唐才子傳》卷十〈王轂〉爲另一袁州進士：

> 轂，字虛中，宜春人。……適生離難間，辭多寄寓比興之作，無不知名。乾寧五年（898），羊紹素榜進士，歷國子博士，後以郎官致仕。

同年江西地區並有何幼孫登第〔註67〕，其後光化三年（900）有南昌人王定保登第〔註68〕。王定保《唐摭言》卷十〈海敘不遇〉（頁115）另記二名江西文士，亦應舉不第：

> 陳象，袁州新喻人也。少爲縣吏，一旦憤激爲文，有西漢風骨，著貫子十篇。南平王鍾傳鎮豫章，以羔雁聘之，累遷行軍司馬、御史大夫。陳象復佐其子文政。
>
> ……
>
> 陳岳，吉州廬陵人也。少以辭賦貢于春官氏，凡十上竟抱至冤。晚年從豫章鍾傳，復爲同舍所譖；退居南郭，以墳典自娛。因之博覽羣籍，嘗著書商較前史得失，尤長於班、史之業，評三傳是非，著春秋折衷論三十卷；約大唐實錄，撰聖紀一百二十卷。……其辭、賦、歌、詩，別有編帙。光化中，執政議以蒲帛徵；傳聞之，復辟爲從事。後以讒黜。

《唐才子傳》卷十〈李中〉：

> 中，字有中，九江人也。唐末，嘗第進士，爲新塗〔註69〕、滏（涂）陽、吉水〔註70〕縣令，仕終水部郎中。

〔註66〕 據《元和郡縣圖志》卷二十八〈江南道・信州〉所載：「永豐縣，本弋陽縣進賢鄉永豐里之地，乾元元年（759）置，因里爲名。」據兩《唐書・地理志》所記，信州原有永豐縣，於元和七年（812）倂入上饒縣。《舊唐書》卷四十〈地理志〉：「上饒……元和七年（812），省永豐縣入。」《新唐書》卷四十一〈地理志〉：「上饒，……乾元元年（758）復置，并置永豐縣，元和七年（812）省永豐入焉。」

〔註67〕 見《登科記考》卷二十四〈乾寧五年（898）・何幼孫〉條。

〔註68〕 《十國春秋》卷六十二〈王定保傳〉記其爲南昌人。登第年代見《登科記考》卷二十四〈光化三年（900）・王定保〉條。

〔註69〕 江西並無新塗之地，疑爲新淦之誤。

〔註70〕 吉水在唐代尚未正式設立，其地屬吉州。

粗略統計《登科記考》中姓名、籍貫可考者，共五百六十餘人，江南道居一百八十八人，茲列舉如下：

表4-2-2：江南道進士分布表

州別	中唐前	中唐後	州別	中唐前	中唐後	州別	中唐前	中唐後
越州	3	6	洪州		3	歙州		1
蘇州	3	43	信州		1	澧州		1
潤州	3	5	江州		1	福州	2	40
宣州 池州	1	13	袁州		26	泉州	1	13
湖州		1	婺州		2	漳州		2
常州		2	睦州		5	建州		1
杭州		1	衢州		2	江東		6

由於此表僅爲約略估算，未能詳考者不列入表中，是以僅能據此概略觀見江南道各州進士分布的比例。由表中可以看出江南進士集中於三區：江東，以蘇州最多，高達四十六人，佔全江南道24.4%；其次即江西地區，合計三十一人，佔全江南道16.4%，若擴大及江南西道全區、加入宣州、池州，總數可達四十五人，佔全江南道23.9%；第三爲福建地區，福州一地僅次於蘇州，也高達四十人。江東自六朝以來文化發達，在江南地區居領先地位，有此結果不令人意外。江西地區與閩中地區則是唐代急起直追的結果。關於閩中進士，凍國棟氏已有專文討論〔註71〕，在此僅說明江西進士遽增的新發展。《太平寰宇記》卷一〇九〈江南西道・袁州〉條稱：「宜春山水秀麗，鍾於詞人，自唐有舉場，登科者實繁。江南諸郡俱不及之。」雖略有誇大，但中晚唐至五代時期袁州人舉進士確實已蔚然成風，江西其他州雖不如袁州進士數額之巨，也陸續有士子登科，加上習業江西而後登第者，數目更多。以下據前列史料及《光緒江西通志》卷二十一〈選舉表〉製成「表4-2-3：江西地區進士登科表」：

〔註71〕凍國棟〈唐代闕中進士登場與文化發展管見〉，《魏晉南北朝隋唐史資料》第十一期，武漢大學出版社，1991年6月。

表 4-2-3：唐代江西地區進士登科表

文　士	及　第　年　份	與江西關聯	史　料　根　據
楊相如	神龍年間	洪州南昌人	《江西通志》21、《全唐文》303
李思元	神龍年間	洪州高安人	《江西通志》21、《全唐文》201
熊　曜	開元年間	洪州南昌人	《江西通志》21、《元和姓纂》1
綦毋潛	開元十四年（726）	虔州人	《元和姓纂》2
劉眘虛	開元中	新吳（奉化鄉）人	《同治奉新縣志》8、《唐才子傳》1
賴　裴	乾元年間	虔州雩都人	《江西通志》21、《元和姓纂》8
李　端	大曆間	居廬山依皎然讀書	《唐才子傳》4
吉中孚	大曆年間	饒州鄱陽人	《新唐書》203、《江西通志》21
熊執易	貞元元年（785）	洪州南昌人	《唐會要》76、《元和姓纂》1
彭　伉	貞元七年（791）	袁州宜春人	《唐詩紀事》35、《登科記考》12
湛　賁	貞元十二年（796）	袁州宜春人	《唐詩紀事》35、《登科記考》14
宋　迪	貞元十三（797）	袁州宜春人	《登科記考》14
幸南容	貞元年間	洪州高安人	《登科記考》13、《江西通志》21
錢　識	元和五年（810）	袁州宜春人	《登科記考》18
賈　彗	元和七年（812）	袁州宜春人	《登科記考》18
熊儒登	元和時	鍾陵人	《唐才子傳》6、《唐詩紀事》3
舒元輿	元和八年（813）	江州人	《舊書》169本傳、《登科記考》18
劉　軻	元和十三年（818）	習業廬山後登第	《唐摭言》11、《登科記考》18
施肩吾	元和十五年（820）	登第後隱洪州西山	《唐摭言》8、《登科記考》18
易之武	寶曆一年（825）	袁州宜春人	《登科記考》20
鄭　史	開成一年（836）	袁州宜春人	《唐詩紀事》56、《登科記考》21
楊　鴻	開成二年（837）	袁州宜春人	《登科記考》21
謝　防	會昌一年（841）	袁州宜春人	《登科記考》22
宋　震	會昌二年（842）	袁州宜春人	《登科記考》22
盧　肇	會昌三年（843）	袁州宜春人	《全唐文》768、《登科記考》22
黃　頗	會昌三年（843）	袁州宜春人	《登科記考》22
易　重	會昌五年（845）	袁州宜春人	《唐詩紀事》52、《登科記考》22
魯　受	會昌五年（845）	袁州宜春人	《登科記考》22

劉　駕	大中六年（852）	江西人	《唐才子傳》7
徐　渙	大中十年（856）	袁州宜春人	《登科記考》22
伊　播	咸通四年（863）	袁州宜春人	《唐詩紀事》70、《登科記考》23
袁　皓	咸通六年（852）	袁州宜春人	《新唐書》60、《登科記考》23
曾　繇	咸通十二年（871）	袁州宜春人	《登科記考》23
何　迎	廣明一年（880）	袁州宜春人	《登科記考》23
鄭　谷	光啓三年（887）	袁州宜春人	《登科記考》23
蔣　肱	大順二年（891）	袁州宜春人	《登科記考》24
易　標	景福二年（893）	袁州宜春人	《登科記考》24
唐　稟	乾寧一年（894）	袁州宜春人	《登科記考》24、《全唐詩》694
王貞白	乾寧二年（895）	信州永豐人	《直齋書錄解題》19、《唐才子傳》10、《全唐詩》701
王　轂	乾寧五年（898）	袁州宜春人	《唐才子傳》10、《登科記考》24
何幼孫	乾寧五年（898）	袁州宜春人	《登科記考》24
王定保	光化三年（900）	洪州南昌人	《直齋書錄解題》11、《登科記考》24、《十國春秋》62
歐陽持	天復一年（901）	高安人	《登科記考》24
李　旭	天復四年（904）	袁州宜春人	《唐詩紀事》71、《登科記考》24
李　中	唐　末	九江人	《唐才子傳》10、《全唐詩》747
備　考	本處《江西通志》為《光緒江西通志》，其卷二十一〈選舉表〉所載江西進士雖多，其中未有其他史料佐證者，拙稿對之僅參考，不列入表中統計。		

　　江西進士大量地出現，反映出唐代後期該區文化的快速發展，究其背景原因有數端：其一為科舉制度有利。唐代以科舉選士是選舉制度的重大變革，文化精英更能憑其才學而非社會出身入仕。縱使在唐代門第一直有影響力存在的情況下，進士科仍是多數士子躋身仕途的主要途徑。唐人沈既濟自言：

> 永淳之後，太后君臨天下二十餘年，當時公卿百辟無不以文章達，因循趨久，寖以成風。以至於開元、天寶之中，……百餘年間，生育長養，不知金鼓之聲，燧燧之光，以至於老。故太平君子唯門調戶選，徵文射策，以取祿位，此行己立身之美者也。父教其子，兄教其弟，無所易業，大者登臺閣，小者仕郡縣，資身奉家，各得其

足，五尺童子恥不言文墨焉。是以進士爲士林華選，四方觀聽，希
其風采，每歲得第之人，不浹辰而周聞天下。〔註72〕

進士科之爲仕進的主要途徑由此可知。此段史料主要描繪唐代前期北方社
會，當時士子競奔科場已屬常情。安史之亂造成士人南逃南遷，「避地衣冠盡
向南」也帶動了南方應舉之風。科舉制度原則上不以門第而以登科爲標準，
對南方士子而言是一條可能性較高的入仕管道。中唐以後江西文化水準不斷
提高，天寶時江西有綦毋潜、劉眘虛、王季友〔註73〕三家詩人，雖只享文名，
未有高官大業，但已可證其地人文發展到達相當程度，唯待士子應考登第，
一展其學。科舉制度的機會均等原則，江南人皆知，如湛賁之妻亦知規勸其
夫。風氣所及，習業應舉成爲社會風尚。前節所述江西地區士子習業山林者
入山苦讀、趨赴科場之況與北人已無二致，這種應舉者大增的現象有史料佐
證，王定保《唐摭言》卷一〈會昌五年（845）舉格節文〉（頁2）規定諸道州
貢士人數標準：

> 其鳳翔、山南西道東道、荊南、鄂岳、湖南、鄭滑、浙西、浙東、
> 鄜坊、宣商、涇邠、江南、江西、淮南、西川、東川、陝虢等道，
> 所送進士不得過一十五人，明經不得過二十人。其河東、陳許、汴、
> 徐泗、易定、齊德、魏博、澤潞、幽孟、靈夏、淄青、鄆曹、兗海、
> 鎮冀、麟勝等道，所送進士不得過一十人，明經不得過十五人。金
> 汝、鹽豐、福建、黔府、桂府、嶺南、安南、邕容等道，所送進士
> 不得過七人，明經不得過十人。其諸支郡所送人數，請申觀察使爲
> 解都送，不得諸州各自申解。諸州府所試進士雜文，據元格並合封
> 送省。

在此中所列舉地區乃按節度使區劃分，較十五道的劃分方式更加細密精確。
由該格文可以看到江西已名列第一等地區，與北方的山南道、南方的荊南、
鄂岳等量齊觀，其進士數字毫不遜色。

其次，北方人士的南徙對江西的人文發展所發揮的引導作用，日後擬以
專文討論，此處僅敘其大略。到過江西的名士極多，包括宋之問、王勃、張
說、李嶠、姚崇、張九齡、孟浩然、李白、元結、劉長卿、盧綸、柳渾、白

〔註72〕《通典》卷十五〈選舉典・歷代制下〉注引禮部員外郎沈既濟語。
〔註73〕王季友非江西人，但長期客居於江西洪州酆城，《唐才子傳》卷四〈王季友〉：
「客酆城，洪州刺史李公，一見傾敬，即引佐幕府。」

居易、韓愈、劉禹錫、李渤、劉軻、許渾、權德輿、李德裕、戴叔倫、皮日休等人〔註74〕都曾赴江西，並有詩文為證。這些著名文士到江西對當地人文發展應有影響。元稹、白居易之唱和詩文，沿江衣冠士子、平民眾庶都能傳道諷誦〔註75〕，白居易亦自言：

> 自長安抵江西三四千里，凡鄉校、佛寺、逆旅、行舟之中，往往有
> 題僕詩者，士庶、僧徒、孀婦、處女之口，每有詠僕詩者。此誠雕
> 篆之戲，不足為多，然今時俗所重，正在此耳。〔註76〕

南貶官員對江西士子求進亦嘗有正面影響，王定保《唐摭言》卷四〈師友〉（頁52）：

> 愈自潮州量移宜春郡，郡人黃頗師愈為文，亦振大名。

《登科記考》卷二十二〈會昌三年（843）·丁稜〉條引《玉泉子》：

> 李德裕抑退浮薄，門無賓客。唯進士盧肇，宜春人，有奇才。德裕
> 嘗左宦宜陽（即宜春），肇投以文卷，由此見知。後隨計京師，每謁
> 見，待以優禮。

此二人其後皆於會昌三年（843）中進士，盧肇並奪狀元。在此必須說明唐代後期的江西地區的確受到北人南移的影響，但其人文發展並非北方文風南遷就可以解釋。中唐以後，江西地區士子持續在科場上有斬獲，北人南遷的影響不可能持續如此長久，而是當地的整體發展已臻成熟的緣故。

再其次，經濟發展是文化的基礎，東晉南朝時的江西地區一度也出現文化高潮，但政權中心北遷後盛況隨即不再。這是由於當地社會經濟基礎尚不足以提供該處人才自立發展，過分仰賴外界的情況下，一旦外來文士撤離，盛況即消。唐初即行科舉，但江西地區在唐代前期幾無進士。唐代後期的江西地區增置州縣、人口大增，經濟有顯著進步，與文生進士數量大增呈明顯相應。經濟發達為進士文人提供了一定的物質基礎，因地方政府舉送進士需要一定的花費，包括鄉飲酒之禮、旅費，而文士赴京旅費及在京用度則大半仰賴家鄉供給。赴京應舉在未及第前的時間可能極長，這種長期的開支有賴出身地供給無虞才能維持。江西地區的經濟富裕，提供士子安穩的應考經濟基礎，如前述會昌進士黃頗其家「頗富於產」，雖與盧肇同有文名，而黃頗應

〔註74〕參看《江西文化》（瀋陽：遼寧教育出版社，1993年6月），頁14～15。
〔註75〕見《舊唐書》卷一六六〈元稹傳〉。
〔註76〕見《舊唐書》卷一六六〈白居易傳〉之〈與元九書〉。

舉前傲氣凌人，與其經濟後援無虞，可長期應試，有相當關聯。盧肇家貧，其傲人之態必待中舉才顯露，則與其仰賴地方資助有關。江西地方良吏也曾對舉子常給予經濟優待，減輕其負擔，如王定保《唐摭言》記李隲免任濤色役〔註77〕、鍾傳爲鄉貢士子添資：〔註78〕

> 國朝自廣明庚子之亂，甲辰，天下大亂，車駕再埒岐梁，道殣相望，郡國不以貢士爲意。江西鍾傳令公起於義聚，奄有疆土，充庭述職，爲諸侯表式，而乃孜孜以薦賢爲急務。雖州里白丁，片文隻字求貢於有司者，莫不盡禮接之。至於考試之辰，設會供帳，甲於治平。行鄉飲之禮，常率賓佐臨視，拳拳然有喜色。復大會以餞之，筐篚之外，率皆資以桂玉。解元三十萬，解副二十萬，海送皆不減十萬。垂三十載，此志未嘗稍息。時舉子有以公卿關節，不遠千里而求首薦者，歲常不下數輩。

此固然與良吏有心勵學有關，江西地區財政實力雄厚也有相當關係。宋代學者洪邁《容齋四筆》卷五引宋人吳孝宗〈餘干縣學記〉描繪江西饒州富裕好學之況：

> 古者江南不能與中土等。宋受天命，然後七閩、二浙與江之西東，冠帶《詩》、《書》，翕然大肆，人才之盛，遂甲於天下。江南既爲天下甲，而饒人喜事，又甲於江南。蓋饒之爲州，壤土肥而養生之物多，其民家富而戶羨，蓄百金者不在富人之列。又當寬平無事之際，而天性好善，爲父兄者，以其子與弟不文爲咎：爲母妻者，以其子與夫不學爲辱。

其所言雖在解釋宋代江西地區人文大盛之因，同樣也可藉以說明中唐以後江西地區人文快速發展的原因。北宋政權核心雖仍在北方，江西的文化優勢地位已經穩固，不再因政治中心居北而動搖或喪失。這是江西地區人文已發展成熟的表現，其根基在於中唐以後的社會經濟發展打下了基礎。

社會風尚的轉變，也是江西地區人文發展的一個因素。唐代前期江西士子不願出仕，已見前述，後期應舉習業人數大增，「爲父兄者，以其子與弟不文爲咎；爲母妻者，以其子與夫不學爲辱」〔註79〕，所記雖爲宋代饒州餘干

〔註77〕見前引《唐摭言》卷十〈海敍不遇〉（頁112）任濤事。
〔註78〕見《唐摭言》卷二〈爭解元〉（頁18）。
〔註79〕見宋人洪邁《容齋四筆》卷五引宋人吳孝宗〈餘干縣學記〉。

縣，但饒州在唐代後期是士子應舉較不發達的一州，到宋代能有這種表現，應是唐末五代的逐步轉變。袁州爲江西地區文風最盛之處，韋莊於〈袁州作〉詩中稱「家家生計只琴書，一郡清風似魯儒。……煙霞盡入新詩卷，郭邑閑開古畫書。」〔註80〕〈題袁州謝秀才所居〉則稱「主人年少已能詩」〔註81〕。這種讀書風氣已遍及全州，各家無論老少都習以爲常，五尺童子恥不言文墨，讀書已成爲生活的一部分。晚唐五代的袁州進士輩出，據牟發松氏統計可達六十餘人〔註82〕；文學方面，《全唐詩》所記晚唐袁州詩人群共有十四人。不僅數量方面驚人，才學方面亦表現不凡，鄭谷爲芳林十哲之首，在文壇極享盛名，江西文士至此已有全國性地位。洪、江、信等州在中唐以後同樣有進士登科，其數字雖不如袁州驚人，但就登第現象而言，已不再是落後地區。

南選制度自上元二年（675）起主要對嶺南諸州及黔中士子施行，江淮、福建有時亦併入實施，見《新唐書》卷四十五〈選舉志〉：

> 高宗上元二年（675），以嶺南五管、黔中都督府得即任土人，而官或非其才，乃遣郎官、御史爲選補使，謂之「南選」。其後江南、淮南、福建大抵因歲水旱，皆遣選補使即選其人。而廢置不常，選法又不著，故不復詳焉。

唐代後期曾數度在江淮選人，見《舊唐書》卷一一二〈李峴傳〉：

> 代宗即位，徵峴爲荊南節度、江陵軍，知江淮選補使。……收東京……遷吏部尚書，知江淮舉選，置銓洪州。

其典選事務並曾移在洪州處理，可見洪州的重要性。選補使之事又見於《唐會要》卷七十五〈南選〉：

> （德宗）興元元年（784）敕：「吏部侍郎劉滋知洪州選事。」（注：時京師寇盜之後，天下蝗旱，穀價翔貴，選人不能赴調。仍命滋江南典選，以便江嶺之人，時稱舉職）

選補使設於洪州，意在兼取江南、嶺南二處人才。清人趙翼《陔餘叢考》卷十七〈唐制吏部分東選南選〉條對此事有詳細分析：

> 舊唐書興元二年（783），劉滋以吏部侍郎往洪州知選舉，時兵荒後，

〔註80〕韋莊《浣花集》卷六。
〔註81〕韋莊《浣花集》卷六。
〔註82〕見牟發松氏《前引書》，頁315。

選人不能赴調，乃命滋江南典選，以便江嶺之人。又李峴罷政爲吏
部尚書，知江淮選舉置銓洪州，此置選於江西者也。

由上述可知，選補使設於洪州乃因江西爲江南西道中心，並且與嶺南地理位
置關係密切，可兼得二處人才。洪州以其南北交通位置而得設此職，也由此
而吸引大量章句之客，外來文士湧入，文化風氣更盛。

中唐以後江西地區的人文發展，對全國人文重心南移現象有重要意義。
文化重心南移的變化完成於宋代，中唐以後是其強化發展時期。安史亂後，
政權中心雖仍在北方，衣冠士族已有南移北返的往來，這對本區人文水準刺
激與後續發展有正面影響。隨著北方政權在財政經濟上日漸依賴南方，南方
文士陸續進入北方的人文體系，南方的人文水準也隨之逐步上升。中唐以後
南方藏書已多於北方，白居易之文集五份中，除二份留予甥姪，另三份藏地
南方居其二，其中之一即廬山東林寺〔註83〕，江西地區的人文地位可見一斑。
往往北人尋書不獲或藏書遭毀時，南方是另一個可能的保存據點。《新唐書》
卷五十七〈藝文志〉記載：

安祿山之亂，尺簡不藏。元載爲相，奏以千錢購書一卷，又命拾遺
苗發等使江淮括訪。

《全唐文》卷九七一長興三年（932）十二月史館〈請下兩浙荊湖購募野史奏〉：

大中以來，迄於天祐，四朝實錄，尚未纂修，尋具奏聞，謹行購
募。敕命雖頒於數月，圖書未貢於一編。蓋以北土州城，久罹兵火，
遂成滅絕，難可訪求。……伏念江表劉藩……固多奇士，富有群
書，……詔旨委各於本道采訪宣宗、懿宗、僖宗、昭宗以上四朝野
史。

江西在五代時期先後屬於吳、南唐領土，二者都是當時文化水準極高處。宋
立國後得到南方大批書籍，其中南唐藏書爲五代之最〔註84〕，由此推測唐代
江西人文的發展得力於藏書顯然不低。士人是文化主體，書籍是文化的基本
根據，從這兩方面觀察，中唐以後南方人文都漸較北方更居優勢，江西地區
在此處表現尤然。

〔註83〕《白居易集箋校·外集》卷下〈白氏長慶集後序〉：「集有五本：一本在廬山
　　　　東林寺經藏院，一本在蘇州南禪寺經藏內，一本在東都聖善寺鉢塔院律庫樓，
　　　　一本付姪龜郎，一本付外孫談閣童。各藏於家，傳於後。」
〔註84〕參看高師明士〈五代的教育〉（《大陸雜誌》第四十三卷第六期，1971 年 12
　　　　月），頁 335。

第三節　江西與外界的政治人文關係

　　江西地區與外界的文化關係包含甚廣，拙稿此節將之限定爲人文方面的來往交流，亦即以文化精英的活動爲中心。宗教、民俗活動爲全體居民的人文活動，本文未列入討論，或待他日另述。經濟活動歸屬於經濟發展部分，故不列入本節。

　　本節之文化精英主要包含二類人士，一爲江西出身的文人士子，包括應舉中第爲官或未爲官而出任幕僚者；一爲在江西地區任官職者，包括正式官員與江西觀察使的幕僚。唐代江西士子雖在後期數量大增，但其中出任官職者並非最多，也未能如宋代江西士子般具有擴及全國的影響力。由於資料限制，本節以出任官職於江西者爲對象，由其官位升降來考察江西與外界的文化關係。

一、州郡刺史

　　拙稿本節所記計江西之州刺史職位升降，以郁賢皓氏《唐刺史考》一書〔註85〕江西七州部分爲主要依據，依其所記史料統計江西各州州刺史之職位升降。之所以以州刺史爲代表對象，因刺史與中央有密切關係，須經中央認可才能就職，可說是中央對江西地方控制力的表現，能反映出一定程度的江西與中央關係。

　　唐代中後期，江西地區與中央仍往來密切，中央任命之刺史無論良莠大多到任赴職，也都對江西有影響。良吏在江西人文發展過程中扮演重要角色，促成唐代後期的江西地區在江南呈現出較他區更快速的發展。前章所述經濟水利工程建設與良吏密切相關，其興建者當中，州刺史居大半；教育與科舉方面，創設書院、獎勵當地士子都與江西之州刺史相關。李巽雖「徇喜怒之情」造成「無罪被刃者多矣」〔註86〕，但亦力保當地治安，使之「政肅刑清」、「闔境義安」〔註87〕。除資料不足，無法辨明者外，分爲降級、非降級（表中列爲升級）二型，後者包括升級與官品不變二種情況。節度使、觀察使等使級職位雖無職等品級〔註88〕，但刺史若兼使職，轄區可由一州擴及

〔註85〕郁賢皓《唐刺史考》，江蘇古籍出版社，1987年，頁1975～2091。
〔註86〕見《舊唐書》卷一二三〈李巽傳〉。
〔註87〕《隋唐五代墓誌匯編・洛陽卷》第十二冊〈鄭高墓志〉：「今江西連率趙郡李公巽，名高德重，政肅刑清，雖闔境義安，猶思賢共理。」
〔註88〕《舊唐書》卷四十四〈職官志〉：「節度使……招討使……防禦團練使，刺史

數州，其官品雖未提高，實權已大增，故凡改任觀察使者皆視爲升級。按，
江西觀察使管轄範圍，據《元和郡縣圖志》卷二十八〈江南道・江西觀察使〉
所記，共轄洪州、饒州、虔州、吉州、江州、袁州、信州、撫州八州，治所
在洪州〔註89〕。其使職名稱曾歷數次變化，《新唐書》卷六十八〈方鎮表〉
載：

> 乾元元年（758），置洪吉都防禦團練觀察處置使兼莫傜軍使，領洪、
>   吉、虔、撫、袁五州，治洪州。置宣歙饒觀察使，治宣州。
>
> 乾元二年（759），廢宣歙饒觀察使。
>
> 上元元年（760），洪吉觀察使增領信州。
>
> 廣德二年（764），洪吉都防禦團練觀察使更號江南西道。
>
> 建中四年（783），升江南西道都防禦團練觀察使爲節度使。
>
> 貞元元年（785），廢江南西道節度使，復置都團練觀察使。
>
> 貞元四年（788），江南西道觀察使增領江州。
>
> 咸通六年（865），升江南西道團練觀察使爲鎮南軍節度使。
>
> 乾符元年（874），廢鎮南軍節度，復置江南西道觀察使。
>
> 龍紀元年（889），復升江南西道觀察使爲鎮南軍節度使。

江西觀察使此一職在唐代後期才成立，以洪、吉、虔、撫、袁五州爲最初規
模，其後陸續加入饒、信、江三州，貞元四年（788）時規模始與今江西省符
合。晚唐時期，江西觀察使有時升爲鎮南軍節度使，其轄州仍維持不變。茲
將江西州刺史的升降作成下表：

表 4-3-1：江西七州刺史升降表

州　名	洪　州	江　州	饒　州	撫　州	虔　州	吉　州	袁　州
升　級	61	28	32	15	20	27	15
降　級	2	3	6	4	5	6	9
不　明	37	51	28	30	24	30	45

此處統計表僅能代表全唐一代趨勢，大體就官位品級而言，出任江西地區州
刺史者升多降少，若不計入不明者，升者約佔 85%，降者佔 15%，江西的州

〔註89〕　兼之，不賜旌節。」使職均不載其官品。
　　　　《元和郡縣圖志》卷二十八〈江南道・江西觀察使〉：「洪州，今爲江南西道
　　　　觀察使理所。」

刺史並非如一般所認為的南方官員以南貶者居多數。尤其唐朝後期財政經濟重心倚重江淮，任職者已在一定水準之上。《舊唐書》卷一五三〈袁高傳〉曰：

> （德宗）貞元元年（785），德宗復用吉州長史盧杞為饒州刺史，令高草詔書。……高曰：「赦乃赦其罪，不宜授刺史。且赦文至優黎民，今饒州大郡，若命姦臣作牧，是一州蒼生，獨受其弊。」〔註90〕

饒州已因其富庶被視為大邑，任職者被要求不能過差，須在一定水準之上，唐代前期受批評的現象已改變。

　　由「表4-3-1」所列統計數字觀察江西各州差異，可以發現江西各州與外界往來頻率與其經濟發展程度有某種程度的對應。以現有的升降數字觀察，洪州居首，江、饒、吉三州居次，四者的經濟開發程度也居本區前半。升官至此四州者較到其餘三州者多，亦即四州之刺史升級任職的比例居七州前半。若將各州州刺史就任時間區分為前、中、後三期，製成「表4-3-2」：

表4-3-2：江西七州刺史升貶分期表

		洪州	江州	饒州	撫州	虔州	吉州	袁州
高祖～玄宗	升	14	8	8	3	4	9	5
	降	2	0	3	1	2	0	2
肅宗～武宗	升	33	16	15	9	12	12	8
	降	0	3	3	3	3	6	2
宣宗～哀帝	升	12	4	9	3	4	6	2
	降	0	0	0	0	0	0	2

可以看到時間越往後，升官者比例越高。唐朝晚期江西刺史已脫離中央任命，鍾傳據洪州、逐高茂卿自立〔註91〕，危全諷趁亂入據撫州〔註92〕，盧光稠攻下虔州〔註93〕，彭玕受鍾傳之命而非中央派任出任吉州刺史〔註94〕。僖宗、

〔註90〕《舊唐書》卷一五三〈袁高傳〉。
〔註91〕見《新唐書》卷一九〇〈鍾傳傳〉。
〔註92〕見《九國志》卷二〈危全諷傳〉。
〔註93〕見《資治通鑑》卷二五六〈唐紀〉光啟元年（885）正月條。
〔註94〕見《新唐書》卷一九〇〈鍾傳傳〉、《資治通鑑》卷二六四〈唐紀〉天祐三年（906）十二月條。

昭宗二朝時，江西各州州刺史已逐漸脫離中央任命，改由地方領袖自立、再得到中央形式認可，甚或直接自立為刺史，不論中央有無同意。各州自立過程如下，洪州自中和二年（882）起脫離中央控制，先在鍾傳控制下，後轉入楊吳手。《新唐書》卷一九〇〈鍾傳傳〉：

> 中和二年（882），逐江西觀察使高茂卿，遂有洪州。……僖宗擢傳江西團練使，俄拜鎮南節度使、檢校太保、中書令，……天祐三年（906）卒。匡時自立為節度觀察留後。……楊渥使秦裴攻匡時，圍洪州。……凡三月，城陷，……執匡時及司馬陳象歸揚州。

《資治通鑑》卷二六五〈唐紀〉天祐三年（906）九月條：

> 秦裴拔洪州，……楊渥自兼鎮南節度使，以裴為洪州制置使。

《九國志》卷一〈秦裴傳〉：

> 授（秦裴）洪州制置使。張顥用事，慮裴為變，急召歸。及湖口，遇鄂帥劉存與潭軍戰沒，復授裴鄂岳觀察使。

江州受危全諷控制，《全唐文》卷九二〇澄玉〈疎山白雲禪院記〉：

> 大順元年（890），我大師領徒而至，太守危公（全諷）見而深加敬仰，乃令都押衙前江州刺史曾公（徒）於阜郭山林僉居。……乾寧甲寅（元年，894）歲春，……又潯陽太守潁川陳公（卓），公以身居王務，無暇禮延，乃素幅寫師真，用飾瞻敬。

危全諷與鍾傳結合〔註95〕後，江州屬鍾傳勢力範圍，傳子鍾匡時敗後歸楊吳，見《九國志》卷一〈秦裴傳〉：

> 天祐三年（706）洪州鍾傳卒，州人立其子匡時。江州刺史延規，傳之養子，忿不得立，以其郡納款，因授（秦）裴西南面行營招討使攻匡時。

饒州於僖宗乾符五年（878）守將彭令璋自立為刺史〔註96〕後，尚有劉汾、陳儒受中央任命〔註97〕，危氏勢力約於景福中取得饒州，據《吳越備史》卷四〈大元帥吳越國王〉：

〔註95〕《新唐書》卷一九〇〈鍾傳傳〉：「傳率兵圍撫州，……全諷……謝罪聽命，以女女傳子匡時。」

〔註96〕見《新唐書》卷九〈僖宗紀〉。

〔註97〕《全唐文》卷七九三劉汾〈大赦庵記〉：「巢禍既滅，汾再戰再克，十無一失，蒙詔鎮守饒、信二州。」《吳越備史》卷一〈武肅王〉：「（陳）岌兄儒本黃巢之黨，尋降，朝廷授以饒州。」

（乾德）六年（968）春三月乙酉，丞相元德昭卒（本注：德昭……
父仔昌，任新、撫、饒、信四州刺史，……武肅王……惡其姓危氏，
乃更曰元）。

撫州遭王仙芝攻陷又棄守後，爲鍾傳所據，詔令授爲刺史。《資治通鑑》卷二
五五〈唐紀〉中和二年（882）五月條：

（王）仙芝陷撫州而不能守，傳入據之，詔即以爲刺史。

鍾傳之後，另有一李氏任刺史〔註98〕，危仔昌亦於中和時曾任職撫州刺史
〔註99〕。中和五年（885）黃巢勢力入撫州逐郡守又離開後，危全諷趁機而
入，朝廷遂以危全諷任撫州刺史，《九國志》卷二〈危全諷傳〉：

中和五年（885），黃巢餘黨柳彥章攻破臨川，逐郡守，大掠而去，
全諷遂入之，詔即以全諷爲撫州刺史。

虔州自光啓元年（885）起即爲盧光稠勢力所聚，《資治通鑑》卷二五六〈唐
紀〉光啓元年（885）正月條：

南康賊帥盧光稠陷虔州，自稱刺史，以其里人譚全播爲謀主。

譚全播死後，先後有其子延昌〔註100〕、衙將李圖〔註101〕續任，最後由譚全播
主事。《九國志》卷二〈譚全播傳〉：

李彥圖卒，其子不肖，……州人無歸，相率詣全播第請爲帥，拒之
不可，遂從之。

吉州先爲韓師德所據，鍾傳令彭玕攻破〔註102〕，收吉州入鍾氏勢力，以彭玕
爲吉州刺史〔註103〕。袁州自乾寧年間起屬鍾傳勢力，鍾傳以鍾匡時爲袁州刺

〔註98〕《全唐文》卷八一九張保和〈唐撫州羅城記〉：「兵棼殄熾，勢摩中原，刺史
李公□□……始僭劇號，大署僞屬。」

〔註99〕《吳越備史》卷四〈大元帥吳越國王〉：「（乾德）六年（968）春三月乙酉，
丞相元德昭卒（注：德昭……父仔昌，任新、撫、饒、信四州刺史，……武
肅王……惡其姓危氏，乃更曰元）。」

〔註100〕《新唐書》卷一九○〈盧光稠傳〉：「光稠死，子延昌自稱刺史，爲其下所殺，
更推李圖領州事。」

〔註101〕《新唐書》卷十〈哀帝紀〉：「是歲（天祐元年，904年），虔州刺史盧光稠卒，
衙將李圖自稱知州事。」《九國志》卷二〈譚全播傳〉記爲李彥圖。

〔註102〕《新五代史》卷四十一〈鍾傳傳〉：「危全諷、韓師德等分據撫、吉諸州，傳
皆不能節度。」《九國志》卷十一〈彭玕傳〉：「鍾傳據江西，其禪將韓德師（注：
《新五代史·鍾傳傳》作韓師德）叛，傳令其（彭玕）弟城攻破之，斬獲甚
眾。」

〔註103〕《新唐書》卷一九○〈鍾傳傳〉：「傳……以彭玕爲吉州刺史。」

史〔註104〕，天祐時彭玕之弟彭彥章任袁州刺史。楊吳勢力滅鍾匡時後，彭彥章與危全諷共同出兵攻洪州〔註105〕，其後改由呂師周據有袁州〔註106〕。江西地區在唐代末期已是呈分裂狀態，各州不屬同一領袖。這種情況普遍出現於全國各地，長江中游一帶湖南以馬殷勢力最巨，江東則以楊行密勢力為主。江西地區以鍾傳勢力最大，同時並存有危全諷、盧光稠。鍾傳一度兼有江、洪、吉、袁、撫數州，企圖統一全區，事未成而死。楊吳勢力趁鍾傳子匡時與養子延規不和攻江西，滅鍾匡時〔註107〕，危全諷聯合袁、吉、信三州合力攻楊吳所據之洪州，事敗未成〔註108〕。楊吳於開平三年（909）八月攻滅虔州〔註109〕後，江西全域納入楊吳勢力範圍。

　　由唐末江西地區的地方勢力發展來看，其勢力擴展以內部優先，向區外擴展居次。唯一例外為盧光稠勢力，已由虔州擴展至韶州〔註110〕。危全諷敗後，吉州彭玕率眾奔湖南，但吉州地並未併入湖南勢力，江西地區的半封閉性由此可見。這種特性不利於擴張。將全區統合歸一方勢力而後始向外擴張，其困難度較諸據一州伺機擴張要來得高，唐代江西地區的人文發展一直維持強烈內聚，縱使有外來者任官、求學，也是外界主動進入、江西被動接受，少有江西主動與外界聯絡聯合之例。

　　其次，由江西州刺史轉任的使職來觀察江西地區與外界的關係。特別以使職為對象，因使職轄區、權力均較州刺史更上一層，其轄區由一州擴及數州，是明顯升級。江西的州刺史並非僅具刺史資格，七州刺史皆曾有與使職互轉任的情況。其中洪州刺史因兼江西觀察使，調任頻率最高，共十七例；餘六州各有一至二例。調動區域中，與湖南觀察使關係最密切，由湖南觀察使調為江西觀察使六次，由江西觀察使調為湖南觀察使一次；安南經略招討使次之，江西觀察使調為安南經略招討使五次。詳見下表：

〔註104〕《新唐書》卷一九〇〈鍾傳傳〉：「傳以匡時為袁州刺史，擊馬殷。」

〔註105〕《十國春秋》卷八〈彭彥章傳〉：「天祐初，彥章為袁州刺史，與撫州危全諷等連兵攻洪州。」

〔註106〕《九國志》卷十一〈呂師周傳〉：「天祐初，副指揮使綦母章以所部兵屯上高，與湖南為敵境，累戰殺傷者萬餘人，遷袁州刺史。」

〔註107〕見《資治通鑑》卷二六五〈唐紀〉昭宣帝天祐三年（906）條。

〔註108〕見《資治通鑑》卷二六七〈梁紀〉太祖開平三年（909）六月條。

〔註109〕見《資治通鑑》卷二六七〈梁紀〉太祖開平三年（909）七月條。

〔註110〕《資治通鑑》卷二六三〈唐紀〉昭宣帝天復二年（902）條：「是歲，虔州刺史盧光稠攻嶺南，陷韶州。」

表 4-3-3：江西州刺史轉任使職表

	調任爲江西觀察使年代	離任江西、轉任他使職之年代
湖南觀察使	建中（洪）、貞元（洪）、貞元（洪）、貞元（洪）、永貞（洪）、中和（洪）	元和（撫）
鄂岳觀察使	貞元（洪）	
宣歙池觀察使		大和（洪）、大和（洪）
荊南節度使		貞元（洪）、貞元（洪）
嶺南節度使		寶應（洪）、大中～咸通（洪）
桂管觀察使	貞元（洪）、寶曆（洪）	開元（洪）
桂管觀察使	咸通（洪）	
邕管觀察使		貞元（袁）、貞元（吉）、大和（吉）
容管經略使		大曆（撫）
安南經略招討使		貞元（虔）、元和（虔）、元和（江）、大和～開成（饒）、廣明～中和（洪）
鄭滑觀察使		會昌（洪）
備考	年代後之（　）內爲其任江西地區刺史之州名。	

表 4-3-4：江西州刺史轉任使職時間分布表

時代	調職次數	時代	調職次數	時代	調職次數	時代	調職次數	時代	調職次數
開元	1	寶應	1	大曆	1	建中	1	貞元	10
永貞	1	元和	3	寶曆	1	大和	4	開成	1
會昌	(1)	大中	1	咸通	(1)	廣明	1	中和	(1)
備考	括弧代表可能屬此時代，也可能屬前一時代。								

　　與江西州刺史相調任的使職地區以南方地區爲主，包括嶺南、西南二大部分，擔任使職包括嶺南節度使、安南經略招討使、桂管觀察使、邕管經略使、容管經略使，合計十五例。中部地區次之，包括宣饒池觀察使、湖南觀察使、鄂岳觀察使、荊南節度使，共計十二例。北部地區僅一例，任鄭滑觀察使。外界與江西來往密切處多位於其周遭，以西、南爲主。此種分布狀況顯示江西位居唐朝南半壁疆土中心，與其周圍互有往來，唯江東不在其內。江東地區另有一文化系統，其發展歷史較江西更久遠，水準更高。江西地區最後仍歸屬楊吳境，是江東勢力獲勝。

二、江西幕僚

唐代江西地區的行政首長依例是由中央派遣任命，到唐代末期才轉由地方自主。中央對地方首長以下的幕府幕僚，較諸行政首長少加干預，是以選任幕僚時，身為地方行政首長的江西觀察使有其自主權。文人在應舉不第或科舉仕途不順的情況之下，幕府重視人才、條件優厚、離職自由，是文人士子的另一安身之所。錢起〈送王季友赴洪州幕〉：「煙波帶幕府，海日生紅旗。……諸侯重才略，見子如瓊枝。」〔註111〕之詩頗能代表求才幕府之況。

文士與觀察使在幕僚出路安排上各有其獲利之處，文士將赴幕府任職作為應舉的經濟收入與日後升官的背景；方鎮則藉幕府優禮文士來網羅人才，擴大自己影響力，為日後儲備實力。二者互有需要，也各自得利。韓愈〈與鳳翔邢尙書書〉即稱：

> 布衣之士，身居窮約，不借勢於王公大人，則無以成其志；王公大
> 人，功業顯著，不借譽於布衣之士，則無以廣其名。是故布衣之士，
> 雖甚賤而不諂；王公大人，雖甚貴而不驕，其事勢相須，其先後相
> 資也。〔註112〕

在這種雙方皆蒙其利的狀況，不少文士應舉不第、或中舉後也願意投身幕府。

節度觀察使一職下設幕僚，按《舊唐書》卷四十四〈職官志〉所載，除節度使一人外，有副使一人、行軍司馬一人、判官一人、掌書記一人、參謀、隨軍四人。由於幕僚並無官品等級之分，出任江西觀察使幕僚者，其地位之升降僅能由其前後職位性質作大略比較。

任職江西幕府者，其來源可分四類：地方官吏、中央中品官、他處幕僚及進士及第者。地方官吏轉任幕僚者，如張鎰、盧庾、王紹、張士陵〔註113〕；中央官任幕僚者，包括帶中央虛職與實任官中央兩種情況，如韓洄、李芃、

〔註111〕《全唐詩》卷二三六。

〔註112〕見《全唐文》卷五五三。

〔註113〕《舊唐書》卷一二五〈張鎰傳〉記其由撫州司戶轉晉陵令，再轉江西判官兼殿中侍御史。韋應物《韋江州集》卷二〈寄洪州幕府盧二十一侍御〉記盧庾由南昌令拜官。《全唐文》卷六四六李絳〈兵部尚書王紹神道碑〉記王紹由武康尉授殿中侍御史、江西觀察推官。《隋唐五代墓誌匯編‧洛陽卷》第十三冊〈張士陵墓誌〉記其由鄭州滎陽縣尉被江西觀察使路嗣辟爲支使。

李泌、盧群、魏弘簡、符載、李景讓〔註114〕；由其他幕府轉任者，如齊抗、李融、馬彝〔註115〕；進士及第任幕僚者有柳渾、徐申、楊於陵、彭伉、苗蕃、封敖、李固言、盧簡求、沈亞之、杜牧、李中敏、李方玄〔註116〕，其中有直接就幕府者，但以先得授中央官職、後赴幕府者居多數。越到後期，直接任幕僚者越多，可知後期江西對外界士子的吸引力增高。在江西任幕僚者以外地人居多，江西人自任幕僚者爲數極少，當地士子仍以向中央發展爲主要入仕途徑。

〔註114〕 權德輿《權載之文集》卷二十〈韓公（洄）行狀〉記其由殿中侍御史充江西都團練判官。《舊唐書》卷一三二〈李芃傳〉記其由檢校虞部員外郎任都團練副使。《舊唐書》卷一三〇〈李泌傳〉記其由祕書少監充江南西道判官。《舊唐書》卷一四〇〈盧群傳〉記其由監察御史兼任江西行營糧料使。柳宗元《柳河東集》卷九〈唐故尚書戶部郎中魏府君墓誌〉記魏弘簡由太子校書歷桂管、江西、福建、宣歙四府爲判官、副使。《全唐文》卷五二六李巽〈請符載書〉記符載拜太常寺奉禮郎充南昌軍副使。《新唐書》卷一七七〈李景讓〉記其由右拾遺任江西副使。

〔註115〕 《舊唐書》卷一三六〈齊抗傳〉記其由壽州判官隨刺史張鎰轉任江西觀察使幕府。《冊府元龜》卷七一六〈幕府部・倚任〉記李融原任福建都團判官，隨使赴江西任團練判官。柳宗元《柳河東傳》卷十〈唐故嶺南經略副使御史馬君墓誌〉記馬彝先後任桂州、嶺南、江西、荊南道幕僚。

〔註116〕 《舊唐書》卷一二五〈柳渾傳〉記其於天寶初舉進士，至德中爲江西判官，但柳宗元《柳河東集》卷八〈故銀青光祿大夫右散騎常侍輕車都尉宣城縣開國伯柳公行狀〉記其爲開元中舉汝州進士。李翱《李文公集》卷十一〈唐故金紫光祿大夫檢校禮部尚書使持節都督廣州諸軍事兼廣州刺史兼御史大夫充嶺南節度營田觀察制置本管經略等使東海郡開國公食邑二千戶徐公行狀〉記徐申於永泰元年（765）舉進士，任江西巡官。李翱《李文公集》卷十四〈唐故金紫光祿大夫尚書右僕射致仕上柱國柱弘農郡開國公食邑二千戶贈司空楊公（於陵）墓誌銘〉記其舉進士第，選補潤州句容主簿，鄂岳觀察使奏爲判官，後隨之遷江西。《全唐詩》卷七九九張氏〈寄夫〉注其夫彭伉於貞元中登第，辟江西幕。《朱文公校韓昌黎先生集》卷二十五〈太原府參軍苗君墓誌銘〉記苗蕃登第「佐江西使有勞。」《新唐書》卷一七七〈封敖傳〉記其「元和中，署進士第，江西裴堪辟置其府。」《新唐書》卷一八二〈李固言傳〉記其「擢進士甲科，江西裴堪、劍南王播皆表署幕府。」《舊唐書》卷一六三〈盧簡求傳〉記其「長慶元年（821）登進士第，釋褐江西王仲舒從事。」《全唐詩》卷七三五沈亞之〈送韓北渚赴江西序〉記韓北渚春登進士第，冬則賓仕於江西府。杜牧《樊川文集》卷十〈自撰墓誌銘〉記己進士及第後，任弘文館校書郎、試左武衛兵曹參軍，而後任江西團練巡官。《新唐書》卷一一八〈李中敏傳〉記其元和中擢進士第，沈傳師觀察江西（時爲大和二年（828））辟爲判官。杜牧《樊川文集》卷八〈唐故處州刺史李君墓誌銘并序〉記李方玄以協律郎爲江西觀察使裴誼觀察使判官。

　　江西幕僚的出路，與其來源相似，包括繼任他處幕僚、赴中央任官、任地方屬吏，另外值得注意的是出現了在江西任幕僚、州吏而後升爲地方州刺史者：李芃由都團練副使升任江州刺史〔註117〕戴叔倫由曹王皋幕僚任撫州刺史〔註118〕、任佶由虔州司戶、信州司馬任鮑防判官，其後知饒州事〔註119〕、元洪由吉州長史任饒州刺史〔註120〕，李芃、戴叔倫均是表現傑出後，由幕僚升爲州刺史；任佶、元洪則由州吏升爲州刺史。據此雖未能推論江西幕僚之職對其宦途絕對有利，但可推測江西對人才吸收漸趨完善，以僚屬州吏之優秀者爲州官，收其「習於州事」之利，是一種保留人才的作法。江西地區的地方長官雖未必意識到這種吸收人才的作法對江西地區人文發展的正面影響，實際上其作爲已加強了該區文化凝聚力。

三、江西文士

　　江西出身之進士，宦途尚稱平穩，但極少能進入中央權力核心，亦即江西士子應舉中第者雖眾，並未聚集形成一江西集團來著意獎勵江西後進士子。進入官僚體系中者，各憑其才學人脈發展，其中最佳者屬舒元輿〔註121〕，《舊唐書》卷一六九本傳記載：

> 舒元輿者，江州人。元和八年（813）登進士第，釋褐諸府從事，大和初，入朝爲監察，轉侍御史。……李訓……與元輿性俱詭激，乘陰蹈利，相得甚歡。及訓爲文宗寵遇，復召爲尚書郎。……（大和）九年（835），拜御史中丞，兼判刑部侍郎。是月，以本官同平章事，與訓同知政事。

其他江西進士，如熊儒登任西川從事〔註122〕，鄭史終國子博士〔註123〕，盧肇任州刺史〔註124〕，劉駕終國子博士〔註125〕，伊播任涇陽令〔註126〕，袁皓

〔註117〕見《舊唐書》卷一三二〈李芃傳〉。

〔註118〕見《新唐書》卷一四三〈戴叔倫傳〉。

〔註119〕李翶《李文公集》卷十二〈故檢校工部員外郎任君墓誌銘〉。

〔註120〕見《新唐書》卷一七二〈于頔傳〉，元洪於貞元末除吉州長史；柳宗元《柳河東集》卷三十二〈答元饒州論政理書〉記元洪舉韓宣英代，韓宣英於永貞元年（805）至元和十年（815）任饒州司馬，推測元洪應於元和時自吉州遷饒州。

〔註121〕《舊唐書》卷一六九〈舒元輿傳〉記其爲江州人，《新唐書》卷一七九本傳記爲婺州人。

〔註122〕見《直齋書錄解題》卷十九〈熊儒登集〉。

〔註123〕見《唐詩紀事》卷五十六〈鄭史〉。

〔註124〕按《全唐詩》卷五五一盧肇小傳所記，盧肇「咸通中，知饒州，移宣、池、

任撫州刺史、內任集賢殿圖書使〔註127〕鄭谷雖享文名，官位僅至都官郎中〔註128〕，王轂任尙書郎中〔註129〕，李中終水部郎中〔註130〕，其官職外爲縣令、刺史，內爲郎中，所任內官除舒元輿一例外，官品多爲五品上下，所處皆非具重權機構，僅舒元輿一人進入中央權力核心。

　　江西文士之宦途，除前節所述之應舉外，投身幕府是另一出路。但江西士子任職江西幕府者比例不高。唐代江西觀察使的幕僚以外地人居多，出身江西本地人任職江西者，拙稿僅見王紹與陳象二人。五代的江西士子任職江西者比例大爲提高，拙稿因限於時代，不在此詳述。王紹與權德輿同登進士第，《權載之文集》卷三十八〈送李十弟侍御赴嶺南序〉：「昔與今徐方連師王僕射德素（即王紹）、盛府主公楊尙書達夫同登龍門於鍾陵」鍾陵即南昌。其登第後之宦途，如《全唐文》卷六四六李絳〈兵部尙書王紹神道碑〉所記：

> 少以厚實，乃士友所重，太師顏魯公守吳興，特器之，表授武康尉，
> 相國蕭徐公察守馮翊，並隨府授檄。丁繼太夫人憂，服除，累授殿
> 中侍御史、江西觀察推官。

而陳象爲袁州新喻人，受鍾傳聘而出仕，官至行軍司馬、御史大夫。《唐摭言》卷十〈海敘不遇〉（頁115）：

> 陳象，袁州新喻人也，少爲縣，一旦憤激爲文，有西漢風骨，……
> 南陽王鍾傳鎭豫章，以羔雁聘之，累遷行軍司馬、御史大夫。傳薨，
> 豫復佐其子之政。

幕僚之職與幕主關係密切，幕僚隨主遷任是慣常之理。除非江西文士初任時

吉三州卒。」
〔註125〕據《全唐詩》卷六三六轟夷中〈哭劉駕博士〉，劉駕曾任國子博士。
〔註126〕見《唐詩紀事》卷二十四〈伊播〉。
〔註127〕據《光緒江西通志》卷八〈職官表〉、《新唐書》卷六十〈藝文志〉。《新唐書·藝文志》記其任集賢殿圖書使，但《舊唐書》卷二十三〈職官志〉集賢殿並無圖書使一職，唯有修書使。開元十三年（725）改爲集賢書院學士，以五品以上官爲學士。
〔註128〕見《直齋書錄解題》卷十九〈詩集類〉雲台編三卷條注：「唐都官郎中，宜春鄭谷守愚撰。」《唐才子傳》卷九〈鄭谷〉：「光啓三年（887）……第進士，授京兆鄠縣尉，遷右拾遺，補闕。乾寧四年（897），爲都官郎中，未幾告歸。」
〔註129〕見《唐詩紀事》卷二十四〈王轂〉：「唐末爲尙書郎，致仕。」
〔註130〕見《唐才子傳》卷十〈李中〉：「中，字有中，九江人也。唐末，嘗第進士，爲新塗、淦（淦）陽（新淦）、吉水三縣令，仕終水部郎中。」

即在江西觀察使手下，否則唯視機運，幕主出任江西觀察使，幕僚才可能回到江西。如來鵬爲豫章人，應舉不第後，遭韋岫尚書聘入其幕府〔註131〕，當時韋岫爲福建觀察使，來鵬隨即離開江西。江西觀察使相當重視吸收人才，這些人未必皆是江西人，但皆前往江西任職。江西得力於觀察使刺史愛才，得以吸收外地文化精英，如王季友長期客居酆城，「洪州刺史李公（勉），一見傾敬，即引佐幕府。」〔註132〕李峰爲蔣人，以平民被聘爲幕僚兼上饒縣令：

> 公器宇魁異，英風明邁，中立不回，旁通多可。初不以祿仕爲意，
> 用朋酒自娛，游江湖閒，交必一時之選，言必可大之業。相國張平
> 原鎬之鎭江西也，聞而器之，表爲協律郎兼上饒令。〔註133〕

朱放爲襄州人，辟爲節度參謀：

> 字長通，襄州人，隱居剡溪，嗣曹王皋鎭江西，辟爲節度參謀。貞
> 元初，召爲拾遺，不就。〔註134〕

薛戎亦以平民入幕爲吏，且是年四十始入幕：

> 忠厚而好學，不應徵舉，沈浮閭巷閒，不以事自累爲貴。常州刺史
> 李衡遷江西觀察使，曰：「州客至多，莫賢元夫，吾得與之俱，足矣。」
> 即署公府中職。公不辭讓，年四十餘，始脱褐衣爲吏。衡遷給事中，
> 齊映自桂州以故相代衡爲江西，公因留佐映治。〔註135〕

四者皆非江西人，因觀察使愛才往聘而任職江西。江西地方官禮賢之風一直持續到唐末，唐末江西的地方勢力更重優禮士人，在當時處處混亂中極爲特異。勢力最大的鍾傳每歲必薦士，吸收的士人已不限江西一處，江西儼然成爲精英聚集處：

> 廣明後，州縣不鄉貢，惟傳歲薦士，行鄉飲酒禮，率官屬臨觀，資
> 以裝齎，故士不遠千里走傳府。〔註136〕

> 國朝自廣明庚子之亂，……天下大亂，……郡國不以貢士爲意。江

〔註131〕見《唐才子傳》卷八〈來鵬〉。
〔註132〕見《唐才子傳》卷四〈王季友〉。
〔註133〕見《全唐文》卷五二一梁肅〈越州長史李公墓誌銘〉。
〔註134〕見《新唐書》卷六十〈藝文志〉朱放詩注。剡溪在越州。
〔註135〕見《朱文公校昌黎先生集》卷三十二〈唐故朝散大夫越州刺史薛公墓誌銘〉。
〔註136〕《新唐書》卷一九〇〈鍾傳傳〉。

> 西鍾傳令公……孜孜以薦賢爲急務。雖州里白丁，片文隻字求貢於
> 有司者，莫不盡禮接之。至於考試之辰，設會供帳，甲於治平。行
> 鄉飲之禮，常率賓佐臨視，奉奉然有喜色。復大會以餞之，筐篚之
> 外，率皆資以桂玉。解元三十萬，解副二十萬，海送皆不減十萬。
> 垂三十載，此志未嘗稍息。時舉子有以公卿關節，不遠千里而求首
> 薦者，歲常不下數輩。〔註137〕

彭玕禮賢，名傳揚州：

> 玕通左氏春秋，嘗募求西京石經，厚賜以金，揚州人至相語曰：「十
> 金易一筆，百金償一篇，況得士乎？」故士人多往依之。〔註138〕

危全諷善撫流亡，修州郡之禮：

> 郡署及郭郭，焚蕩略盡，乃悉心爲理，招懷亡散，興緝圮壞，不數
> 年，完復如故。〔註139〕

唐末江西地方勢力吸收的文化精英，除江西士子外，大量外地文人也齊聚投
效，江西成爲重要的人才匯集處。經唐代地方官、唐末群雄的經營累積，強
化了江西對文化人才的內聚力，加上五代南唐的正面影響，而有宋代的江西
文士盛況。

〔註137〕見《唐摭言》卷二〈爭解元〉，頁18。
〔註138〕《新唐書》卷一九○〈鍾傳傳〉。
〔註139〕《九國志》卷二〈危全諷傳〉。

結　論

　　江西地區在其發展歷史中，一直以其地理位置、交通路線受重視。南朝
時代，江西具有防止長江中游或五嶺以南變亂侵擾首都建康的作用。但在隋
統一南北後，政治中心北移，江西的重要性隨之減退。隋代對江西建設極少，
僅因對嶺南、廣州用兵時利用到江西的交通路線，但也只是取道路過而已。
唐代前期，江西的戶口明顯成長，但中央仍未重視。中央重視的是江西在交
通方面的重要性，玄宗開元時代拓寬大庾嶺路，使江西取代湖南成為通往嶺
南最便利的路線，從此北人南遷、商旅活動往來大多改成利用此條新路。唐
代後期，中央的財賦收入倚重東南八道，開始重視江西地區的經濟發展，地
方官從事水利建設改善了農耕、交通環境，使農業、商業更形發達，尤其是
糧食生產、茶葉貿易與銀、銅開採。人文發展因以此經濟發展作基礎，可使
更多人脫離經濟生產而投入讀書應舉入仕行列，江西人文因而昌盛。

　　唐朝後期江西人文的發展與經濟發展相較，更引人注目。因經濟發展尚
有南朝的糧食生產作基礎，可在此之上進一步發展；前代的人文發展基礎卻
相當薄弱，唐代無法以此作憑藉。進士的大量出現，是江西人文發展的代表
現象。經濟發展是人文發展必備的基礎，此外，另有數因造成進士大量登場。
書院教育的發達是其中之一，唐朝後期官學盛況不再，科舉又重詩賦，士子
求學乃轉而投向私學的書院教育。再者，南來的著名士子文人與南下的就任
官員帶來的外界的文化刺激，也影響到江西的人文發展。此外，江西地區社
會風尚的轉變也是一個原因。唐代後期的文風較前期為盛，士子習業應舉被
認為是正途。

　　唐代江西的開發，成為宋代江西高度人文發展的基礎。宋代江西是重要

文官出身地，其精英人才大量投入政壇，影響力及於全國。政治界之外，江西文士在文學界、史學家、思想界等領域也都有傑出表現。這些人才的培育，主要來自書院教育，書院教育始自唐末，到宋代更加興盛，宋代的江西乃有若干科舉世家的例子。此外，唐末五代江西的地方領袖透過辟召幕僚、薦舉士子的方式，吸收外地人才到江西。無形中強化江西在文化上的凝聚力，爲宋代江西儲備更多的人才。

主要參考書目

壹、史料（按經史子集分類）

一、經　部

1. 《尚書》，臺北：中央圖書館，民國 80 年。
2. 《左傳》，楊伯峻注，臺北：源流文化事業有限公司，民國 71 年 3 月初版，民國 71 年 4 月再版。

二、史　部

（一）正史類（按該書時代先後排列）

1. 《史記》，臺北：鼎文書局，民國 73 年。
2. 《漢書》，臺北：鼎文書局，民國 72 年。
3. 《後漢書》，臺北：鼎文書局，民國 70 年。
4. 《三國志》，臺北：鼎文書局，民國 70 年。
5. 《晉書》，臺北：鼎文書局，民國 72 年。
6. 《南史》，臺北：鼎文書局，民國 74 年。
7. 《宋書》，臺北：鼎文書局，民國 73 年。
8. 《南齊書》臺北：鼎文書局，民國 72 年。
9. 《梁書》，臺北：鼎文書局，民國 72 年。
10. 《陳書》，臺北：鼎文書局，民國 72 年。
11. 《隋書》，臺北：鼎文書局，民國 79 年六版。
12. 《舊唐書》，臺北：鼎文書局，民國 78 年五版。
13. 《新唐書》，臺北：鼎文書局，民國 78 年五版。
14. 《新五代史》，臺北：鼎文書局，民國 79 年五版。

（二）**編年史、別史、雜史類**（按該書時代先後排列）

1. 《新校資治通鑑》，臺北：世界書局，民國 76 年 1 月十版。

2. 《逸周書逐字索引》，臺北：臺灣商務印書館，民國 81 年 10 月。

3. 《竹書紀年》，收入《四部備要・史部》第二八二冊，臺北：中華書局，民國 69 年。

4. 《戰國策》，劉向、高誘注，收入《叢書集成新編》第一〇九冊，臺北：新文豐出版公司，民國 74 年。

5. 《南唐書》，馬令，收入《四部叢刊續編》第十一冊，臺北：臺灣商務印書館，民國 66 年。

6. 《南唐書》，陸游，收入《四部叢刊續編》第十一冊，臺北：臺商務文印書館，民國 66 年。

7. 《吳越備史》，范坰、林禹，收入《叢書集成新編》第一一五冊，臺北：新文豐出版公司，民國 74 年。

8. 《九國志》，路振，收入《叢書集成新編》第一一四冊，臺北：新文豐出版公司，民國 74 年。

9. 《十國春秋》，清・吳任臣，收入《新五代史》，臺北：鼎文書局，民國 79 年五版。

（三）**政書類**（按成書時代先後排列）

1. 《大唐六典》，李林甫，北京：中華書局，1992 年 1 月。

2. 《通典》，杜佑，北京：中華書局，1988 年 12 月。

3. 《貞觀政要》，吳兢，臺北：宏業書局，民國 77 年 3 月再版。

4. 《唐會要》，王溥，上海：古籍出版社，1991 年。

5. 《文獻通考》，馬端臨，臺北：新興書局，民國 47 年。

（四）**地理類**（按作者時代先後排列）

1. 《水經注》，酈道元，世界書局，民國 45 年 10 月。

2. 《元和郡縣圖誌》，李吉甫，收入《筆記小說大觀》第四十三編，臺北：新興書局，民國 75 年。

3. 《太平寰宇記》，樂史，臺北：文海出版社，民國 52 年 5 月。

4. 《大明一統志》，李賢，臺北：文海出版社，民國 54 年。

5. 《天一閣藏明代方志選刊》，臺北：新文豐出版公司，民國 74 年。

6. 《正德建昌府志》，夏良勝，收入《天一閣藏明代方志選刊》第十一冊。

7. 《正德南康府誌》，陳霖，收入《天一閣藏明代方志選刊》第十一冊。

8. 《正德袁州府志》，徐璉，收入《天一閣藏明代方志選刊》第十一冊。

9. 《嘉靖九江府志》，何棐，收入《天一閣藏明代方志選刊》第十一冊。

10. 《嘉靖瑞金縣志》，林有年，收入《天一閣藏明代方志選刊》第十二冊。

11. 《嘉靖贛州府志》，董天錫，收入《天一閣藏明代方志選刊》第十二冊。

12. 《嘉靖永豐縣志》，管景，收入《天一閣藏明代方志選刊》第十二冊。

13. 《隆慶瑞昌縣志》，劉儲，收入《天一閣藏明代方志選刊》第十二冊。

14. 《吳興掌故集》，明‧徐獻忠，收入《中國方志叢書‧華中地方‧浙江省》四八四號，臺北：成文出版社，民國72年。

15. 《讀史方輿紀要》（全五冊），顧祖禹，臺北：新興書局，民國61年6月。

16. 《雍正江西通志》，謝旻，收入《中國方志叢書‧華中地方‧江西省》七八二號，臺北：成文出版社，民國78年。

17. 《浙江通志》，沈翼基，臺北：華文書局，民國56年。

18. 《索引本嘉慶重修一統志》，穆彰阿等，臺北：臺灣商務，民國55年12月。

19. 《同治高安縣志》，張鵬翥，收入《中國方志叢書‧華中地方‧江西省》八四七號，臺北：成文出版社，民國78年。

20. 《同治萬安縣志》，歐陽駿，收入《中國方志叢書‧華中地方‧江西省》八六八號，臺北：成文出版社，民國78年。

21. 《同治新建縣志》，承霈，收入《中國方志叢書‧華中地方‧江西省》八八五號，臺北：成文出版社，民國78年。

22. 《同治德安縣志》，沈建勳，收入《中國方志叢書‧華中地方‧江西省》九二二號，臺北：成文出版社，民國78年。

23. 《光緒江西通志》，趙之謙，臺北：華文書局，民國59年3月。

（五）金石類（按出版年代先後排列）

1. 《唐墓誌銘彙編附考》一至十七冊，毛漢光，臺北：中央研究院歷史語言研究所，民國73～83年2月。

2. 《北京圖書館館藏中國歷代石刻拓本匯編》，北京圖書館金石組編，第九至三十五冊，河南：中州古籍出版社，1989年11月。

3. 《隋唐五代墓誌匯編‧洛陽卷》，陳長安編，天津古籍出版社，1991年。

4. 《江西出土墓志選編》，陳柏泉編，南昌：江西教育出版社，1991年4月。

（六）史料的考證、補正、輯逸（按編校者時代先後排列）

1. 《直齋書錄解題》，宋‧陳振孫，北京：現代出版社，1987年。

2. 《郡齋讀書志》，宋‧晁公武，臺北：臺灣商務印書館，民國57年3月。

3. 《宋高僧傳》，宋‧贊寧，北京：中華書局，1993年2月。

4. 《陔餘叢考》，清・趙翼，臺北：世界書局，民國 49 年。

5. 《登科記考》，清・徐松，趙守儼點校，北京：中華書局，1984 年。

6. 《元和姓纂四校記》，岑仲勉，臺北：臺聯國風出版社，民國 64 年 11 月再版。

7. 《唐才子傳校正》，周本淳校正，上海：江蘇古籍出版社，1987 年 6 月。

8. 《唐才子傳校注》，孫映逵校注，北京：中國社會科學出版社，1991 年 6 月。

9. 《唐才子傳校箋》，傅璇琮編，北京：中華書局，1990 年 5 月。

三、子部（按成書時代先後排列）

1. 《墨子》，清・畢沅校，收入《叢書集成新編》第二十冊，臺北：新文豐出版公司，民國 74 年。

2. 《淮南子》，漢・劉安，臺北：世界書局，民國 79 年 9 月十版。

3. 《說苑今註今譯》，漢・劉向，收入《叢書集成新編》第十八冊，臺北：新文豐出版公司，民國 74 年。

4. 《北堂書鈔》，唐・虞世南，臺北：文海出版社，民國 51 年。

5. 《唐國史補》，唐・李肇，收入《唐國史補等八種》，臺北：世界書局，民國 80 年 6 月四版。

6. 《茶經》，唐・陸羽，臺北：金楓出版社，民國 76 年。

7. 《四時纂要校釋》，唐・韓鄂，繆啓愉釋，北京：農業出版社，1981 年。

8. 《酉陽雜俎》，唐・段成式，臺北：漢京文化事業有限公司，民國 72 年 10 月。

9. 《雲谿友議》，唐・范攄，收入《唐國史補等八種》，臺北：世界書局，民國 64 年 4 月三版。

10. 《因話錄》，唐・趙璘，收入《唐國史補等八種》，臺北：世界書局，民國 80 年 6 月四版。

11. 《唐摭言》，五代・王定保，臺北：世界書局，民國 64 年 4 月三版。

12. 《唐語林》，宋・王讜，臺北：世界書局，民國 64 年 4 月三版。

13. 《容齋隨筆》五集，宋・洪邁，上海：上海古籍出版社，1978 年。

14. 《玉海》，宋・王應麟，臺北：華文書局，民國 53 年。

15. 《唐詩紀事》，宋・王禧慶，臺北：鼎文書局，民國 60 年 3 月。

16. 《北夢瑣言》，宋・孫光憲，收入《叢書集成新編》第八十六冊，臺北：新文豐出版公司，民國 74 年。

17. 《太平御覽》，宋・李昉等，收入《四部叢刊三編・子部》，臺北：臺灣商務印書館，民國 75 年。

18. 《太平廣記》，宋·李昉等，臺北：文史哲出版社，民國 70 年 11 月。

19. 《文苑英華》，宋·李昉等，臺北：大化書局，1990 年。

20. 《冊府元龜》，宋·王欽若等，臺北：大化書局，民國 73 年 10 月。

21. 《廬山記》，宋·陳舜俞，收入《叢書集成新編》第九十冊，臺北：新文豐出版公司，民國 74 年。

22. 《續談助》，宋·晁載之，收入《叢書集成新編》第十一冊，臺北：新文豐出版公司，民國 74 年。

23. 《封氏聞見記》，宋·封演，收入《叢書集成新編》第十一冊，臺北：新文豐出版公司，民國 74 年。

24. 《糖霜譜》，宋·王灼，收入《叢書集成新編》第四十七冊，臺北：新文豐出版公司，民國 74 年。

25. 《湘山野錄》，宋·釋文瑩，收入《叢書集成新編》第四十七冊，臺北：新文豐出版公司，民國 74 年。

26. 《景德鎮陶錄》，清·藍浦，臺北：文海出版社，民國 58 年。

27. 《五代詩話》，清·王士禎，收入《叢書集成新編》第七十九冊，臺北：新文豐出版公司，民國 74 年。

28. 《唐大和上東征傳》，日·真人元開著，汪向榮校注，北京：中華書局，1979 年。

四、集部（按作者姓氏筆劃排列）

1. 王勃，《王子安集》，收入《四部叢刊正編》第三十一冊，臺北：臺灣商務印書館，民國 68 年。

2. 元結，《元次山文集》，收入《四部叢刊正編》第三十三冊，臺北：臺灣商務印書館，民國 68 年。

3. 元稹，《元氏長慶集》，收入《四部叢刊正編》第三十六冊，臺北：臺灣商務印書館，民國 68 年。

4. 白居易，《白居易集》，長沙：岳麓書社，1992 年 7 月。

5. 白居易，朱金城箋校，《白居易集箋校》六冊，上海古籍出版社，1988 年。

6. 宋之問，《宋之問集》，收入《四部叢刊續編·集部》第二十九冊，臺北：臺灣商務印書館，民國 66 年。

7. 宋敏求編，《唐大詔令集》，臺北：鼎文書局，民國 67 年 4 月再版。

8. 杜甫，《分門集注杜工部詩》，收入《四部叢刊正編》第三十二冊，臺北：臺灣商務印書館，民國 68 年。

9. 杜牧，《樊川文集》，收入《四部叢刊正編》第三十七冊，臺北：臺灣商

務印書館，民國 68 年。

10. 李中，《碧雲集》，收入《四部叢刊正編》第三十七冊，臺北：臺灣商務印書館，民國 68 年。

11. 李羣玉，《李羣玉詩集・後集》，收入《四部叢刊正編》第三十七冊，臺北：臺灣商務印書館，民國 68 年。

12. 李翱，《李文公集》，收入《四部叢刊正編》第三十五冊，臺北：臺灣商務印書館，民國 68 年。

13. 李覯，《李泰伯先生全集》，臺北：文海出版社，民國 60 年。

14. 孟浩然，《孟浩然集》，收入《四部叢刊正編》第三十三冊，臺北：臺灣商務印書館，民國 68 年。

15. 柳宗元，《柳河東集》，臺北：河洛出版社，民國 63 年。

16. 皇甫湜，《皇甫持正文集》，收入《四部叢刊正編》第三十六冊，臺北：臺灣商務印書館，民國 68 年。

17. 韋莊，《浣花集》，收入《四部叢刊正編》第三十八冊，臺北：臺灣商務印書館，民國 68 年。

18. 韋應物，《韋江州集》，收入《四部叢刊正編》第三十三冊，臺北：臺灣商務印書館，民國 68 年。

19. 許渾，《丁卯集》，收入《四部叢刊正編》第三十七冊，臺北：臺灣商務印書館，民國 68 年。

20. 張九齡，《曲江張先生文集》，收入《四庫叢刊正編》第三十一冊，臺北：臺灣商務印書館，民國 68 年。

21. 張君房，《雲笈七籤》，收入《四部叢刊正編》第二十八冊，臺北：臺灣商務印書館，民國 68 年。

22. 彭定求等奉敕編，《全唐詩》全二十五冊，北京：中華書局，1960 年。

23. 董誥等奉敕編，《全唐文》全五冊，臺北：大化書局，民國 76 年 3 月。

24. 楊炯，《楊盈川集》，收入《四部叢刊正編》第三十一冊，臺北：臺灣商務印書館，民國 68 年。

25. 鄭谷，《鄭守愚文集》，收入《四部叢刊續編・集部》第二十九冊，臺北：臺灣商務印書館，民國 66 年。

26. 劉禹錫，《劉夢得文集》，收入《四部叢刊正編》第三十五冊，臺北：臺灣商務印書館，民國 68 年。

27. 駱賓王，《駱賓王集》，收入《四部叢刊正編》第三十一冊，臺北：臺灣商務印書館，民國 68 年。

28. 韓愈，《朱文公校昌黎先生集》，收入《四部叢刊正編》第三十四冊，臺北：臺灣商務印書館，民國 68 年。

29. 權德輿，《權載之文集》，收入《四部叢刊正編》第三十四冊，臺北：臺灣商務印書館，民國 68 年。

30. 《全唐詩補逸》，收入《全唐詩外編》，臺北：木鐸出版社，民國 72 年 6 月。

貳、近人著作（按作者姓氏筆劃排列）

一、中文部分

（一）專　書

1. 王壽南，《隋唐史》，臺北：三民書局，民國 75 年 12 月。

2. 中國社會科學院考古研究所編，《新中國的考古收獲》，北京：文物出版社，1962 年。

3. 中國社會科學院考古研究所編，《新中國的考古發現和研究》，北京：文物出版社，1984 年。

4. 中國社會科學院考古研究所編，《中國古代窰址調查發掘報告集》，北京：文物出版社，1984 年。

5. 中國社會科學院歷史研究所、魏晉南北朝隋唐史研究室，《魏晉隋唐史論集》（二），北京：中國社會科學出版社，1983 年 12 月。

6. 江西內河航運史編審委員會，《江西內河航運史》，北京：人民交通出版社，1991 年 8 月。

7. 江宜華，《唐、五代時期福建地區與中央之互動關係》，嘉義：中正大學碩士論文，民國 83 年。

8. 江蘇省六朝史研究會、江蘇省社科院歷史所，《唐代長江下游的經濟開發》，西安：三秦出版社，1989 年 8 月。

9. 牟發松，《唐代長江中游的經濟與社會》，武漢：武漢大學出版社，1989 年 1 月。

10. 汪籛，《汪籛隋唐史論稿》，北京：中國社會科學出版社，1981 年。

11. 李才棟，《白鹿洞書院史略》，教育科學出版社，1989 年 10 月。

12. 李才棟，《江西古代書院研究》，南昌：江西教育出版社，1993 年 10 月。

13. 李劍農，《魏晉南北朝隋唐經濟史稿》，臺北：華世出版社，民國 70 年。

14. 李劍農，《中國古代經濟史稿第三卷——宋元明部分》，武漢：武漢大學出版社，1990 年 12 月。

15. 岑仲勉，《隋唐史》，北京：高等教育出版社，1957 年。

16. 周文英、劉珈珈、羅淦先、謝蒼霖編，《江西文化》，瀋陽：遼寧教育出版社，1993 年 6 月。

17. 郁賢皓，《唐刺史考》，上海：江蘇古籍出版社，1987 年。

18. 高明士，《唐代東亞教育圈的形成》，臺北：國立編譯館中華叢書編審委員會，民國 73 年 1 月。

19. 唐耕耦主編，《中國通史參考資料》古代部分第三冊，《封建社會（二）三國至南北朝》，北京：中華書局，1979 年。

20. 唐啓宇，《中國農史稿》，北京：農業出版社，1985 年。

21. 唐啓宇，《中國作物栽培史稿》，北京：農業出版社，1986 年。

22. 凍國棟，《唐代人口問題研究》，武漢：武漢大學出版社，1993 年 2 月。

23. 秦浩，《隋唐考古》，南京：南京大學出版社，1992 年 8 月。

24. 翁俊雄，《唐初政區與人口》，北京：北京師範學院出版社，1990 年 8 月。

25. 許懷林，《江西史稿》，南昌：江西高校出版社，1993 年 5 月。

26. 梁方仲，《中國歷代戶口、田地、田賦統計》，上海：上海人民出版社，1993 年 4 月四版。

27. 陶希聖，《唐代之交通》，臺北：食貨出版社，民國 71 年 5 月再版。

28. 陳元暉，《中國古代的書院制度》，上海：上海教育出版社，1981 年。

29. 陳正祥編，《中國地理圖集》，香港：天地圖書有限公司，民國 69 年。

30. 陳欽育，《唐代茶業之研究》，臺北：文化大學碩士論文，民國 77 年。

31. 張榮芳主譯、Denis Twitchett、John K. Fairbank 原著，《劍橋中國史‧隋唐篇》，臺北：南天書局，民國 76 年 9 月。

32. 盛朗西，《中國書院制度》，臺北：華世出版社，民國 66 年。

33. 曾一民，《唐代廣州之內陸交通》，臺中：國彰出版社，民國 76 年。

34. 彭適凡，《江西先秦考古》，南昌：江西高校出版社，1992 年 4 月。

35. 黃惠賢、李文瀾編，《古代長江中游的經濟開發》，武漢：武漢大學出版社，1988 年。

36. 程光裕、徐聖謨編，《中國歷史地圖》，臺北：中國文化大學出版部，民國 69 年。

37. 傅宗文，《宋代草市鎮研究》，福州：福建人民出版社，1989 年 9 月。

38. 冀朝鼎，《中國歷史的基本經濟區與水利事業的研究》，北京：中華書局，1981 年 6 月。

39. 楊淑洪，《唐代漕運運輸之研究》，臺北：文化大學博士論文，民國 83 年 6 月。

40. 戴傳華，《唐方鎮文職僚佐考》，天津：天津古籍出版社，1984 年 1 月。

41. 譚其驤編，《中國歷史地圖集》，上海：上海地圖出版社，1982 年 10

月。

42. 嚴耕望,《唐代交通圖考》(一),臺北:中央研究院歷史語言研究所,民國 74 年 5 月。

43. 嚴耕望,《唐代交通圖考》(二),臺北:中央研究院歷史語言研究所,民國 74 年 5 月。

44. 嚴耕望,《唐代交通圖考》(三),臺北:中央研究院歷史語言研究所,民國 74 年 9 月。

45. 嚴耕望,《唐代交通圖考》(四),臺北:中央研究院歷史語言研究所,民國 75 年 1 月。

46. 嚴耕望,《唐代交通圖考》(五),臺北:中央研究院歷史語言研究所,民國 75 年 5 月。

47. 嚴耕望,《嚴耕望史學論文選集》,臺北:聯經出版公司,民國 80 年 5 月。

(二) 論　文

1. 丁俊屏、曉偉,〈略論唐代中後期江西文化的發展〉,《江西社會科學》1992 年第四期。

2. 文士丹,〈東吳——南宋時期江西的農業科學技術〉,《農業考古》1992 年第三期。

3. 王永興,〈試論唐代絲紡織業的地區分布〉,《魏晉隋唐史論集》第二輯,北京:中國社會科學出版社,1983 年 12 月。

4. 王敬,〈從考古發現談江西古代文化淵源〉,《南方文物》1992 年第三期。

5. 王佐泉、魏佐國,〈江西古代農田水利芻議〉,《農業考古》1992 年第三期。

6. 江西省文物工作隊、湖口縣石鍾山文物管理所,〈江西湖口下石鍾山發現商周遺址〉,《考古》1987 年第十二期。

7. 江西省文物工作隊、德安縣博物館,〈江西德安石灰山商代遺址試掘〉,《東南文化》第三期,1989 年 4 月。

8. 江西省文化工作隊,〈江西永豐縣尹家坪遺址試掘簡報〉,《考古與文物》1990 年第三期。

9. 江西省文物考古研究所銅嶺遺址發掘隊,〈江西瑞昌銅嶺商周礦冶遺址第一期發掘簡報〉,《江西文物》1990 年第三期。

10. 江西省文物工作隊,〈江西新淦縣湖西、牛城遺址試掘與複查〉,《江西文物》1991 年第三期。

11. 江西省文物考古研究所、廈大人類學系、新餘市博物館,〈江西新餘市拾年山遺址發掘簡報〉,《考古學報》1991 年第三期。

12. 江西省文物管理委會，〈江西萬年縣古文化遺址調查記〉，《考古》1960年第十期。

13. 江西省文物管理委會，〈南昌青雲譜遺址調查〉，《考古》1961年第十期。

14. 江西省文物管理委會，〈江西清江營盤里遺址發掘報告〉，《考古》1962年第四期。

15. 江西省文物管理委會，〈江西鄱陽王家嘴遺址調查簡報〉，《考古》1962年第四期。

16. 江西省文物管理委會，〈江西修水山背地區考古調查與試掘〉，《考古》1962年第七期。

17. 江西省文物管理委會，〈南昌蓮塘新石器遺址〉，《考古》1963年第一期。

18. 江西省文物管理委會，〈江西萬年大源仙人洞洞穴遺址試掘〉，《考古學報》1963年第一期。

19. 江西省博物館、清江縣博物館、北京大學歷史系考古專業，〈江西清江吳城商代遺址發掘簡報〉，《文物》1975年第七期。

20. 江西省博物館、清江縣博物館、北京大學歷史系考古專業，〈清江築衛城遺址發掘簡報〉，《考古》1976年第六期。

21. 江西省博物館，〈江西萬年大源仙人洞洞穴遺址第二次發掘報告〉，《文物》1976年第十二期。

22. 江西省博物館、遂川縣文化館，〈論江西遂川出土的幾件秦代銅兵器〉，《考古》1978年第一期。

23. 江西省博物館、清江縣博物館，〈江西清江吳城商代遺址第四次發掘的主要收獲〉，《文物資料叢刊》（二），1979年。

24. 江西省博物館、廈門大學歷史系考古專業、清江縣博物館，〈江西清江築衛城遺址第二次試掘〉，《考古》1982年第二期。

25. 江西省博物館、九江縣文化工作站，〈九江縣沙河街遺址發掘簡報〉，《考古集刊》（二），北京：中國社會科學出版社，1982年。

26. 江西省歷史博物館，〈江西貴溪崖墓發掘簡報〉，《文物》1980年第十一期。

27. 朱一清，〈江西柑橘栽培歷史的初步考證〉，《農業考古》1983年第一期。

28. 任華漢等，〈定南大敦場發現新石器時遺址〉，《江西文物》1989年第三期。

29. 李乃賢，〈淺談廣西倒水出土的耙田模型〉，《農業考古》1982年第二期。

30. 李伯重，〈我國稻麥複種制產生於唐代長江流域考〉，《農業考古》1982年第二期。

31. 李伯謙，〈試論吳城文化〉，《文物集刊》第三輯，1981 年。

32. 李季平、王洪軍，〈唐代淮南、江南道的茶葉生產〉，收入《古代長江下游的經濟開發》，江蘇省六朝史研究會、江蘇省社科院歷史所編，西安：三秦出版社，1989 年 8 月。

33. 李家和等，〈南昌、永修、寧都發現的三處商周遺址〉，《江西歷史文物》1981 年第四期。

34. 李崇洲，〈中國古代各類灌溉機械的發明和發展〉，《農業考古》1983 年第一期。

35. 李超榮，〈江西安義縣舊石器的研究〉，《江西文物》1991 年第三期。

36. 李學勤，〈應監甗新解〉，《江西歷史文物》1987 年第一期，轉引自彭適凡《江西先秦考古》（南昌：江西高校出版社，1992 年 4 月），頁 159。

37. 杜文玉，〈唐五代時期江西地區社會經濟的發展〉，《江西社會科學》1989 年第四期。

38. 岑仲勉，〈舊唐書地理志「舊領縣」之表解〉，《史語所集刊》二十上，1948 年 6 月。

39. 何國維，〈江西定南發現新石器〉，《考古》1955 年第四期。

40. 何榮昌，〈隋唐運河與長江中下游航運的發展〉，收入《古代長江中游的經濟開發》，黃惠賢、李文瀾編，武漢：武漢大學出版，1988 年。

41. 林立平，〈唐代主糧主產的輪作複種制〉，《暨南學報》1984 年第一期。

42. 林鴻榮，〈隋唐五代林木培育述要〉，《中國農史》1992 年第一期。

43. 周兆望，〈六朝隋唐時期鄱陽湖——贛江流域的經濟開發與持續發展〉，《江西大學學報》1992 年第三期。

44. 邱立誠，〈廣東陽春獨石仔新石器時代洞穴遺址發掘〉，《考古》1982 年第五期。

45. 施由民，〈自唐至清南昌地區的水利〉，《農業考古》1992 年第三期。

46. 柳州白蓮洞洞穴科學博物館等，〈廣西柳州白蓮洞新石器時代洞穴遺址發掘報告〉，《南方民族考古》第一輯，1987 年。

47. 胡水風，〈繁華的大庾嶺古商道〉，《江西師範大學學報》1992 年第四期。

48. 高明士，〈唐代官學的發展與衰落〉，《幼獅學誌》九卷一期，1970 年 3 月。

49. 高明士，〈唐代私學的發展〉，《台大文史哲學報》第二十期，1971 年 6 月。

50. 高明士，〈五代的教育〉，《大陸雜誌》四十三卷六期，1971 年 12 月。

51. 唐耕耦，〈唐代水車的使用與推廣〉，《文史哲》1978 年第四期。

52. 唐啓淮，〈唐五代時期湖南地區社會經濟的發展〉，《中國社會經濟史研究》1985 年第四期。

53. 凍國棟，〈唐代長江下游地區的開發與市場的擴展〉，《古代長江下游的經濟開發》，西安：三秦出版社，1989 年 8 月。

54. 凍國棟，〈唐代閩中進士登場與文化發展管見〉，《魏晉南北朝隋唐史資料》第十一期，武漢：武漢大學出版社，1991 年 6 月。

55. 貢同，〈江西瑞昌發現商周時期采銅遺址〉，《江西文物》1989 年第一期。

56. 夏萍，〈江西新淦發現大型商墓〉，《江西文物》1990 年第三期。

57. 孫繼民，〈關於唐代長江中游人口經濟區的考察〉，收入《古代長江中游的經濟開發》，黃惠賢、李文瀾編，武漢：武漢大學出版社，1988 年。

58. 翁俊雄，〈《通典‧州郡門》所載唐代州縣建置與戶口〉，《歷史研究》1986 年第四期。

59. 徐長青，〈江西發現舊石器時代遺存〉，《江西文物》1989 年第一期。

60. 徐恆彬，〈簡談廣東連縣出土的西晉犁田耙田模型〉，《文物》1976 年第三期。

61. 清江縣博物館，〈江西清江樊城堆遺址試掘〉，《考古學集刊》（一），北京：中國社會科學出版社，1981 年。

62. 許懷林，〈宋元以前鄱陽湖地區經濟發展優勢的探討〉，《江西師範大學學報》1986 年第三期。

63. 許懷林，〈舟船之盛，盡於江西——歷史上的江西航運業〉，《江西師範大學學報》1988 年第一期。

64. 許智范，〈江西青山湖、台山嘴遺址調查〉，《考古》1985 年第八期。

65. 曹爾琴，〈唐代經濟重心的轉移〉，《歷史地理》（二），1982 年。

66. 陶渝生、楊長錫，〈貴溪崖墓族屬考證〉，《江西文物》1991 年第一期。

67. 陳仲安，〈瓦罐、龍骨車、抽水機——漫談古代灌溉工具（上）〉，《文史知識》1983 年第七期。

68. 陳仲安，〈瓦罐、龍骨車、抽水機——漫談古代灌溉工具（下）〉，《文史知識》1983 年第八期。

69. 陳柏泉，〈江西地區歷史時期的森林〉，《農考》1985 年第二期。

70. 陳衍德，〈唐代茶法略考〉，《中國社會經濟史研究》1987 年第二期。

71. 張澤咸，〈漢唐時期的茶葉〉，《文史》第十一期，1981 年。

72. 張澤咸，〈試論漢唐間的水稻生產〉，《文史》第十八期，1983 年。

73. 張澤咸，〈唐代"南選"及其產生的社會前提〉，《文史》第二十二期，1984 年。

74. 曾維才，〈試論贛江流域在客家民系形成中的地位〉，《江西社會科學》1992 年第二期。

75. 彭適凡，〈江西先秦農業考古概述〉，《農業考古》1985 年第二期。

76. 彭適凡，〈江西古代文明史概述〉，《江西文物》1989 年第二期。

77. 彭適凡、劉詩中，〈關於瑞昌商周銅礦遺存與古揚越人〉，《江西文物》1990 年第三期。

78. 彭適凡等，〈"吳頭楚尾"地帶古銅礦年代及其族屬考〉，《百越史研究》第十二期，1990 年，轉引自氏著《江西先秦考古》，南昌：江西高校出版社，1992 年 4 月。

79. 彭適凡、楊鳳光、程應林，〈江西懸棺葬的分布及貴溪崖墓的有關問題〉，《江西文物》1991 年第一期。

80. 彭適凡，〈吳城文化族屬考辨〉，收入《江西先秦考古》，1992 年 4 月。

81. 黃長椿，〈江西古代柑橘栽培小史〉，《農業考古》1984 年第二期。

82. 黃盛璋，〈唐代礦冶分布與發展〉，《歷史地理》第七期，1990 年 6 月。

83. 楊國宜、陳慧群，〈唐代文人入幕成風的原因〉，《安徽師大學報》1991 年第三期。

84. 楊國宜、陳慧群，〈唐代幕府文人的境遇〉，《天府新論》1991 年第五期。

85. 詹關遜、楊日新，〈試論江西新淦大洋洲商代遺存的性質〉，《江西文物》1991 年第四期。

86. 蔡良軍，〈唐宋嶺南聯繫內陸地區交通路線的變遷與該地區經濟重心的轉移〉，《中國社會經濟史研究》1992 年第三期。

87. 廣西壯族自治區文物工作隊，〈廣西桂林甑皮岩洞穴遺址的試掘〉，《考古》1976 年第三期。

88. 廣東省博物館，〈廣東翁源縣青塘新石器時代遺址〉，《考古》1961 年第十一期。

89. 鄭學檬，〈論唐五代長江中游經濟發展的動向〉，《廈門大學學報》1987 年第一期。

90. 劉林，〈萬年縣雷壇遺址調查〉，《江西歷史文物》1980 年第二期，轉引自彭適凡《江西先秦考古》（南昌：江西高校出版社，1992 年 4 月），頁 240。

91. 劉珈珈，〈江西文壇在唐代崛起〉，《江西教育學院學報》1991 年第三期。

92. 劉詩中、李家和，〈鄭家坳墓地陶器分析〉，《考古》1962 年第七期。

93. 劉詩中、高寧桂，〈江西進賢縣寨子峽遺址〉，《考古》1986 年第二期。

94. 蕭高洪，〈唐五代北人遷贛及其社會效果〉，《江西社會科學》1992 年第六期。

95. 韓國磐，〈唐江西代道的經濟和人文活動一瞥〉，《江西社會科學》1982 年第四期。

96. 譚其驤、張修桂，〈鄱陽湖演變的歷史過程〉，《復旦學報》1982 年第二期。

97. 嚴耕望，〈唐人習業山林寺院之風尚〉，收入氏著《嚴耕望史學論文選集》，臺北：聯經出版公司，1991 年 5 月。

98. 饒惠元，〈江西清江的新石器時代遺址〉，《考古學報》1956 年第二期。

99. 《江西歷史文物》刊物及《華夏考古》1990 年第一期、《古脊椎動物與古人類》1963 年第六期、《文物工作資料》1976 年第二期，這三期期刊無法取得，以下僅列出篇名，待日後進一步取得資料後再行查考。

100. 〈遂川出土秦戈銘文考釋〉，《江西歷史文物》1980 年第三期。

101. 〈贛縣白鷺宮村商周遺址調查〉，《江西歷史文物》1982 年第一期。

102. 〈上高發現九處古文化遺址〉，《江西歷史文物》1982 年第四期。

103. 〈九江神墩遺址試掘〉，《江西歷史文物》1985 年第一期。

104. 〈湖口縣下石鍾山遺址調查記〉，《江西歷史文物》1985 年第一期。

105. 〈江西清江樊城堆遺址發掘簡報〉，《江西歷史文物》1985 年第二期。

106. 〈九江神墩遺址發掘簡報〉，《江西歷史文物》1987 年第二期。

107. 〈江西清江吳城商代遺址第六次發掘的主要收穫〉，《江西歷史文物》1987 年第二期。

108. 〈角山刻劃符號初步研討〉，《江西歷史文物》1987 年第二期。

109. 〈角山商代記數符號分組研究〉，《江西歷史文物》1987 年第二期。

110. 〈鷹潭角山商代窯址試掘簡報〉，《華夏考古》1990 年第一期。

111. 黃萬波、計宏祥，〈江西樂平 "大熊貓──劍齒象" 化石及其洞穴堆積〉，《古脊椎動物與古人類》1963 年第六期。

112. 陳文華、胡義慈，〈新淦縣發現戰國糧倉遺址〉，《文物工作資料》1976 年第二期。

二、外文部分

（一）專書（按作者姓氏筆劃排列）

1. 天野元之助，《中國農業史研究》，東京：御茶の水書房，1979 年增補版。

2. 中國史研究會編，《中國史像の再構成──國家と農民》，京都：文理閣，1983 年 4 月。

3. 日野開三郎，《唐末五代初自衛義軍考》，福岡：著者自刊，1984 年。

4. 日野開三郎，《東洋史學論集第十一卷——戶口問題と糴買法》，東京：三一書房，1988 年 6 月。

5. 日野開三郎，《唐代邸店の研究》，東京：三一書房，1992 年。

6. 加藤繁，《中國經濟史考證》（中譯本），臺北：稻鄉出版社，民國 80 年 2 月。

7. 米田賢次郎，《中國古代農業技術史研究》，京都：同朋舍，1989 年 3 月。

8. 西嶋定生，《中國經濟史研究》（中譯本），北京：農業出版社，1984 年 9 月。

9. 谷川道雄編，《地域社會在六朝政治文化上所起的作用》（中譯本），玄文社，1989 年 3 月。

10. 佐竹靖彥，《唐宋變革の地域的研究》，京都：同朋舍，1990 年 2 月。

11. 青山定雄，《唐宋時代の交通と地誌地圖の研究》，東京：吉川弘文館，1969 年 8 月。

12. 林田芳雄，《華南社會文化史の研究》，京都：同朋舍，1993 年。

13. 斯波義信，《宋代商業史研究》，東京：饒風間書房，1979 年 12 月再版。

14. 斯波義信，《宋代江南經濟史の研究》，東京：汲古書院，1988 年 3 月。

15. Twichett D. C. *Financial Administration under the T'ang Dynasty,* Cambridge, Cambridge University Press, 1963.

16. Thomas A. *Flinn Local Government and Politics, Glenview,* Illinois: Scott Foresman and Company, 1970.

（二）論文（按作者姓氏筆劃排列）

1. 大澤正昭，〈唐代江南の水稻作と經營〉，收入《中國史像の再構成——國家と農民》，中國史研究會編，京都：文理閣，1983 年 4 月。

2. 大澤正昭，〈『未耕經』管窺〉，收入《堀敏一先生古稀記念——中國古代の國家と民眾》，東京：汲古書院，1995 年 3 月。

3. 中川學，〈唐末梁初華南の客戶と客家盧氏〉，《社會經濟史學》三十三卷五期，1967 年 12 月。

4. 中砂明德，〈後期唐朝の江淮支配——元和時代の一側面〉，《東洋史研究》四十卷一期，1988 年 6 月。

5. 日野開三郎，〈唐貞觀十三年の戶口統計の地域考察〉，收入氏著《東洋史學論集第十一卷——戶口問題と糴買法》，東京：三一書房，1988 年 1 月。

6. 辻正博,〈唐代貶官考〉,《東方學報（京都）》第六十三期,1991 年 3 月。

7. 伊藤宏明,〈唐代における莫徭について——中國南部少數民族に關する研究ノート〉,《名古屋大學文學部研究論集（史學）》第三十一期,1985 年。

8. 伊藤宏明,〈唐末五代期における江西地域の在地勢力について〉,《中國貴族制社會の研究》,川勝義雄、礪波護編,京都：京都大學人文科學研究所,1987 年。

9. 佐竹靖彦,〈唐宋變革期における江南東路の土地所有と土地政策——義門の成長を手がかりに〉,收入氏著《唐宋變革の地域的研究》,京都：同朋舍,1990 年 2 月。

10. 佐竹靖彦,〈宋代贛州事情素描〉,收入氏著《唐宋變革の地域的研究》,京都：同朋舍,1990 年 2 月。

11. 青山定雄,〈唐代の治水水利工事について（上）〉,《東方學報（東京）》十五卷一期,1944 年。

12. 青山定雄,〈唐代の治水水利工事について（下）〉,《東方學報（東京）》十五卷二期,1944 年。

13. 青山定雄,〈五代宋における江西の新興官僚〉,《和田博士還曆記念東洋史論叢》,講談社,1951 年。

14. 青山定雄,〈唐代の陸路〉,收入氏著《唐宋時代の交通と地誌地圖の研究》,東京：吉川弘文館,1969 年 8 月。

15. 岡田宏二,〈唐末五代宋初湖南地域の民族問題——とくに彭氏の系譜と土家族との關係を中心として〉,《東洋研究》第七十一期。

16. 宮川尚志,〈唐五代の村落生活〉,《岡山大學法文學部學術紀要》第五期,1956 年 3 月。

附圖一　唐代江西地圖

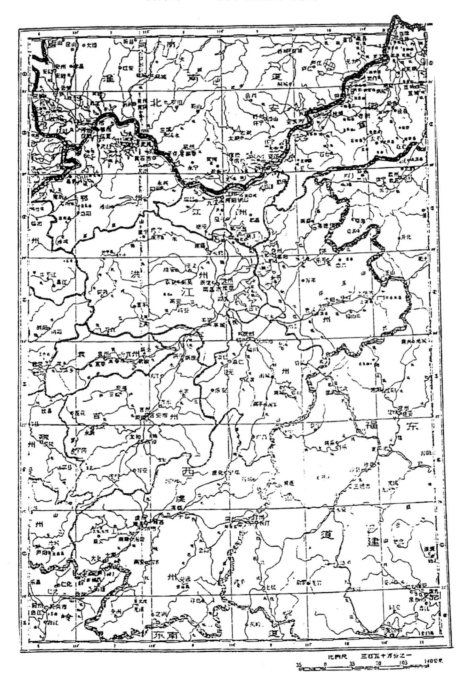

（轉引自譚其驤，《中國歷史地圖集》，頁 57～58）

附圖二　唐代江西簡圖

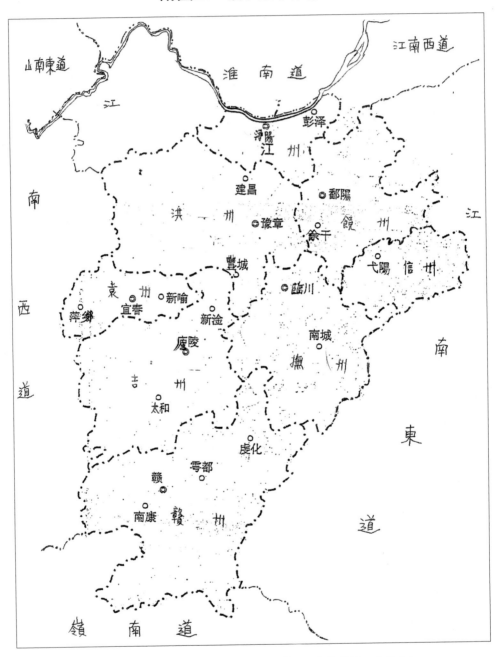

（本圖以《江西內河航運史》圖 0-1-1「江西省航道圖」爲藍本）

附圖三　唐代江西人文圖

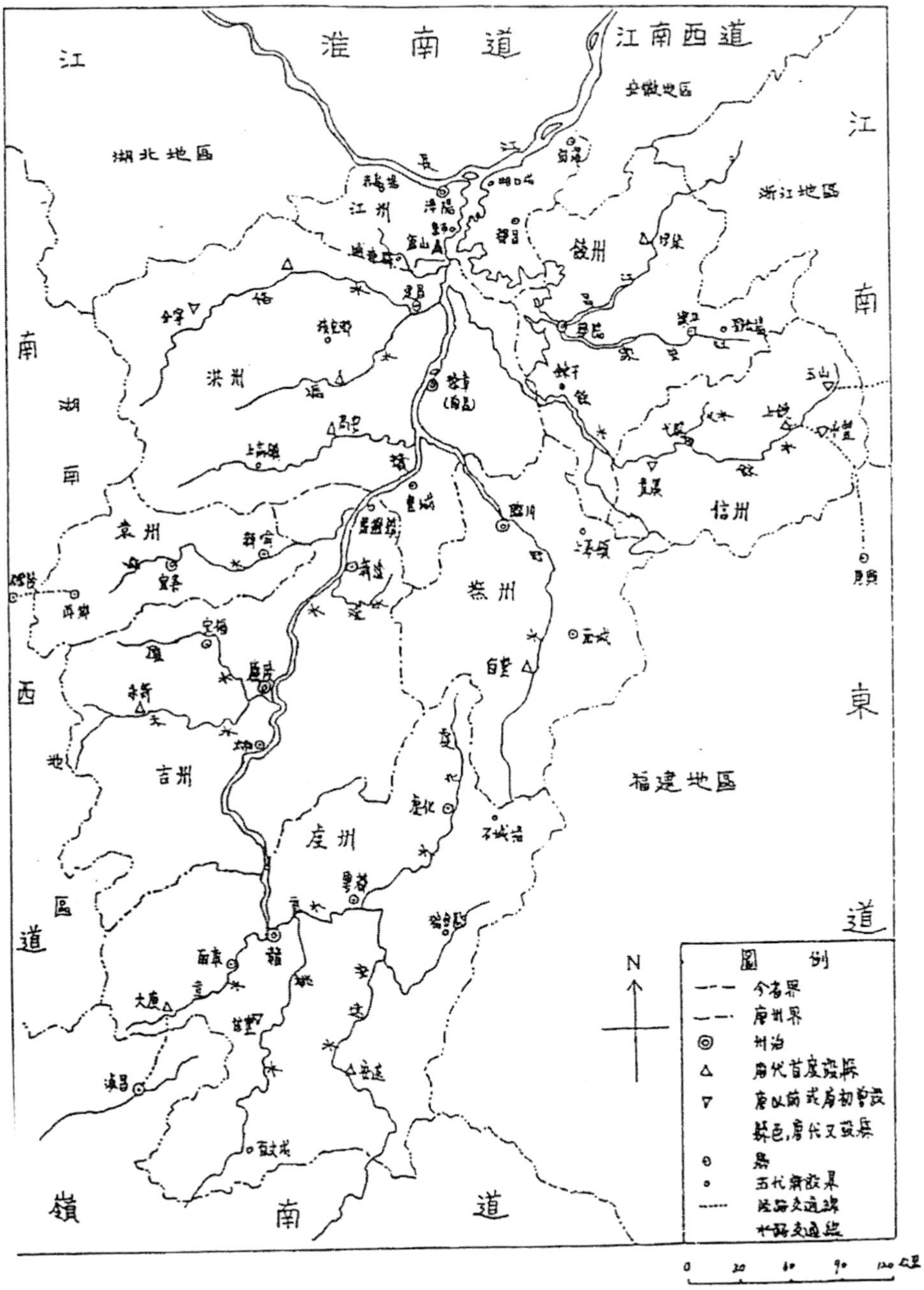
淮南道
江南西道
安徽地區
湖北地區
浙江地區
福建地區
嶺南道
江州
洪州
饒州
袁州
撫州
信州
吉州
虔州
N
圖例
今省界
唐州界
州治
唐代首度設縣
唐以前或唐初曾設縣邑,唐代又設縣
縣
五代新設縣
陸路交通線
水路交通線
0 30 60 90 120 公里

附圖四　唐代藩鎮圖

（轉引自程光裕、徐聖謨編《中國歷史地圖》，頁48）

附圖五　唐代十道圖

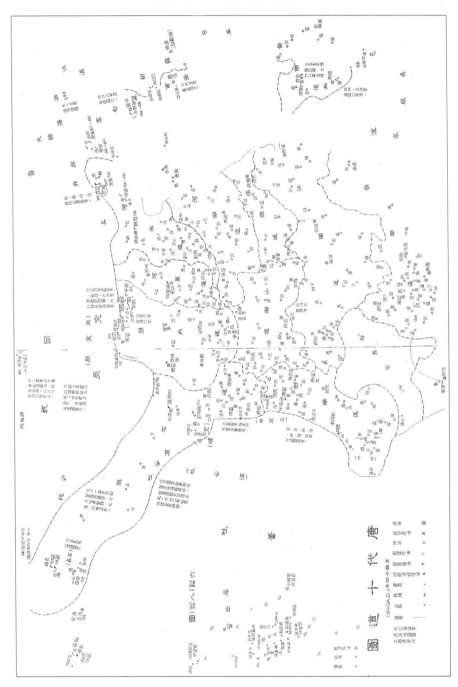

（轉引自程光裕、徐聖謨編《中國歷史地圖》，頁46）

附圖六　唐代江西地區貞觀以後縣邑總數變動圖

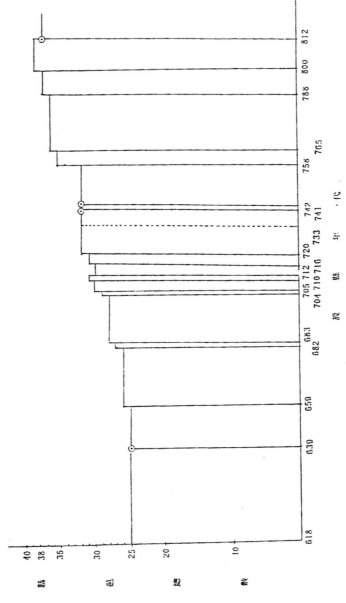

備考：1. 四個⊙符號分別代表《舊唐書·地理志》貞觀十三年（639）、《通典·食貨典》開元
二十九年（741）、《新唐書·地理志》天寶元年（742）與《元和郡縣圖志》元和七
年（812）的總縣數。

2. 因江南西道爲開元二十一年（733）分江南道而置，「附圖六」遂以開元二十一年（733）
爲界，分該圖爲前後二期。

附圖七　唐代江西地區貞觀以後增設縣邑分布圖

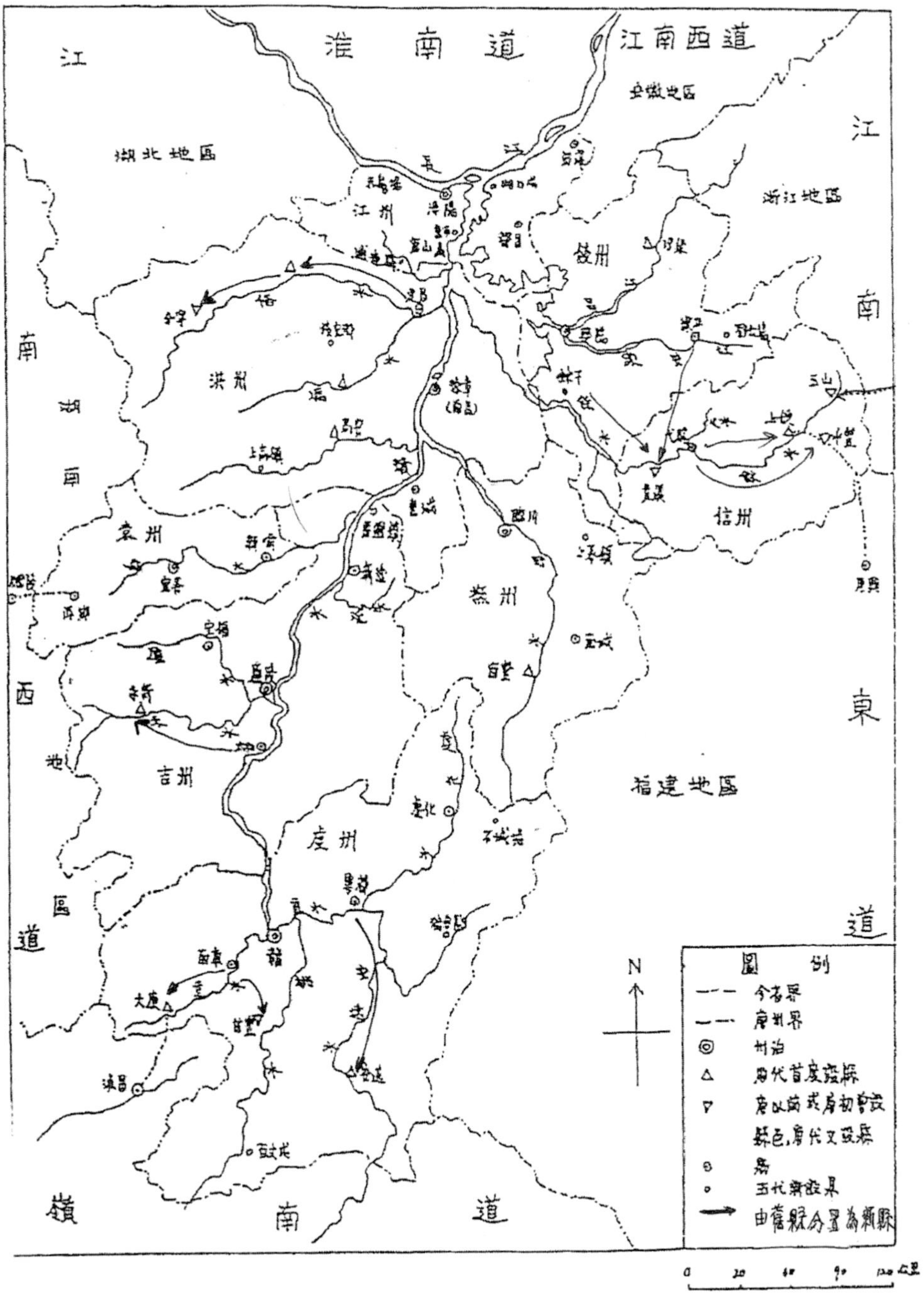